GUIA ESTRATÉGICO
PARA ALTA
PERFORMANCE
SEJA EXCEPCIONAL!

GUIA ESTRATÉGICO PARA ALTA PERFORMANCE
SEJA EXCEPCIONAL!

Felix Oberholzer-Gee

Professor premiado com foco em estratégia competitiva e efeitos da tecnologia digital na *performance* das empresas

Harvard Business School

Título original em inglês: *Better, Simpler Strategy – a value-based guide to exceptional performance.*
Copyright © 2021 Harvard Business School Publishing Corporation. Todos os direitos reservados.
Publicado mediante acordo com a Harvard Business Review Press.

Amarylis é um selo editorial Manole.

Produção editorial: Retroflexo Serviços Editoriais
Tradução: Laura Folgueira

Revisão técnica: Gabriel Nicolosi
        Professor Doutor de Engenharia de Gestão e de Sistemas na
         Missouri University of Science and Technology
        PhD em Engenharia Industrial e Pesquisa Operacional pela Pennsylvania State University
        Engenheiro de Produção pela Universidade Federal de São Carlos

Revisão de tradução e revisão de prova: Depto. editorial da Editora Manole
Projeto gráfico: Depto. editorial da Editora Manole
Diagramação: Elisabeth Miyuki Fucuda
Capa: Ricardo Yoshiaki Nitta Rodrigues
Imagem da capa: Istockphoto

CIP-BRASIL. CATALOGAÇÃO NA PUBLICAÇÃO
SINDICATO NACIONAL DOS EDITORES DE LIVROS, RJ

O14g

    Oberholzer-Gee, Felix
    Guia estratégico para alta performance : seja excepcional / Felix Oberholzer-Gee ;
[tradução Laura Folgueira ; revisão técnica: Gabriel Reimão Maggi Nicolosi Rocha]. - 1.
ed. - Santana de Parnaíba [SP] : Amarylis, 2023.

    Tradução de: Better, simpler strategy: a value-based guide to exceptional
performance
    ISBN 9788520464014

    1. Planejamento estratégico. 2. Planejamento de negócios. 3. Análise de valor
(controle de custos). 4. Sucesso nos negócios. I. Folgueira, Laura. II. Rocha, Gabriel
Reimão Maggi Nicolosi. III. Título.

23-85592
                                   CDD: 658.4012
                                   CDU: 005.7 1-022.57:005.21

Gabriela Faray Ferreira Lopes - Bibliotecária - CRB-7/6643

Todos os direitos reservados.
Nenhuma parte desta obra poderá ser reproduzida, por qualquer processo,
sem a permissão expressa dos editores.
É proibida a reprodução por fotocópia.

A Editora Manole é filiada à ABDR – Associação Brasileira de Direitos Reprográficos.

Edição brasileira – 2023

Direitos em língua portuguesa adquiridos pela:
Editora Manole Ltda.
Alameda América, 876
Tamboré – Santana de Parnaíba – SP – Brasil
CEP: 06543-315
Fone: (11) 4196-6000
www.manole.com.br | https://atendimento.manole.com.br/

Impresso no Brasil
Printed in Brazil

O que nos diferencia senão um sonho agitado que carrego em minha alma, mas que teme aproximar-se de ti?
— **Khalil Gibran**

Durante o processo de edição desta obra, foram tomados todos os cuidados para assegurar a publicação de informações técnicas, precisas e atualizadas conforme lei, normas e regras de órgãos de classe aplicáveis à matéria, incluindo códigos de ética, bem como sobre práticas geralmente aceitas pela comunidade acadêmica e/ou técnica, segundo a experiência do autor da obra, pesquisa científica e dados existentes até a data da publicação. As linhas de pesquisa ou de argumentação do autor, assim como suas opiniões, não são necessariamente as da Editora, de modo que esta não pode ser responsabilizada por quaisquer erros ou omissões desta obra que sirvam de apoio à prática profissional do leitor.

Do mesmo modo, foram empregados todos os esforços para garantir a proteção dos direitos de autor envolvidos na obra, inclusive quanto às obras de terceiros, imagens e ilustrações aqui reproduzidas. Caso algum autor se sinta prejudicado, favor entrar em contato com a Editora.

Finalmente, cabe orientar o leitor que a citação de passagens da obra com o objetivo de debate ou exemplificação ou ainda a reprodução de pequenos trechos da obra para uso privado, sem intuito comercial e desde que não prejudique a normal exploração da obra, são, por um lado, permitidas pela Lei de Direitos Autorais, art. 46, incisos II e III. Por outro, a mesma Lei de Direitos Autorais, no art. 29, incisos I, VI e VII, proíbe a reprodução parcial ou integral desta obra, sem prévia autorização, para uso coletivo, bem como o compartilhamento indiscriminado de cópias não autorizadas, inclusive em grupos de grande audiência em redes sociais e aplicativos de mensagens instantâneas. Essa prática prejudica a normal exploração da obra pelo seu autor, ameaçando a edição técnica e universitária de livros científicos e didáticos e a produção de novas obras de qualquer autor.

Sumário

Sobre o autor	ix
Prefácio	xi

PARTE UM – *PERFORMANCE* EXCEPCIONAL

Capítulo 1	Mais simples e melhor	3
Capítulo 2	Um mar de oportunidades	20
Capítulo 3	Pense em valor, não em lucro	27

PARTE DOIS – VALOR PARA CONSUMIDORES

Capítulo 4	Aplausos e salves – criando encantamento para o consumidor	37
Capítulo 5	Debaixo do próprio nariz – quase clientes	51
Capítulo 6	Procuram-se ajudantes – vencendo com elogios	58
Capítulo 7	Amigo ou inimigo?	74
Capítulo 8	Pontos de virada	82
Capítulo 9	Estratégias para azarões	99

PARTE TRÊS – VALOR PARA TALENTOS E FORNECEDORES

Capítulo 10	Sentindo-se ouvido – valor para colaboradores	109
Capítulo 11	*Jobs* e paixões	124
Capítulo 12	Cadeias de suprimentos também são gente	135

PARTE QUATRO – PRODUTIVIDADE

Capítulo 13	Grande pode ser lindo	149

Capítulo 14 Aprendizado 158
Capítulo 15 Sem motivo para desprezar 162

Parte cinco – Implementação
Capítulo 16 Perguntando como 173
Capítulo 17 Ser ruim a serviço do bem 183
Capítulo 18 Guiando investimentos 191

Parte seis – Valor
Capítulo 19 Ligando os pontos 209
Capítulo 20 Valor para a sociedade 222

Notas 227
Índice remissivo 261

Sobre o autor

FELIX OBERHOLZER-GEE é professor de Administração de Empresas na Harvard Business School (HBS). Tem o título de professor Andreas Andresen na HBS. Instrutor premiado, seu trabalho acadêmico e de consultoria enfatiza a estratégia competitiva e os efeitos da tecnologia digital na *performance* das empresas. Sua pesquisa tem sido publicada nas melhores revistas especializadas da área e apresentada em meios de comunicação social de todo o mundo, incluindo o *Financial Times*, o *Le Figaro*, o *New York Times* e o *Wall Street Journal*.

Oberholzer-Gee ensina estratégia competitiva no programa de MBA da HBS e em cursos de formação de executivos, como o *General Management Program*. É presidente do corpo docente do *Senior Executive Leadership Program for China* e do programa *Driving Digital Strategy*. Desempenhou várias funções de liderança na HBS, incluindo a presidência do programa de MBA. É reitor associado sênior dos centros de pesquisa globais da escola.

É coapresentador do popular podcast *After Hours* da HBR Presents. Um dos seus momentos mais felizes é quando está cozinhando e comendo (não necessariamente nessa ordem).

Prefácio

Estratégia é simples.

Não tenho certeza se essa é a frase certa para começar este livro. Você – meu leitor – e eu não nos conhecemos, e me preocupa estar criando uma primeira impressão ruim. Portanto, deixe-me assegurá-lo de que não sou propenso a fazer grandes declarações. Meu mundo – o mundo da pesquisa acadêmica rigorosa que ajuda a aprimorar as práticas de gestão – tem tudo a ver com raciocínio cuidadoso. Nossas frases começam com "provavelmente" e nossos números vêm com intervalos de confiança de 95%.

E, no entanto, é verdade: estratégia é simples.

Enxergar a simplicidade da estratégia não é fácil. Precisei de muitos anos e da orientação de grandes professores e colegas pacientes. Compartilhar o *insight* é talvez ainda mais difícil. Felizmente, pratiquei bastante. Leciono na Harvard Business School há quase vinte anos. É rara a semana em que não tenho a oportunidade de explorar questões de estratégia com executivos e alunos de MBA de todo o mundo. O que aprendi nessas conversas é que é libertador descobrir a simplicidade da estratégia. Como em um passe de mágica, você enxerga além do inescrutável jargão empresarial e das estruturas incongruentes. De repente você entende como as melhores empresas alcançam sua *performance* excepcional e por que muitas outras não conseguem atingir seu potencial. Essa experiência, e a liberdade que vem com a lucidez, é o que espero compartilhar com você neste livro. É um livro sobre a *performance* (financeira) das empresas, sim, mas não tenho interesse nenhum em proferir uma coleção de histórias de sucesso. Em vez disso, meu objetivo é fornecer a você uma *mentalidade* poderosa, porém simples, sobre negócios e sobre o papel da gestão estratégica.

A maioria dos livros tem muito mais autores do que suas capas nos levam a crer. Este livro não é exceção. Tenho uma dívida de gratidão imensa com Adam Brandenburger e Harborne W. Stuart, que desenvolveram as bases intelectuais para uma teoria da concorrência baseada em valor.[1]

Que autor poderia progredir sem amigos próximos que, pacientemente, leem os primeiros rascunhos e compartilham suas ideias com generosidade? Sou profundamente grato a Youngme Moon, que me ajudou a captar as principais ideias incorporadas na estrutura central e a encontrar minha voz para o livro; a Frances Frei, que colaborou com um panfleto inicial sobre estratégia baseada em valor; bem como a Mihir Desai, Hong Luo e Dennis Yao, cujo brilhantismo analítico é capaz de aprimorar qualquer argumento.[2] Amy Bernstein, Claudio Fernández-Aráoz, Rebecca Henderson, Hubert Jolie, Raffaella Sadun, David Yoffie e muitos dos meus colegas da unidade de estratégia da Harvard Business School fizeram comentários pertinentes. Também me beneficiei da ajuda dos diretores executivos e pesquisadores dos centros da Iniciativa Global da HBS em todo o mundo. Pippa Tubman Armerding, Esel Çekin, Rachna Chawla, Carla Larangeira, Pedro Levindo, Fernanda Miguel, Anjali Raina, Nobuo Sato, Rachna Tahilyani e Patricia Thome forneceram *insights* abrangentes e muitos exemplos atuais de estratégias baseadas em valor.

Este livro não teria sido possível sem as centenas de conversas que tive com executivos e alunos de MBA durante meus cursos, em especial com os participantes do *General Management Program*. Vocês me ensinaram a pensar sobre estratégia e *performance* empresarial excepcional de forma cada vez mais simples e efetiva. Também gostaria de agradecer a Peggy Alptekin, minha editora, que leu o manuscrito com um cuidado excepcional; a Scott Berinato, o gênio visual que deu vida às minhas ilustrações; e a meu editor, Jeff Kehoe, que foi fundamental para levar o projeto até a linha de chegada.

Você está pronto? Preparado para pensar? Sonhar? Vamos começar.

PARTE UM

Performance excepcional

CAPÍTULO 1

Mais simples e melhor

Nas últimas décadas, o conceito de estratégia tem se tornado cada vez mais sofisticado. Se você trabalha em uma organização de porte considerável, é provável que sua empresa tenha uma estratégia de *marketing* (para rastrear e moldar o gosto do consumidor), uma estratégia corporativa (para se beneficiar de sinergias), uma estratégia global (para capturar oportunidades de negócios em todo o mundo), uma estratégia de inovação (para ficar à frente da concorrência), uma estratégia de propriedade intelectual (para defender os espólios da inovação), uma estratégia digital (para explorar a internet), uma estratégia social (para interagir com comunidades *on-line*) e uma estratégia de talentos (para atrair indivíduos com habilidades extraordinárias). E, em cada um desses domínios, pessoas talentosas trabalham com urgência em diversas iniciativas.

É claro que as empresas têm razão em considerar todos esses desafios. As rápidas mudanças tecnológicas, a concorrência global, as interrupções na cadeia de suprimentos por causa das mudanças climáticas e das emergências de saúde em todo o mundo, bem como os gostos dos consumidores em evolução constante, conspiram para mudar as formas tradicionais de fazer negócios. À medida que as economias mundiais se tornaram mais integradas, as empresas precisaram de uma estratégia global. Como a tecnologia alterou os gostos dos consumidores e os modos de satisfazê-los, era imperativo repensar a inovação e o *marketing*. Como o custo e a total injustiça de limitar a diversidade no local de trabalho se tornaram impossíveis de serem ignorados, as empresas precisaram encontrar maneiras de criar grupos de talentos e planos de carreira mais inclusivos. Ao responder a cada um dos novos desafios, no entanto, exigimos cada vez mais de nossas organizações, tivemos expectativas ainda maiores em relação aos colaboradores e exigimos que nossas estratégias complexas realizassem verdadeiros milagres.

Vejo evidências desse aumento de expectativas em toda parte. Elas se manifestam em produtos excepcionais, experiências inacreditáveis e "negócios inesquecíveis", mas também em longas jornadas de trabalho, metas flexíveis aparentemente impossíveis e vidas agitadas. Quando visito empresas para fazer pesquisas e escrever casos, raramente saio sem ficar impressionado com o quanto as pessoas realizam em curtos períodos, muitas vezes com recursos limitados. Mas eis o que mais me surpreende: dada a sofisticação das estratégias da empresa e a intensidade de nossa vida profissional, eu esperaria ver uma lucratividade impressionante na maioria das empresas, além de pacotes de remuneração mais do que generosos para quase todos os colaboradores. Não vejo um nem outro. Por exemplo, em termos de lucratividade: um quarto das empresas incluídas no S&P 500 não consegue obter retornos em longo prazo superiores a seu custo de capital. Na China, essa fração é ainda maior, próxima a um terço.

Pense bem. Como é possível que tantas empresas, com seus quadros repletos de colaboradores talentosos e altamente engajados, tenham tão pouco a mostrar com tanto esforço empenhado? Por que o trabalho árduo e uma estratégia sofisticada levam ao sucesso financeiro duradouro de algumas empresas, mas não ao de outras? Temos a força de trabalho mais instruída da história e líderes corporativos incrivelmente talentosos. Por que o sucesso duradouro muitas vezes parece ilusório? Se você já se fez essas perguntas, este livro é para você.

Quando nossas empresas ficam aquém das expectativas, geralmente suspeitamos que está faltando algum ingrediente fundamental. Se ao menos tivéssemos uma estratégia de talentos melhor. Se ao menos tivéssemos uma cadeia de suprimentos mais robusta. Se ao menos tivéssemos um *pipeline* de inovação mais elaborado. Se ao menos... E assim desenvolvemos uma estratégia de talentos, investimos na resiliência dos negócios, aceleramos os ciclos de inovação. À medida que nossas iniciativas estratégicas se multiplicam, acontece um imprevisto. Ao focarmos nas árvores, perdemos a floresta de vista. Em uma profusão de atividades, é difícil enxergar uma direção geral, um princípio orientador. Qualquer ideia promissora parece merecer ser seguida. No final, o senso comum prevalece, e a estratégia perde muito de sua capacidade de orientar nossos negócios. Nesse mundo, o planejamento estratégico se torna um ritual anual que parece burocrático e pouco útil na resolução de questões críticas. De fato, não é difícil encontrar empresas que não têm estratégia alguma. Em muitas outras, ela consiste em uma apresentação de oitenta páginas cheias de dados, mas com poucos *insights*, fantástica na listagem de considerações, mas de pouca ajuda na tomada de decisões reais.[1] Quando analiso os planos estratégicos das empresas, geralmente vejo uma infinidade de estruturas – muitas delas inconsistentes entre si –, mas poucos faróis de orientação para uma gestão eficaz. Se a marca registrada de uma grande estratégia é dizer o que não fazer, com o que não se preocupar e quais desenvolvimentos desconsiderar, muitos dos esforços atuais são insuficientes.[2]

Neste livro, defendo que a administração estratégica enfrenta uma oportunidade atraente de retorno aos princípios fundamentais. Ao simplificarmos a estratégia, podemos torná-la mais poderosa. Ao usarmos uma estrutura abrangente e fácil de ser compreendida, vinculada ao sucesso financeiro, obtemos uma linguagem comum que nos permite avaliar e reunir as muitas atividades que ocorrem atualmente em nossas organizações.

Tenho visto o efeito de um pensamento mais simples em centenas de executivos para os quais dei aula na Harvard Business School. Esses gerentes estavam familiarizados com as estruturas estratégicas tradicionais, e suas empresas geralmente implementavam processos de planejamento trabalhosos para orientar as decisões de investimento e o foco gerencial. No entanto, em muitos casos era difícil, mesmo para esses profissionais bem-sucedidos, reconhecer como projetos específicos estavam vinculados à estratégia da empresa. Na melhor das hipóteses, a estratégia fornecia argumentos inteligentes a favor e contra as propostas de negócios, mas oferecia pouca orientação sobre como fazer escolhas e em que se concentrar. O resultado foi a proliferação de iniciativas e atividades. Quando ninguém sabe quando dizer não, a maioria das ideias (apresentadas por colaboradores talentosos e ambiciosos) parece boa. E, quando a maioria das ideias parece boa, acabamos na hiperatividade que atualmente permeia o mundo dos negócios.[3]

Aprimorei minha abordagem à estratégia em resposta aos desafios que observei em sala de aula e em meu trabalho como consultor de empresas. De acordo com minha experiência, a estratégia baseada em valores, abordagem que descrevo neste livro, é adequada para analisar complexidades e avaliar iniciativas estratégicas. A abordagem fornece uma ferramenta poderosa que permitirá que você veja como sua estratégia digital está (ou não está) relacionada às suas ambições globais, e como sua estratégia de *marketing* é (ou não é) consistente com a maneira como você compete no mercado de talentos. A estratégia baseada em valor ajuda a informar suas decisões sobre onde se concentrar e como aprimorar a vantagem competitiva de sua empresa.

A intuição básica subjacente à estratégia baseada em valor não poderia ser mais simples: as empresas que obtêm sucesso financeiro duradouro criam um valor substancial para seus clientes, seus colaboradores ou seus fornecedores. A ideia é mais bem ilustrada em um gráfico simples, que chamo de *régua de valor* (Figura 1.1).

A *disposição a pagar* (*willingness-to-pay* – WTP) fica na extremidade superior da régua de valor. Ela representa o ponto de vista do cliente. Mais especificamente, é o *máximo* que um cliente pagaria por um produto ou por um serviço. Se as empresas encontrarem maneiras de melhorar seus produtos, a WTP aumentará.

A *disposição a vender* (*willingness-to-sell* – WTS), na extremidade inferior da régua de valor, refere-se aos colaboradores e fornecedores. Para os colaboradores, a WTS é a *remuneração mínima* exigida para aceitar uma oferta de emprego. Se as empresas tornarem o trabalho mais atraente, a WTS diminuirá. Se um trabalho for particularmente perigoso, a WTS aumentará e os trabalhadores precisarão de mais remuneração.[4] No caso dos fornecedores, a WTS é o *preço mais baixo* pelo qual eles estão dispostos a vender produtos e serviços. Se as empresas facilitarem para seus fornecedores as atividades de produção e de entrega de produtos, a WTS do fornecedor cairá.

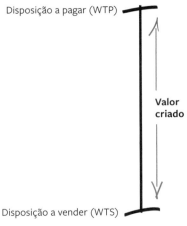

Figura 1.1 Como negócios criam valor.

A diferença entre WTP e WTS, o comprimento da régua, é o *valor* que uma empresa cria. Pesquisas demonstram que uma *performance* financeira extraordinária (retornos superiores ao custo de capital) tem como base uma maior criação de valor.[5] E há *apenas duas maneiras* de criar valor adicional: aumentar a WTP ou diminuir a WTS.[6] Estratégia é um conceito simples, e estou convencido de que um pensamento estratégico mais simples será mais frutífero.

Renew Blue

Um exemplo do poder dessa abordagem é a Best Buy, maior varejista de eletrônicos de consumo e eletrodomésticos dos Estados Unidos. No final de 2012, a empresa estava procurando um novo CEO. Imagine-se assumindo essa função. Parecia impossível ser bem-sucedida. Muitos de nós pensávamos que a Best Buy estava fadada ao fracasso. A Amazon tinha conseguido expandir seu negócio de eletrônico à custa da Best Buy, oferecendo aos consumidores uma ampla seleção de produtos e uma política de preços agressiva. Ao mesmo tempo, o Walmart e outros varejistas *big-box* ganharam participação de mercado ao se concentrarem nos produtos e aparelhos mais populares que poderiam ser vendidos em grandes volumes. O pior, talvez, tenha sido a tendência crescente entre os clientes de fazer *showroom*, ou seja, visitar as lojas para decidir quais produtos gostavam e depois comprá-los *on-line*. Tendo suportado esse período turbulento, não é surpresa que a Best Buy tenha tido uma *performance* ruim. Em 2012, a empresa perdeu 1,7 bilhão de dólares em um único trimestre. Seu retorno sobre o capital investido (Roic), que havia muito tempo estava em declínio mas continuava pouco abaixo dos 20%, caiu para −16,7%.[7] "Era como se a Best Buy estivesse indo para um tiroteio com uma faca nas mãos", disse Colin McGranahan, analista da Sanford C. Bernstein. "A Best Buy deveria estar morta", publicou a *Business Insider*.

Hubert Joly, ex-consultor de estratégia e, mais recentemente, CEO da Carlson, um conglomerado de hotéis e viagens, aceitou o desafio. Reconhecendo as circunstâncias terríveis, Joly e sua equipe elaboraram um plano que chamaram Renew Blue. A ideia central era criar mais valor para o cliente aumentando a WTP e melhorando a percepção dos clientes sobre os preços. Em vez de pensar nas mais de mil lojas da Best Buy como um passivo que atrapalhava o processo de concorrência, a empresa reimaginou sua função e passou a enxergá-las como ativos. A partir de então, as lojas teriam quatro funções: pontos de venda (a função tradicional), *showrooms* para marcas que construíssem lojas próprias dentro de sua loja maior, locais de retirada de compras *on-line* e miniarmazéns logísticos.

A Best Buy já permitia que a Apple operasse seus próprios *showrooms* nas lojas Best Buy desde 2007. Joly expandiu o programa, acrescentando as Samsung Experience Shops e Windows Stores em 2013 e a Sony Experience um ano depois. Até a própria Amazon acabou abrindo quiosques nas lojas Best Buy. O conceito de uma loja menor dentro de uma loja maior proporcionou à empresa uma nova fonte de receita e uma experiência aprimorada para o comprador. Sharon McCollam, então CFO, explicou: "Quando você olha para os investimentos que nossos fornecedores fizeram em nossas lojas, é incrível. São literalmente centenas de milhões de dólares".[8] Os fornecedores também subsidiaram os salários dos colaboradores da Best Buy que trabalhavam em seus *showrooms*. Talvez o mais importante seja que a Best Buy agora era capaz de oferecer uma experiência de vendas mais profunda porque a equipe da empresa, vestida com camisas com a marca do fornecedor e apoiada por consultores, concentrava-se em uma marca específica. O programa "loja dentro de uma loja" beneficiou não só a Best Buy como também os fornecedores da empresa. Ao criar uma maneira mais econômica de alcançar os clientes – operar uma loja dentro de uma loja é mais barato que administrar uma loja própria, e os revendedores podem se beneficiar do aumento do fluxo de clientes –, a Best Buy reduziu o custo operacional dos revendedores e, consequentemente, suas respectivas WTS.[9]

O uso das lojas da Best Buy como miniarmazéns logísticos mostrou-se igualmente eficaz. A equipe de Joly entendeu que a velocidade com que os clientes recebiam novos produtos era um fator importante de sua WTP. É difícil superar a gratificação instantânea. Tradicionalmente, a empresa fazia remessas desde grandes centros de distribuição. Esses centros fechavam nos fins de semana e o *software* de gerenciamento de estoque era muito antigo, o que levava a frequentes esgotamentos de estoque e a uma velocidade de envio dos pedidos muito lenta.[10] Com o plano Renew Blue, os produtos eram enviados do local que oferecia a entrega mais rápida – às vezes um centro de distribuição, mas com frequência uma loja em uma localidade próxima. Em 2013, a Best Buy enviava pedidos de quatrocentas lojas. Um ano depois, esse número subiu para 1.400, ajudando a empresa a superar os prazos de entrega da Amazon de maneira inédita.[11] Os clientes também adoraram a ideia de fazer pedidos *on-line* e retirar os produtos nas lojas da Best Buy. Em poucos anos, 40% dos pedidos *on-line* da Best Buy eram enviados para o cliente ou retirados por ele em uma loja.[12]

Joly e sua equipe também reavaliaram a presença *on-line* da empresa. Como muitos varejistas tradicionais, a gerência da Best Buy considerava a internet principalmente como uma ameaça, substituindo as formas já estabelecidas de fazer negócios. A Best Buy havia criado um canal de vendas *on-line*, mas de forma insatisfatória. O BestBuy.com oferecia descrições esparsas dos produtos, poucas avaliações de clientes, pouca capacidade de pesquisa e nenhuma integração com o programa de fidelidade da empresa. Clientes irritados reclamavam que o *site* frequentemente promovia produtos que estavam fora de estoque. Tudo isso mudou sob a gestão de Joly. Em vez de ver a internet como um meio substituto, a empresa passou a considerá-la um produto complementar, um investimento que aumentaria a importância das lojas físicas da Best Buy. Embora a maioria das jornadas dos clientes comece na internet, muitos consumidores querem tocar e sentir os produtos nas mãos antes de efetuar a compra. Joly apostou na conversão de visitantes da loja para clientes pagantes, igualando, pela primeira vez, os preços praticados *on-line* e *off-line*. Até mesmo os clientes que concluíam suas transações *on-line* agregavam valor às lojas; quando retiravam suas compras, muitas vezes acabavam comprando outros produtos e planos de serviço. Reconhecendo que a presença *on-line* da Best Buy estava apoiando a atividade das lojas, a empresa acelerou seu investimento no BestBuy.com. Em apenas alguns anos, o *site* passou a rivalizar com os principais *sites* de comércio eletrônico, e as vendas *on-line* cresceram. Em 2019, a empresa obteve um quinto de sua receita proveniente do *e-commerce*.

O Renew Blue deu à Best Buy um novo sopro de vida. Observe todas as maneiras pelas quais Joly e sua equipe conseguiram aumentar a WTP do cliente e diminuir a WTS dos fornecedores e da equipe de vendas (Figura 1.2).

Em 2016, quando Joly declarou que o Renew Blue havia atingido suas metas, o Roic da Best Buy havia subido de negativo para 22,7%, e as margens EBT (*earning before tax* ou lucros antes de impostos) haviam dobra-

Figura 1.2 Criação de valor com o plano Renew Blue.

do. O preço das ações da empresa quadruplicou em apenas seis anos.* A reviravolta da Best Buy ilustra alguns dos princípios fundamentais da estratégia baseada em valor.

- *As empresas que se destacam na criação de valor concentram-se diretamente em WTP e WTS.* Toda iniciativa significativa é projetada para melhorar a experiência do cliente – ou seja, aumentar a WTP dos consumidores – ou tornar mais atraente para os fornecedores e colaboradores trabalharem com a empresa, em outras palavras, diminuir sua WTS. As iniciativas que não passam nesse teste são cortadas. Por exemplo, a Best Buy eliminou seu *marketplace* semelhante ao da Amazon – uma espécie de mercado aberto que permitia que vendedores externos vendessem seus próprios produtos – porque ele não gerava valor.
- *As empresas que superam seus pares aumentam a WTP ou diminuem a WTS de maneiras difíceis de serem imitadas.* O ativo mais distintivo da

---

* O mercado mais amplo dobrou durante esse período. A Best Buy continuou a superar seus concorrentes após a implementação da estratégia Renew Blue. De 2016 até o início de 2020, o preço de suas ações cresceu mais de duas vezes mais rápido do que o preço das ações das empresas do S&P 500.

Best Buy é sua grande rede de lojas. É difícil para os concorrentes da Best Buy igualarem o serviço competente e imparcial prestado em um ambiente físico. A Amazon não tem uma presença física semelhante. O Walmart não é conhecido por um atendimento ao cliente mais pessoal. A Apple não está disposta a um atendimento imparcial.

- *A simplicidade abre espaço para a criatividade e para um envolvimento amplo.* Joly descreve a estratégia do Renew Blue nos termos mais simples: "Nossa missão é ser o destino e a autoridade para produtos e serviços de tecnologia. Estamos aqui para ajudar nossos clientes a descobrir, escolher, comprar, financiar, ativar, aproveitar e, em algum momento, substituir seus produtos de tecnologia. Também ajudamos nossos parceiros fornecedores a comercializar seus produtos, fornecendo-lhes o melhor *showroom* de produtos de tecnologia, tanto *on-line* como em nossas lojas".[13] Não é necessário ter um doutorado. É fácil perceber que só importam a WTP do cliente e a WTS do fornecedor e do colaborador. Observando a reviravolta da Best Buy, é surpreendente a rapidez com que a empresa se movimentou, a rapidez com que criou e implementou dezenas de iniciativas − muito mais do que sou capaz de descrever aqui. A simplicidade da estratégia é fundamental para que ela seja executada em uma velocidade vertiginosa. Cada executivo, cada gerente de loja, cada funcionário com uma ideia sobre maneiras de aumentar a WTP ou diminuir a WTS pode ter certeza de que está ajudando a levar a empresa na direção certa.

- *Muitas das empresas mais bem-sucedidas concentram-se em sua posição competitiva dentro de um setor, em oposição à* performance *média de seu segmento da economia.* Joly explica: "Se você se lembrar, [no passado] a mensagem desta empresa era toda sobre os ventos contrários em nosso setor. [Hoje,] nunca falamos sobre os ventos contrários. […] O que fazemos tem mais impacto, em nossa opinião, do que o ambiente geral". Há três razões pelas quais esse tipo de pensamento é predominante nas empresas que criam valor excepcional. A primeira é que, na maioria dos setores, a variação da lucratividade dentro do setor excede as diferenças de lucratividade entre os setores.[14] Em outras palavras, suas melhores oportunidades estão quase sempre *em seu setor atual*, mesmo que ele seja considerado um lugar difícil para os negócios. Um segundo motivo para se concentrar nas posições competitivas dentro de um setor (*versus* a atratividade do setor) é que os fundamentos positivos do setor simplesmente se refletirão nos múltiplos que as empresas precisam pagar para entrar em um setor atraente. Por fim, para as empresas que estão em setores em dificuldades, o foco nos ventos contrários é desmoralizante e provavelmente contribui para a diminuição da produtividade. "É um ciclo virtuoso", diz Joly. "Quando você começa a vencer, as pessoas ficam mais animadas e mais confiantes." Os dados internos da Best Buy mostram que, em 2013, o envolvimento da equipe era maior que em qualquer outro momento desde 2006.[15]

Muitas perguntas sobre o futuro da Best Buy ainda existem, é claro.

- *A Best Buy teve sorte?* Sem dúvida. Não conheço nenhuma organização cuja *performance* não reflita, em parte, a sorte. Produtos eletrônicos extremamente populares, como as novas gerações de iPhones e consoles de *videogame*, certamente tiveram papel importante na reviravolta da Best Buy. O mesmo aconteceu com a diminuição da concorrência depois que a Circuit City, a RadioShack, a H. H. Gregg e outros varejistas menores de eletrônicos fecharam suas lojas. A pura sorte, entretanto, raramente leva a uma criação de valor excepcional em longo prazo. As melhores empresas se baseiam em suas circunstâncias, sejam elas quais forem. A estratégia baseada em valor não tem a ver com as cartas que lhes foram dadas. Trata-se da melhor maneira de colocá-las em jogo.
- *A Best Buy será um sucesso em longo prazo?* O tempo não costuma ser gentil com as organizações de alta *performance*. Quando examino empresas que criaram valor excepcional, descubro que a empresa média perde cerca de metade de sua vantagem competitiva em um período de dez anos. Nos mercados da Best Buy, a Amazon (em produtos eletrônicos de consumo) e as empresas de materiais de construção, como a Lowe's (em eletrodomésticos), continuam a aumentar sua participação no mercado. Em 2018, a Amazon, pela primeira vez, venceu por pouco a Best Buy e se tornou a maior varejista de eletrônicos de consumo dos Estados Unidos. A participação relativa de mercado é importante em um setor em que 80% do custo é relativo aos produtos vendidos. Quanto maior for a participação de mercado de uma empresa, mais bem posicionada ela estará

para negociar com seus fornecedores. "Para vencer, temos de liderar", reconhece Joly.[16] Embora essa dinâmica seja desafiadora, ele é caracteristicamente otimista: "Ficamos com 26% dos gastos eletrônicos de nossos consumidores. Isso é vergonhoso. Se obtivermos um terço, ainda será vergonhoso, mas o crescimento da empresa será tremendo".[17] A estratégia baseada em valor fornece uma orientação clara sobre as fontes potenciais de crescimento e as oportunidades que prometem ser de maior valor.

Uma prévia

Nas páginas que se seguem, abordarei a ideia principal que animou a estratégia da Best Buy – o sucesso financeiro em longo prazo reflete a criação de valor superior – e explorarei como empresas de diferentes setores e contextos comerciais aplicaram essa abordagem na prática. Pense neste livro como uma jornada ao longo da régua de valor (Figura 1.3).

Parte um (Performance excepcional) – nós perguntamos por que algumas empresas são muito mais bem-sucedidas que outras? Por exemplo, as varejistas de materiais de construção Lowe's e Home Depot não são essencialmente clones uma da outra? Como é possível que uma delas, a Home Depot, seja muito mais lucrativa que a outra? A resposta, ao que parece, tem muito a ver com a forma como as empresas criam valor para seus clientes, seus colaboradores e seus fornecedores. Talvez seja surpreendente, mas ainda assim é verdade: as empresas com melhor *performance* não pensam em si mesmas em primeiro lugar. Elas sonham com maneiras cada vez melhores de criar valor para os outros. Pense em valor, não em lucro, e o lucro virá.

Parte dois (Valor para consumidores) – você tende a torcer pelo azarão? Se sim, vai adorar a história de como a Amazon conquistou uma posição no mercado de eletrônicos de consumo em uma concorrência acirrada com a então dominante Sony. A Sony tinha tudo: a melhor tecnologia de leitores de livros eletrônicos, uma marca de alta *performance* em eletrônicos de consumo e um orçamento de *marketing* do tamanho do PIB de um país pequeno. A vantagem da Amazon? Uma maneira melhor de pensar em valor para os clientes. No início de minha pesquisa, tive a intuição de que as organizações orientadas para as vendas (como a Sony) e as empre-

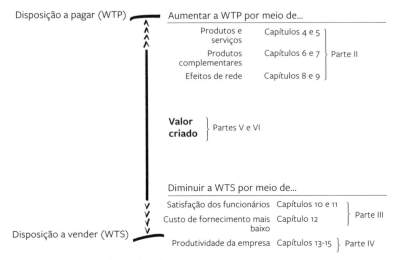

Figura 1.3 Principais propulsores de valor.

sas que se concentram em WTP (como a Amazon) apresentariam *performance* semelhante. Mas essa intuição acabou se mostrando errada. As empresas que focam em WTP têm uma vantagem competitiva significativa em longo prazo.

Algumas abordagens para aumentar a WTP são óbvias: aumentar a qualidade de seus produtos, melhorar a imagem da marca, inovar. Mas mesmo as estratégias que são ignoradas com frequência podem ser excepcionalmente poderosas. Por exemplo, é fascinante observar como algumas empresas aproveitam o poder dos *produtos complementares*: produtos e serviços cuja presença aumenta a WTP de outros produtos e serviços. Pense em impressora e *toner*, carros e gasolina. A Michelin e o Alibaba Group contam com os produtos complementares para impulsionar sua entrada em novos setores. A Apple os utiliza de forma defensiva para amenizar o impacto da queda de preços. A Harkins Theatres oferece produtos complementares de forma inteligente para preencher os assentos em seus cinemas. Se você competir apenas com base em seus produtos e serviços, se não reconhecer seus produtos complementares, há uma boa chance de sua empresa já estar com problemas.

Por falar em problemas, você está surpreso com o fato de empresas de carros compartilhados, como Uber, Grab e DiDi, terem tanta dificuldade para serem lucrativas? Chocado com o fato de os investidores terem adorado as empresas no início, mas depois desanimado com elas? A mudança no sentimento reflete a maneira como pensamos sobre os *efeitos de rede*. Os efeitos de rede criam um ciclo de *feedback* positivo: mais passageiros atraem mais motoristas, que, por sua vez, atraem mais passageiros. Muitas das principais empresas de tecnologia dependem dos efeitos de rede para impulsionar a WTP. Em um caso extremo, os efeitos de rede podem criar tanto valor para o cliente que os mercados se desintegram; ficamos com uma única empresa. No entanto, como ilustra o mercado de carros compartilhados, resultados do tipo "o vencedor leva tudo" são raros. Mais importante do que saber que sua empresa se beneficia dos efeitos de rede é sua capacidade de avaliar a força desses efeitos. Quais são as forças que os aumentam? Quando eles desaparecem?

As empresas que encontraremos na segunda parte não poderiam ser mais diferentes umas das outras. Elas variam de cosméticos a produtos farmacêuticos, de empresas de capital aberto a empresas familiares, de campeãs globais a iniciantes regionais. E, no entanto, todas contam com o mesmo trio de alavancas para aumentar a WTP e criar maior valor para o cliente: produtos mais atraentes, complementares e efeitos de rede.

Parte três (Valor para talentos e fornecedores) – nossa atenção se voltará para a parte inferior da régua de valor. Conheceremos empresas que obtêm uma vantagem competitiva diminuindo a WTS de seus colaboradores e fornecedores. Na competição por talentos, as empresas buscam duas abordagens para obter vantagem: oferecer uma remuneração mais generosa ou tornar o trabalho mais atraente. Embora as duas estratégias pareçam semelhantes no início – ambas criam maior envolvimento e satisfação dos colaboradores –, elas têm consequências muito diferentes. Aumentos na remuneração transferem o valor da empresa para os colaboradores; não há criação de valor, apenas redistribuição. Por sua vez, condições de trabalho mais atraentes criam mais valor. Acho surpreendente ver como as empresas inteligentes encontram maneiras sempre novas de criar valor para sua força de trabalho e como compartilham esse valor com seus colaboradores. Uma vez que as empresas líderes são muito hábeis em reduzir a WTS, não é incomum ver que elas desfrutam de vantagens de custo de mão de obra de 20% ou mais. Se sua organização competir por funcionários apenas oferecendo uma remuneração mais generosa, é claro que poderá atrair indivíduos altamente capazes e engajados, mas você terá perdido uma oportunidade incrível: aumentar a produtividade criando valor para sua mão de obra.

As estratégias que reduzem a WTS também são compensadas com melhores relacionamentos com os fornecedores. Mesmo antes da pandemia de Covid-19 e das disrupções cada vez mais frequentes das cadeias de suprimentos globais em decorrência das mudanças climáticas, os especialistas reconheciam prontamente o valor de colaborações estreitas e adaptáveis com os fornecedores. Se você encontrar maneiras de reduzir o custo de um fornecedor para trabalhar com sua empresa, poderá capturar uma parte do valor que ajudou a criar. Entretanto, o que é simples na teoria costuma ser difícil na prática. Muitos relacionamentos entre compradores e fornecedores não atingem seu potencial total, não porque seja desafiador ver como se pode criar valor, mas porque tememos que a outra parte capture a maior parte dos benefícios de uma colaboração bem-sucedida.

É muito instrutivo observar como as empresas lidam com essa tensão. Veremos como o Tata Group liberou a Bosch para buscar inovações revolucionárias, mesmo em uma situação com restrições rígidas de custo. Aprenderemos com a Nike a quebrar a dependência dos fornecedores em relação ao volume. A Dell nos ensinará a aproveitar os recursos dos fornecedores para realizar projetos para os quais há pouco apoio e financiamento interno.

Em minhas conversas com executivos, encontro regularmente gerentes que descrevem seus produtos e serviços como *commodities*; não há como aumentar a WTP do cliente. (Confesso que geralmente sou cético em relação a isso. Nunca sei se a "comoditização" reflete um fato incontestável do setor ou uma falta de imaginação.) No entanto, mesmo que as oportunidades de aumentar a WTP sejam de fato escassas, a maioria das empresas tem grandes perspectivas de alcançar uma *performance* excepcional criando mais valor para seus colaboradores e seus fornecedores.

Parte quatro (Produtividade) – se você tivesse de adivinhar, qual é a diferença de produtividade entre as empresas que estão na faixa inferior de 10% de um setor e as que estão na faixa das 10% mais altas? É substancial. Nos Estados Unidos, as empresas líderes são duas vezes mais produtivas que as organizações mais fracas. Nos mercados emergentes, as empresas de melhor *performance* superam as menos eficientes por um fator de cinco. Imagine uma empresa que produz cinco vezes mais produtos com exatamente os mesmos insumos! Sempre que as empresas aumentam sua produtividade, o custo e a WTS caem ao mesmo tempo. Nesta parte do livro, exploraremos três mecanismos que aumentam a produtividade: economias de escala, efeitos de aprendizado e qualidade da gestão.

Se você se perguntar por que o JPMorgan Chase dobrou de tamanho após a Grande Recessão de 2008, quando estávamos questionando se algumas instituições financeiras eram "grandes demais para quebrar", veja as economias de escala como um motivo importante. Um clássico no manual do estrategista, as economias de escala continuam sendo um meio influente de reduzir custos e WTS. Assim é com o aprendizado – a ideia de que os custos diminuem com a produção cumulativa. De fato, na era do *machine learning* e da análise de dados avançada, o aprendizado se tornou ainda mais importante. Os algoritmos de detecção de anomalias, por exemplo, podem resultar em reduções substanciais de custos porque as peças defeituosas são separadas antes de entrarem nos fluxos de trabalho de produção. Embora as curvas de aprendizado mais acentuadas prometam ganhos de eficiência consideráveis, os efeitos estratégicos do aprendizado podem ser surpreendentes. Considere o valor de ser o primeiro a detectar uma maneira melhor de trabalhar. Quando todos aprendem na velocidade da luz, ser o primeiro significa muito pouco. Seus concorrentes o alcançarão rapidamente. Paradoxalmente, os efeitos estratégicos do aprendizado são mais valiosos se o aprendizado reduzir o custo em um ritmo intermediário – nem muito rápido, nem muito lento.

Escala e aprendizado estão na lista permanente de estratégias de aumento de produtividade. Em contrapartida, a pesquisa sobre a importância das ferramentas básicas de gerenciamento é relativamente recente. Quando perguntados sobre o nível de gerenciamento de sua empresa em uma escala de 1 a 10, a maioria dos gerentes classifica sua organização como 7. Surpreendentemente, essas classificações nos dizem muito pouco sobre as chances de uma empresa realmente implementar técnicas modernas de gerenciamento que ajudem a aumentar a produtividade. E não estou pensando em ideias de última geração. Em muitos setores e países, as empresas não adotam ferramentas básicas, como definição de metas, controle de *performance* e *feedback* frequente. Se você está procurando maneiras de aumentar substancialmente a produtividade de sua equipe ou de sua empresa, é provável que essas técnicas de gerenciamento estejam entre as oportunidades mais promissoras para melhorar sua *performance*.

Parte cinco (Implementação) – como mostram as primeiras partes deste livro, as estratégias que levam a uma *performance* excepcional são construídas com base em três ideias: valor para os clientes (aumento da WTP), valor para os colaboradores e fornecedores (redução da WTS) e aumento da produtividade (redução do custo e da WTS). Com base nesse *insight*, na quinta parte ("Implementação"), exploraremos como as empresas passam da concepção de uma estratégia para colocá-la em prática. Observar estrategistas brilhantes trabalhando é uma experiência incrível. Eu os vejo fazendo três escolhas fundamentais.

Em primeiro lugar, entre muitas opções, elas investem em um *pequeno número de direcionadores de valor* para serem impulsionadas à frente da concorrência. Os direcionadores de valor são os critérios que compõem a WTP e a WTS. São os atributos dos produtos e serviços importantes para seus clientes. Por exemplo, ao escolher um hotel, os clientes normalmente levam em consideração os direcionadores de valor como localização, tamanho do quarto, equipe e cordialidade, além da marca do hotel. Os estrategistas bem-sucedidos se sentem à vontade para promover apenas alguns fatores de valor e reter recursos de muitos outros. Como Paul Buchheit, desenvolvedor líder do Gmail, expressou essa ideia? "Se o seu produto é ótimo, ele não precisa ser bom."[18]

Em segundo lugar, para cada um dos fatores críticos de valor, os estrategistas bem-sucedidos desenvolvem profundo entendimento de *como* influenciar a WTP ou a WTS. Por exemplo, eles sabem que a escala não é uma panaceia universal. (Comparar o tamanho ou a participação de mercado entre as empresas do S&P 500, por exemplo, não diz absolutamente nada sobre a lucratividade delas). Mas os estrategistas também sabem que a escala pode ser decisiva em algumas situações – por exemplo, na presença de efeitos de rede ou economias de escala. Em cada caso, eles entendem profundamente como um fator de valor aumenta a WTP ou diminui a WTS.

Em terceiro lugar, as empresas bem-sucedidas costumam usar *recursos visuais inteligentes* para disseminar sua estratégia por toda a organização. Discutirei um desses recursos visuais, os *mapas de valor*, para ilustrar como as ideias sobre valor são conectadas a indicadores-chave de *performance* (*key performance indicators* – KPIs) e projetos específicos que aumentam a *performance* da organização.

Parte seis (Valor) – estratégia é algo conceitualmente simples, pois serve a um único propósito: criar valor. As empresas que fazem isso bem acabam liderando seus setores. Veremos que a Tommy Hilfiger fez exatamente isso para um grupo frequentemente desfavorecido, o das pessoas com deficiência. Imagine como deve ser chegar ao trabalho todos os dias com a única ambição de melhorar a vida de um grupo de clientes, das pessoas que trabalham em sua organização e dos fornecedores com os quais você colabora. Valor *ou* lucro é uma falsa escolha. Uma *performance* financeira excepcional reflete a criação de valor. Vou repetir: pense em valor e os lucros virão em seguida.

Esse *insight* é importante por motivos que vão além da *performance* das empresas. A menos que esteja escondido em algum castelo distante, você sabe que as empresas não têm a melhor das reputações nos dias de hoje. Em pesquisas recentes, apenas cerca de um quarto dos participantes diz acreditar que sua organização "sempre escolherá fazer a coisa certa em vez de obter lucros ou benefícios imediatos".[19] Da população atual, 50% concordam que "o capitalismo, tal como existe hoje, faz mais mal do que bem ao mundo".[20] Até mesmo os líderes corporativos parecem concordar. O Business Roundtable, um clube de grandes empresas dos Estados Unidos, criticou o capitalismo de acionistas em 2019, argumentando que é responsabilidade das empresas agregar valor a todas as partes interessadas: clientes, colaboradores, fornecedores e acionistas. Mas espere – não é isso que as empresas (bem-sucedidas) sempre fizeram? Em que sentido os líderes corporativos e as empresas precisam mudar, se é que precisam?

A estratégia baseada em valor é especialmente adequada para nos ajudar a enxergar um caminho futuro. Para progredir, o valor deve estar no centro de todos os negócios. Até mesmo os problemas mais incômodos podem ser resolvidos quando aplicamos criatividade e imaginação suficientes para criar mais valor para clientes, colaboradores e fornecedores. No que diz respeito à criação de valor, não há diferença entre capitalismo de acionistas e capitalismo de *stakeholders*. Criar mais valor – aumentar a WTP e diminuir a WTS – é simplesmente um bom negócio. Mas o pensamento baseado em valor também mostra que temos uma liberdade considerável de decidir *como compartilhar* o valor que criamos. As empresas podem equilibrar vários interesses; não há razão para acreditar que precisem estar comprometidas apenas com os acionistas. Ao debatermos como o valor é mais bem distribuído, o pensamento baseado em valor pode servir como um guia útil. Com base nas ideias apresentadas nas páginas a seguir, minha esperança é que levemos para essas conversas uma imaginação rica e nossos instintos mais nobres.

CAPÍTULO 2

Um mar de oportunidades*

Sei que provavelmente estou pecando no *storytelling*, mas estou tentado compartilhar as boas notícias logo de cara. Eu sou incrivelmente otimista em relação ao potencial da maioria das empresas para criar mais valor e melhorar substancialmente sua *performance* financeira. E não, não se trata apenas de pensamento positivo. Meu otimismo está fundamentado em uma análise cuidadosa dos dados. Selecione qualquer segmento da economia e você verá que as melhores empresas desse segmento superam drasticamente a *performance* das outras. Se uma empresa mediana melhorasse, mesmo que modestamente, o valor criado e os lucros aumentariam muito.

Mas vamos voltar um pouco. Nosso tópico neste capítulo é sobre os padrões gerais de sucesso financeiro em longo prazo. Não existe uma métrica que capture todas as facetas da *performance* financeira. Mas, se eu tivesse de escolher só uma, escolheria o retorno sobre o capital investido (Roic). O Roic compara o lucro obtido nas operações comerciais (receita operacional) com o capital (patrimônio líquido e dívida) empregado para gerar esse lucro. Em outras palavras, o Roic nos diz o quanto uma empresa é boa em transformar os fundos dos investidores em receita proveniente das operações.[1]

A Figura 2.1 mostra a distribuição do Roic das empresas da S&P 500 de 2009 a 2018.[2]

★ Sou grato a James Zeitler, especialista sênior em pesquisa de informações da Baker Research Services, Harvard Business School, que compilou habilmente os dados financeiros deste capítulo.

Um mar de oportunidades

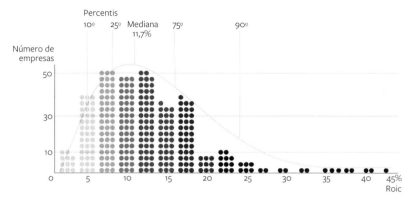

Figura 2.1   Retorno sobre o capital investido (Roic) das empresas da S&P 500, 2009-2018.

Quando estudei esses dados pela primeira vez, fiquei surpreso com as grandes diferenças de *performance*. Todas essas empresas são grandes e bem conhecidas – pense em Microsoft, Boeing, CBS, FedEx e Twitter. No entanto, é notável o quanto uma empresa mediana (Roic de 13,1%) poderia melhorar se se aproximasse daquelas com melhor *performance*, como AutoZone (Roic médio de 41,9%), Colgate-Palmolive (37,6%) e Apple (32%).

Para ver a verdadeira criação de valor, precisamos comparar os retornos na Figura 2.1 com o custo de capital da empresa.* Um Roic de 12% pode parecer bastante atraente para uma empresa grande com um fluxo de caixa estável. Mas é provável que não seja suficiente para justificar um investimento em uma *startup* arriscada. Observando a *diferença* entre o Roic e o custo de capital, nossa percepção permanece inalterada. Se as empresas com melhor *performance* – como Mastercard (cujo Roic excede o custo de capital em 23,5%), TJX Companies (23,2%) e Yum! Brands (19,5%) – fornecem alguma indicação do que é possível, a maioria das empresas tem oportunidades incríveis de maior sucesso financeiro.[3]

Se essas comparações lhe parecem otimistas demais, você não está sozinho. Uma empresa mediana pode realmente alcançar as organizações líderes? Será que as empresas de baixa *performance* realmente têm o potencial de se tornar pelo menos medianas? Em alguns casos, os retornos ruins refletem circunstâncias e fatores difíceis de serem alterados, que estão fora do controle dos executivos. Sua empresa pode estar presa em um setor com intensa concorrência. Talvez você faça negócios em um país com

---

*   O custo de capital reflete os retornos esperados por investidores ao investir na empresa. Aquelas que excedem essas expectativas criam valor real para seus investidores.

consumidores menos abastados e preços baixos. Mas é muito fácil concluir que as condições externas limitam seu potencial. Até mesmo países mais pobres apresentam a mesma variação alta de *performance* que observamos nos Estados Unidos (Figura 2.2).[4] É verdade que a Índia é menos rica que os Estados Unidos, mas o país tem um número grande de empresas com *performance* financeira excepcional. Os mercados da China são altamente competitivos, mas há várias empresas cujos retornos excedem em muito seus custos de capital. Em todos os países que estudei, os dados sugerem que as empresas podem obter retornos excepcionais mesmo nos ambientes de negócios mais desafiadores.

Quando me encontro com executivos cujas empresas apresentam *performance* abaixo do excepcional, a conversa em geral se volta rapidamente para a dinâmica do setor. Eles explicam que seu setor está passando por uma disrupção tecnológica, que enfrentam uma forte concorrência de importação e que é difícil contratar e reter talentos. Os executivos têm razão. A lucratividade pode, de fato, mudar substancialmente de um setor para outro. Alguns setores são abençoados com retornos médios elevados, outros, decididamente com menores. Vejamos, por exemplo, o setor de se-

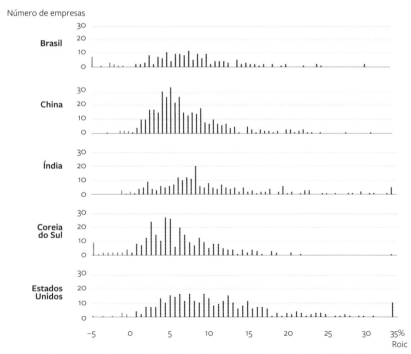

Figura 2.2 Retorno sobre o capital investido (Roic) em vários países, 2009-2018.

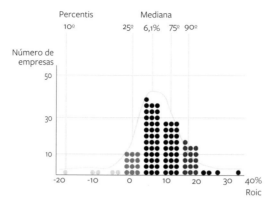

Figura 2.3 Retorno sobre o capital investido (Roic) no setor de seguros norte-americano, 2009-2018.

guros dos Estados Unidos, que é altamente competitivo (Figura 2.3).[5] Os retornos médios são próximos de zero (1,2%); a seguradora mediana destrói o valor de forma substancial.**

Mas, mesmo em um setor tão desafiador como o de seguros, observamos diferenças marcantes na *performance* financeira. De alguma forma, é possível ter uma boa *performance*, e as melhores empresas alcançam retornos notáveis, superiores a 20%.

O setor de seguros não é uma exceção. Em todos os setores, as empresas líderes superam suas irmãs mais fracas por margens substanciais. Lembra-se de como Hubert Joly, da Best Buy, prestou mais atenção às diferenças de lucratividade *em* seu setor do que às diferenças *entre* os setores? Há uma boa razão para o foco de Joly. A Figura 2.4 mostra as diferenças no Roic dentro dos setores e entre eles.[6] A diferença entre as empresas líderes e as retardatárias no mesmo setor é normalmente muito maior que a variação entre setores.

Os setores mostrados na Figura 2.4 estão ordenados de alta variação (saúde e *software*) a baixa variação (bancos e serviços públicos). Para entendermos melhor a percepção de Joly, vamos fazer um experimento mental usando os dados financeiros da Figura 2.4. Pegue um setor médio com 100 empresas e classifique-as da mais lucrativa (posição número um) para a menos lucrativa (posição número 100). Suponha que sua empresa esteja na 75ª posição e consiga saltar para a 25ª. Com esse avanço, seu Roic

---

** No período que acompanhamos, o custo de capital flutuou entre 7 e 11% para a seguradora mediana.

aumentaria em 10,8 pontos percentuais. Agora imagine 100 *setores*, novamente classificados do mais para o menos lucrativo. Se sua empresa deixasse o 75º setor e entrasse no 25º, seu Roic aumentaria apenas 4,5 pontos percentuais.[7] Em outras palavras, há mais do que o dobro de potencial para aumentar a lucratividade *dentro* de um setor do que *entre* os setores. Do ponto de vista da lucratividade, os setores são bastante semelhantes. As empresas de um setor, entretanto, tendem a ser muito diferentes.

Por mais interessante que seja examinar essas medidas de lucratividade, os números nos dizem pouco sobre a *performance* das empresas ao longo do tempo. Para verificar se elas podem manter uma vantagem competitiva, selecionei as empresas com melhor *performance* em 2009 – o terço superior das empresas na Figura 2.1 – e acompanhei seus resultados financeiros ano após ano (Figura 2.5).

Analisar as companhias com melhor *performance* ao longo do tempo resulta em uma história de copo meio cheio/copo meio vazio. A boa notícia é que as empresas mais bem-sucedidas continuam a superar suas rivais. A Microsoft é um exemplo excelente. Muito tempo depois do advento dos computadores pessoais, a empresa continua a apresentar

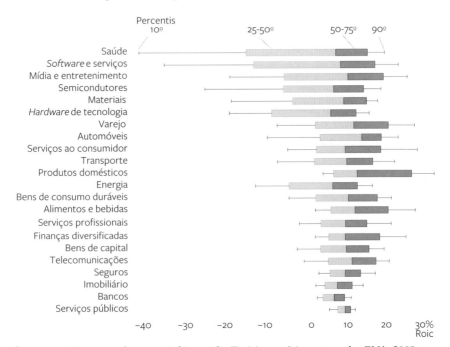

Figura 2.4 Retorno sobre o capital investido (Roic) em vários setores dos EUA, 2009-2018.

resultados melhores que a média. Inclusive, a Microsoft tem estado entre as dez empresas mais valiosas dos Estados Unidos todos os anos durante os últimos vinte anos.[8] Em 2020, os investidores avaliaram a empresa em mais de 1 trilhão de dólares. Em uma nota mais sombria, entretanto, a Figura 2.5 mostra que o tempo não é gentil com as empresas de alta *performance* (incluindo a Microsoft). Seus Roic diminuíram ano após ano.

Quando discuto esses números com executivos, poucos ficam surpresos. Muitos acreditam que, atualmente, ficou muito mais difícil manter uma vantagem competitiva. Alguns até argumentam que não faz sentido fazer planos em longo prazo em uma economia hipercompetitiva como a nossa. O conceito de estratégia, segundo o argumento, era útil em ambientes estáveis. Mas atualmente é ingênuo pensar que é possível prever com sucesso as necessidades dos clientes, os avanços tecnológicos e os movimentos da concorrência por longos períodos. Em ambientes hipercompetitivos, os executivos se resignam a manobras agressivas em curto prazo, uma prática que leva a vantagens competitivas passageiras – se você tiver sorte![9]

A percepção de que a concorrência está mais acirrada do que antes é real, sem dúvida. Mas será que é verdadeira? Podemos testar essa visão examinando a velocidade do declínio da *performance* financeira em diferentes períodos. As curvas da Figura 2.5 apresentam declínio mais acentuado que as curvas semelhantes das décadas anteriores? Não. Observando as mudanças no Roic, encontro poucas indicações de hipercompetição. A *performance* das empresas líderes sofre ao longo do tempo, mas a tendência

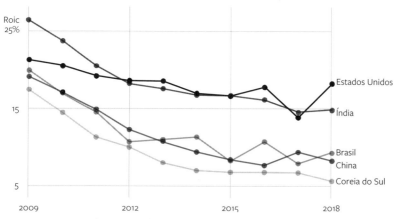

Figura 2.5 Retorno sobre o capital investido (Roic) para empresas no terço superior da S&P 500 em 2009.

não é mais acentuada hoje do que era em momentos anteriores. Pesquisas mais sofisticadas chegam a conclusões semelhantes. O professor Gerry McNamara, que estuda mercados de alta velocidade, e seus colegas Paul Vaaler e Cynthia Devers, concluem: "Os gerentes de hoje enfrentam mercados não mais dinâmicos e oportunidades de obter e sustentar vantagens competitivas não mais desafiadoras que no passado".[10]

- - - - - - - - - - - - - - - - - -

Ao observar esses padrões gerais de *performance* financeira, espero que você saia tão otimista quanto eu. Melhorias substanciais de *performance* estão ao alcance de quase todas as empresas. Eis o que aprendi ao explorar esses dados.

- *Em todos os cantos da economia mundial, é fácil encontrar empresas que são muito mais bem-sucedidas financeiramente que outras.*
- *Mesmo depois de levar em conta a influência dos ciclos de negócios e do ambiente do país, ainda temos diferenças significativas de lucratividade entre empresas que operam no mesmo setor.* Se o sucesso financeiro das empresas líderes serve de orientação, quase todas as companhias podem se sair melhor.
- *Até mesmo melhorias modestas têm implicações financeiras significativas.* Se a empresa norte-americana que ocupa a 50ª posição (de um total de cem) saltasse para a 40ª, seu Roic aumentaria em 21%. Se uma empresa chinesa melhorasse dessa mesma forma, seu Roic aumentaria em 16%.
- *O potencial de ganhos de* performance *dentro de seu setor geralmente é maior que os ganhos que se deve esperar ao entrar em um setor diferente.* Em um mar de oportunidades, as perspectivas mais atraentes estão perto de casa.
- *Há poucas evidências nos dados de que a obtenção de resultados financeiros excepcionais por longos períodos tenha se tornado mais difícil.*

Então, de onde vêm essas diferenças na *performance* financeira? O que podemos fazer para subir na classificação de *performance*? Nos capítulos a seguir, examinaremos uma estrutura simples para orientar nossas decisões.

CAPÍTULO 3

Pense em valor, não em lucro

Há poucos lugares melhores para se observar a criação de valor do que em frente à entrada de uma loja da Apple. Observe os clientes saindo com seus dispositivos elegantes e bem embalados nas mãos. É claro que eles pagaram um preço alto pelo excelente *design*, mas basta olhar para o rosto deles, radiante de orgulho e expectativa! Ou, na internet, acesse o Facebook e o Instagram, e nessas redes sociais você verá outros exemplos de criação de valor. Veja as fotos e os vídeos que seus amigos publicam quando recebem uma cobiçada oferta de emprego ou ganham uma promoção. Rostos felizes novamente.

A Apple compete no topo da régua de valor, aumentando a disposição do cliente a pagar (WTP). As empresas que oferecem um trabalho excepcionalmente envolvente criam valor ao diminuir a disposição a vender (WTS) (Figura 3.1).

Pense na WTP e na WTS como pontos de partida. A WTP é o valor máximo que um cliente pagaria por um produto. Se você cobrar um centavo a mais, o cliente pode muito bem desistir da transação. Como ilustra o exemplo da Apple, muitos fatores influenciam a WTP, inclusive os atributos do produto, a qualidade e o prestígio que um produto pode conferir. Na parte inferior da régua de valor, a WTS do funcionário é a menor remuneração que uma pessoa está disposta a aceitar para realizar determinado tipo de trabalho. Pague a um funcionário menos do que sua WTS, e ele abandonará o emprego. Da mesma forma que a WTP, muitas preocupações estão relacionadas à WTS. Elas incluem a natureza do trabalho e sua intensidade, bem como preocupações com a carreira, considerações sociais e atratividade de outras oportunidades de trabalho.

Captura de valor

As empresas *criam* valor aumentando a WTP e diminuindo a WTS. Elas *capturam* o valor definindo preços e remuneração. O valor total que uma empresa cria é dividido de três maneiras (Figura 3.2).

Figura 3.1   Modos de criação de valor: aumentos na WTP e reduções na WTS.

Figura 3.2   Compartilhamento de valor com clientes, colaboradores e fornecedores.

Pense em valor, não em lucro

A diferença entre a WTP e o preço é o valor para o cliente. Os produtos da Apple podem ser caros, mas o apreço dos clientes pelos dispositivos é ainda maior. Os rostos felizes na loja da Apple refletem o quanto a WTP excede o preço. No pensamento baseado em valor, o preço não é fator determinante da WTP. Geralmente usamos a WTP e o preço de forma intercambiável. Mas é útil mantê-los separados.

Na extremidade inferior da régua de valor, a diferença entre a remuneração de um colaborador e sua WTS é a satisfação que ele obtém do trabalho. A ideia é simples. Se a remuneração fosse fixada exatamente na WTS, a pessoa seria indiferente entre o emprego atual e a segunda melhor oportunidade – talvez outro emprego, talvez lazer. Se a empresa pagar mais que a WTS, a satisfação do funcionário aumenta. Uma lógica semelhante se aplica aos fornecedores. A parcela de valor deles é a diferença entre o quanto são pagos pela empresa (o custo da empresa) e sua WTS. Pense nisso como um excedente que os fornecedores ganham com a transação. Por exemplo, um fornecedor pode querer obter uma margem mínima de 25%. Essa margem determina sua WTS, o preço mínimo que ele aceitará. Se a empresa acabar pagando mais, o fornecedor ganha um excedente.

A porção final do valor – a diferença entre o preço e o custo – é contabilizada para a empresa. Lembre-se do Capítulo 2 e das diferenças drásticas de lucratividade que observamos. Se quisermos entender por que algumas empresas são muito mais lucrativas que outras, um ponto de partida útil é identificar os motivos pelos quais a seção intermediária da régua de valor – as margens da empresa – é pequena para algumas e grande para outras.

As réguas de valor são desenhadas para produtos, clientes, colaboradores e fornecedores específicos. A WTP para os dispositivos da Apple tende a ser alta para os clientes que adoram um *design* elegante e valorizam a facilidade de uso. A Apple tem uma vantagem distinta com esse grupo: ela pode cobrar preços altos e criar uma satisfação significativa no cliente. A Apple também tem vantagens com alguns de seus fornecedores. Por exemplo, os *shopping centers* dão à marca um desconto especial. A empresa não paga mais que 2% de suas vendas por metro quadrado de aluguel, em comparação com 15% para um locatário normal.

Por que os proprietários de *shopping centers* são tão generosos com a Apple? Conforme ilustrado na Figura 3.3, os *shopping centers* têm uma WTS particularmente baixa em seu relacionamento com a Apple; isso ocorre porque a empresa aumenta o tráfego de pedestres em cerca de 10% para todas as outras lojas do *shopping*.[1] E, como sugere a figura, um *shopping* mais movimentado permite que os proprietários aumentem o aluguel de todas as outras lojas para cerca de 15% das vendas.

As réguas de valor ilustram que há apenas dois caminhos para as empresas criarem valor: aumentar a WTP ou diminuir a WTS. Toda iniciativa estratégica precisa ser avaliada com base nessas duas métricas. Uma atividade só contribuirá para a posição competitiva da empresa se ela aumentar a WTP ou diminuir a WTS. Quando visito empresas, sempre fico impressionado com a infinidade de atividades que observo. Ao mesmo tempo, muitas vezes não consigo entender como determinadas iniciativas ajudarão a aumentar a WTP ou a diminuir a WTS. Se sua organização parece estar sobrecarregada, se você se sente excessivamente atarefado, esta é a sua chance de se tornar mais enxuto. A não ser que uma iniciativa prometa aumentar a WTP ou diminuir a WTS, não vale a pena dar continuidade a ela.

Figura 3.3 A Apple se beneficiando da alta WTP e da baixa WTS.

Concorrência

Uma vez que uma empresa tenha criado um valor significativo, o que permite que ela capture parte desse valor? A pergunta não é retórica. Ninguém duvida de que as seguradoras dos Estados Unidos criam um valor significativo. No entanto, como vimos no Capítulo 2, pouco desse valor fica com elas; a maior parte flui para seus clientes. Para ver quanto valor as empresas conseguem capturar, é útil levar em conta as forças competitivas.

Imagine que você vai reservar um voo de ida e volta de Boston para Los Angeles. A Expedia oferece uma variedade de opções. Os três voos com os preços mais baixos são da American Airlines, Alaska Airlines e Delta Air Lines. Todos têm preços semelhantes (Figura 3.4). (A Delta é um pouco mais barata.) A Expedia classifica todos os três voos com 8,5 de 10, o que sugere que sua experiência de viagem será bastante semelhante. Como você escolheria entre as três opções?

O preço do voo, com certeza, será um fator importante em sua decisão. Por quê? Simplesmente porque não há mais nada a considerar. Quanto mais semelhantes forem os três valores, maior será a tendência de os passageiros se concentrarem no preço. De fato, não é coincidência que os preços desses voos sejam tão próximos. Sem uma diferenciação significativa, as três companhias aéreas são forçadas a competir com base em preço.

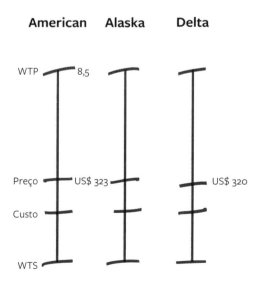

Figura 3.4 Concorrência entre as companhias aéreas.

Às vezes encontro empresários que reclamam da sensibilidade de seus clientes em relação aos preços. Mas a sensibilidade elevada simplesmente reflete a posição competitiva de uma empresa. Se o valor de uma é muito parecido com o valor de outras, como você acha que os clientes escolhem? Eles se concentram no preço, pressionando as margens e reduzindo a capacidade da empresa de capturar o valor que cria.

Por sua vez, as empresas que criam valor superior desfrutam de maior capacidade de cobrar preços *premium*. A Expedia classifica o voo menos caro da JetBlue de Boston para Los Angeles com uma nota 8,7. Não é de surpreender que seu preço seja mais alto (411 dólares); os passageiros esperam uma experiência melhor (Figura 3.5).

Os clientes escolherão o voo da JetBlue? A resposta não é óbvia. Se a JetBlue oferecer uma satisfação superior ao cliente, os passageiros vão aderir a seu serviço. Mas, se a diferença entre a WTP da American e de 323 dólares (encantamento do cliente da American) for maior que a diferença entre a WTP da JetBlue e 411 dólares (encantamento do cliente da JetBlue), a American estará em uma posição competitiva melhor. As empresas competem pelos clientes criando um encantamento superior para eles. Muitas empresas se esforçam para serem as melhores da categoria. Mas ter melhor qualidade e WTP mais alto não é garantia de sucesso. O que importa é a *diferença* entre a WTP e o preço – em outras palavras, o encantamento do cliente.

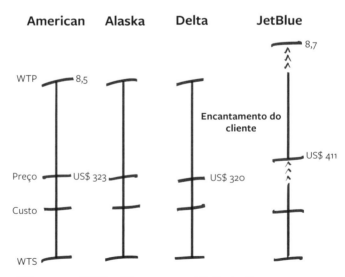

Figura 3.5 Diferenças na WTP e diferenças na satisfação do cliente.

Diferenças

Conforme ilustrado nesta discussão, toda a capacidade de capturar valor depende das *diferenças na criação de valor*. Em sua busca por uma *performance* excepcional, muitos executivos se perguntam o que podem fazer para aumentar os retornos de sua empresa. É a pergunta de partida errada a fazer. Para começar sua jornada rumo ao aumento da *performance* financeira, crie valor diferenciado, e os lucros virão em seguida. Se isso não for feito, nenhuma quantidade de perspicácia comercial gerará resultados excepcionais. Quanto maior for a semelhança entre dois produtos de valor, maior será a pressão para competir com base em preço.

Como você sabe por experiência própria, pensar em diferenças não é fácil. Quando a Lyft, uma empresa de carros compartilhados, anunciou que ofereceria tarifas com desconto para transportar os eleitores para ir e voltar dos locais de votação no final de 2018, qual foi a reação de sua principal rival, a Uber? Você adivinhou: copiar a iniciativa da Lyft.[2] Uma imitação desse tipo tem dois efeitos. Ela cria valor para o imitador; a liderança da Uber estava convencida de que as tarifas com desconto eram uma iniciativa de *marketing* eficaz. Mas, ao mesmo tempo, a cópia reduz a capacidade de capturar valor, porque a maior semelhança entre as empresas leva a uma pressão de queda nos preços.

Quando pergunto aos executivos que aplicam a estratégia baseada em valor em seus negócios o que eles consideram particularmente útil nesse tipo de pensamento, eles, em geral, fazem as seguintes observações:

- *Vivemos em um mundo complicado. A estratégia baseada em valor nos ajuda a ver como podemos criar valor.* Há apenas duas alavancas: WTP e WTS.
- *Na concorrência, margens mais generosas (e maior lucratividade) refletem a capacidade de criar encantamento superior para o cliente, satisfação maior para o funcionário e um excedente mais generoso para o fornecedor.* A criação de valor vem antes da captura de valor.
- *Estrategistas pensam em diferenças.* A qualidade excepcional do produto e as excelentes condições de trabalho não conferem uma vantagem duradoura se puderem ser facilmente igualadas por empresas rivais.

Uma pergunta profunda a ser feita é a seguinte: se sua empresa desaparecesse amanhã, quem sentiria falta dela? Talvez seus clientes, que encontraram mais encantamento em seus produtos e serviços? Talvez seus colaboradores, que adoravam trabalhar em sua empresa? Talvez os fornecedores, que desfrutavam de um relacionamento especial com sua empresa? Alguém precisa sentir sua falta. Se ninguém sentir, se sua régua de valor se assemelhar à de todas as outras, você não está fazendo a diferença. E, sem uma diferença significativa, sua empresa tem pouca chance de obter retornos superiores ao custo de capital.

PARTE DOIS

Valor para consumidores

CAPÍTULO 4

Aplausos e salves – criando encantamento para o consumidor

O que o cubo mágico, o medicamento para colesterol Lipitor, o console de *videogame* Switch, o Super Mario Bros., o Toyota Corolla e o perfume Fame da Lady Gaga têm em comum? Todos são produtos que não paravam nas prateleiras assim que foram lançados. O cubo mágico vendeu 2 milhões de unidades nos primeiros dois anos. O Switch da Nintendo vendeu 1,3 milhão de unidades em uma única semana. Em cada uma de suas respectivas categorias, esses estão entre os lançamentos de produtos mais bem-sucedidos de todos os tempos.

Uma característica comum a esses produtos e serviços é que seus criadores encontraram maneiras de aumentar significativamente a disposição a pagar (WTP) dos clientes. O Lipitor, um dos medicamentos mais vendidos de todos os tempos, não foi a primeira estatina que reduziu o LDL, o "colesterol ruim", mas era muito mais eficaz do que seus rivais. Bruce D. Roth, inventor do Lipitor, explica: "[O Lipitor] superou muito, muitíssimo, a *performance* das outras estatinas. Ele, em dose mais baixa, era tão bom quanto as outras estatinas em dose mais alta".[1] Da mesma forma, Shigeru Miyamoto, o *designer* da Nintendo que apresentou ao mundo o Super Mario Bros., encontrou maneiras de transformar a experiência de jogar *videogame*. Miyamoto, que não era programador, já era famoso quando criou o Super Mario Bros., mas, com seu novo jogo, ele superou as expectativas.[2] A revista *The Economist* escreveu:

O jogo se passava sob um céu azul-claro em uma época em que a maioria dos jogos era jogada em um fundo preto espacial. Mario comia cogumelos mágicos que o tornavam maior, ou "super", e andava de um lugar para outro através de canos verdes. O Super Mario Bros. oferecia um mundo inteiro para ser explorado, repleto de cogumelos traidores ("Goombas"), soldados tartarugas ("Koopas") e flora devoradora de homens ("Plantas Piranhas"). Estava repleto de níveis e truques ocultos. Ninguém nunca tinha visto nada igual.[3]

Como esses exemplos ilustram, há inúmeras maneiras de aumentar a WTP de produtos e serviços. Pense na WTP como uma construção aberta. Ela é influenciada pela utilidade dos produtos, pelo encantamento que eles evocam, pelo *status* que conferem, pela alegria que proporcionam e até mesmo por considerações sociais que têm pouco a ver com as características dos produtos em si. O perfume Fame da Lady Gaga era novo, com certeza – um líquido preto que, ao ser borrifado, fica transparente –, mas é seguro presumir que parte de seu sucesso foi a associação com a artista, a promessa, como disse Gaga, de que usar seu perfume daria aos clientes "uma sensação de me possuir em sua pele".[4] (A propósito, isso também mostra como a WTP varia radicalmente de pessoa para pessoa; ter Gaga em sua pele, definitivamente, não é consenso de uma sensação desejável.)

É claro que essas descrições de maneiras de aumentar a WTP não dizem nada que você já não saiba. É senso comum desenvolver produtos e serviços que atendam às necessidades dos clientes. Aliás, não conheço nenhuma empresa que não afirme atender às necessidades dos clientes, ser centrada no cliente. Então, o que há de novo? Aspirar a aumentar a WTP e o encantamento do cliente não é o mesmo que pensar em produtos e serviços maravilhosos?

A distinção entre focar no produto e focar na WTP é sutil, mas importante. Um gerente centrado no produto pergunta: "Como posso vender mais?". Uma pessoa preocupada com a WTP quer ver seus clientes aplaudindo e soltando salves. Ela buscará maneiras de melhorar a experiência dos clientes, mesmo depois de eles terem se comprometido com a compra (Figura 4.1). Um gerente centrado no produto entende profundamente as decisões de compra e está interessado em maneiras de influenciar o cliente. Os gerentes que prestam atenção à WTP consideram toda a jornada do cliente e buscam oportunidades de criar valor em cada etapa do caminho.

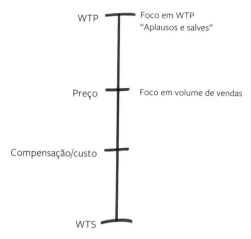

Figura 4.1 Muitas empresas prestam mais atenção às vendas do que a WTP do consumidor.

Há alguns anos, tive uma interação com um vendedor que ilustra essa diferença. Eu queria enviar flores pelo aniversário de uma amiga. O dia chegou e passou, e, de alguma forma, eu esqueci. Alguns dias depois, lembrei e liguei para uma floricultura. Era fim de tarde, e a vendedora perguntou se eu queria que as flores fossem entregues naquele dia ou no dia seguinte. Confessei que estava atrasado para o aniversário de minha amiga e pedi à vendedora que enviasse as flores o mais rápido possível. A resposta dela me pegou de surpresa: "Quer que a gente assuma a culpa pelo atraso na entrega?". Eu não queria que ela mentisse por mim, é claro. Mas, mesmo naquela breve conversa, percebi que essa vendedora não enxergava seu trabalho como simplesmente vender flores; ela não tinha uma mentalidade estreita centrada no produto. Seu trabalho era aumentar a WTP de seus clientes. (A propósito, a história tem um final perfeitamente previsível. Agora recebo um lembrete alguns dias antes do aniversário de minha amiga e encomendo minhas flores, talvez a preços inflacionados. Mas nunca nem considerei usar outra floricultura.)

As empresas que se concentram na WTP têm uma vantagem competitiva em longo prazo por vários motivos. Um deles é que confiamos em empresas que têm em mente o que é melhor para nós. Além disso, essas organizações costumam ser mais eficientes na identificação de oportunidades de criação de valor. Elas também tendem a ser mais hábeis em reconhecer as necessidades de vários grupos de clientes e intermediários, prestando atenção aos casos em que o aumento da WTP de um grupo reduz a WTP de outros. Por fim, as empresas que aumentam a WTP se beneficiam substancialmente dos efeitos da seleção de clientes. Vou ilustrar cada um desses fatores com um exemplo.

O melhor para os clientes

John C. Bogle fundou o Vanguard Group, hoje uma das maiores empresas de investimento do mundo, depois de ter sido demitido "com entusiasmo" de seu primeiro cargo na Wellington Management Company. Em um setor repleto de conflitos de interesse – uma estimativa recente do governo dos Estados Unidos calculou que o custo de corretores ávidos por comissões dando conselhos ruins é de 17 bilhões de dólares por ano –, Bogle ficou conhecido como o "melhor amigo do investidor de fundos mútuos" (e o Vanguard também).[5] "Nosso desafio na época", lembrou ele, "era criar [...] uma maneira nova e melhor de administrar um fundo mútuo [...] e fazer isso de uma forma que beneficiasse diretamente [nossos clientes]".[6] Sob sua liderança, a empresa introduziu fundos taxa zero e trouxe o investimento em índices de baixo custo para o investidor individual, muito antes de o investimento passivo se tornar moda. Inicialmente ridicularizados como "antiamericanos" e "um caminho certo para a mediocridade", os fundos passivos agora representam quase 45% de todos os ativos de ações em fundos mútuos e produtos negociados em bolsa dos Estados Unidos.[7]

Ao longo de sua carreira, Bogle, sempre sincero, criticou seu setor pelos altos preços, práticas de publicidade enganosa e proliferação de produtos que criam pouco valor para os investidores. Em seu livro de 2010, *Enough: true measures of money, business and life* [A dose certa: como encontrar o equilíbrio para o dinheiro, os negócios e a vida], ele resumiu a meta da Vanguard e sua própria aspiração pessoal: "Aquilo pelo que estou lutando – [dar] a nossos cidadãos/investidores um tratamento justo – é correto. Matematicamente correto. Filosoficamente correto. Eticamente correto". Para Bogle, a WTP e o encantamento do cliente sempre vinham em primeiro lugar. Foi esse princípio que lhe permitiu criar uma das empresas mais bem-sucedidas e amplamente admiradas em um setor muitíssimo competitivo. Seus clientes sempre souberam que Bogle queria o que era melhor para eles.

Identificação de novas oportunidades

Os *e-readers* foram os produtos eletrônicos de consumo mais procurados no final dos anos 2000. Apenas uma década depois de terem sido lançados, em 2004, um terço dos norte-americanos possuía um.[8] Um mercado de bilhões de dólares havia nascido. A Sony, principal empresa de eletrônicos de consumo na época, foi a primeira a oferecer um *e-reader*, o Librie, e foi ela que estabeleceu o padrão do setor ao adotar a tinta eletrônica, microcápsulas que contêm pigmentos escuros e brancos que podem ser estimulados a fluir para o topo e exibir uma ou outra cor. O Librie oferecia uma experiência de leitura inigualável em um dispositivo eletrônico.[9]

A Amazon estava interessada em entrar nesse mercado em rápido crescimento, mas suas perspectivas pareciam limitadas. A Sony havia adotado a tecnologia líder, sido a primeira a chegar ao mercado e gastado duas vezes mais em *marketing* do que suas rivais.[10] Apesar dessas vantagens, a Amazon venceu a Sony com folga. Em 2012, o Kindle da Amazon, lançado em 2007, detinha 62% do mercado. O *e-reader* da Sony ficava com míseros 2%.[11] O que fez a diferença? O acesso sem fio. Os clientes da Sony tinham de baixar livros para o PC (em uma loja difícil de navegar, com uma seleção limitada de títulos) e depois transferir a compra para o *e-reader*. Quando a Sony atualizou seu dispositivo para tornar acessíveis os documentos PDF e ePub, os clientes tiveram de enviar seus dispositivos aos centros de serviço da Sony para atualizar o *firmware*.[12] O Kindle da Amazon, por sua vez, oferecia acesso gratuito à internet 3G, um recurso que transformou os livros em uma compra por impulso. Quando foi lançado pela primeira vez, o Kindle se esgotou em cinco horas.[13]

Empresas centradas no produto, como a Sony, prestam muita atenção à qualidade de seus dispositivos. A Sony criou uma experiência de leitura maravilhosa, que ela sabia ser um fator importante na decisão do cliente de comprar o novo dispositivo. A Amazon, em contrapartida, concentrou-se na WTP. Com essa noção mais ampla, ela ofereceu conveniência em toda a jornada do cliente. Quando a Sony começou a introduzir a tecnologia sem fio, já era tarde demais. O mercado havia se inclinado a favor da Amazon.

Quando você começa a pensar em termos de WTP, novas oportunidades de criar encantamento para o cliente surgem o tempo todo, e todos os tipos de decisões "óbvias" se tornam um pouco menos evidentes.

Por exemplo, onde você instalaria máquinas de venda automática de bilhetes em um metrô? Em frente à entrada da catraca ou na plataforma? A resposta parece óbvia. A máquina não pode estar na plataforma; os clientes precisam comprar a passagem antes de passar pelas catracas. Correto! No entanto, é possível se perguntar se criaríamos uma experiência melhor para o cliente caso colocássemos máquinas em ambos os lugares. Se você observar os clientes esperando na fila para comprar uma passagem ou recarregar seus cartões do metrô hoje, verá uma atividade frenética, passageiros irritados com as longas filas, todos tentando desesperadamente comprar a passagem o mais rápido possível para não perder o trem. Quando estão na plataforma, esses mesmos clientes esperam pacientemente pela chegada do próximo trem. Qual seria o valor agregado se colocássemos uma máquina de venda automática na plataforma? Os clientes gostariam de ter a oportunidade de usar seu tempo de espera de forma mais produtiva? Será que poderíamos, de fato, aumentar a WTP permitindo que os passageiros recarregassem seus cartões do metrô de forma mais tranquila? De repente, a colocação "óbvia" de máquinas de venda automática fica um pouco menos evidente. Prestar muita atenção à WTP durante toda a jornada dele permite que você veja oportunidades de aumentar o encantamento dele de inúmeras maneiras. Motivar os consumidores a comprar um produto e facilitar sua venda (colocando máquinas de venda automática antes das catracas) é uma preocupação muito mais restrita do que a ambição de criar uma ótima experiência para o cliente.

Reconhecendo as necessidades dos clientes e intermediários

A Bigbelly produz lixeiras movidas a energia solar (Figura 4.2).[14] As lixeiras compactam o lixo automaticamente e alertam a equipe de saneamento quando os compactadores precisam ser esvaziados. A empresa estima que os esforços de coleta de lixo usando essas lixeiras possam ser reduzidos em até 80%, economizando tempo da equipe e custos de viagem para o departamento de saneamento. As lixeiras também prometem acabar com o transbordamento das latas de lixo. Quando a Bigbelly entrou no mercado, em 2003, prefeituras de todo o mundo ficaram ansiosas para aderir. Somente a cidade da Filadélfia encomendou cerca de mil unidades.

Depois de instaladas, no entanto, as lixeiras revelaram rapidamente uma falha quase fatal. As críticas *on-line* foram contundentes, mesmo para os padrões desbocados da internet hoje em dia. Um usuário (educado) co-

Figura 4.2 Compactadores de lixo Bigbelly – modelo original.

mentou: "[Os compactadores Bigbelly] rapidamente se tornaram ainda mais nojentos do que as latas de lixo comuns. […] Na verdade, é preciso tocar em uma alça para abrir o compartimento. Pense em todos os germes transmitidos de uma pessoa para outra por essa alça suja. *nojento* Não consigo pensar em um *design* mais anti-higiênico para uma lata de lixo externa".[15] Outro disse: "[Minha esposa] só abre a lixeira se tiver um guardanapo ou um saco de papel à mão para nunca tocar a alça com a pele. […] Percebi que muitas outras pessoas fazem o mesmo. Às vezes elas colocam o lixo em cima do contêiner, provavelmente porque não querem encostar nele. Não as culpo por isso: algumas latas de lixo andam bem nojentas".[16]

A Bigbelly produziu uma solução quase perfeita para um grupo de clientes, os departamentos de saneamento, mas deu pouca atenção a um segundo grupo, as pessoas que realmente usam as lixeiras. Vendo as reações negativas aos compactadores, a cidade da Filadélfia pediu à empresa que substituísse sem custo um quarto de suas lixeiras e desenvolvesse um projeto aprimorado.[17] Felizmente, a Bigbelly encontrou uma solução simples, mas eficaz: acrescentou pedais às lixeiras, recriando a experiência de mãos livres que as pessoas apreciam nas lixeiras tradicionais (Figura 4.3).[18]

É natural pensar nos clientes de sua empresa como as organizações e indivíduos que lhe pagam. Portanto, a Bigbelly se concentrou nos depar-

Figura 4.3 Compactadores de lixo Bigbelly – novo modelo com pedal.

tamentos de saneamento da mesma forma que as seguradoras prestam atenção aos corretores, e as organizações de produtos de consumo trabalham em estreita colaboração com os supermercados. Em todos esses casos, o cliente final está a um passo de distância. Para uma empresa cujo foco exclusivo está nas vendas e na entidade que paga as contas, é muito fácil negligenciar o cliente que ela atende. Por sua vez, as organizações que se baseiam em um critério mais amplo – a WTP do intermediário e do cliente final – geralmente têm uma vantagem competitiva.

Aliás, se os gerentes se concentrassem universalmente na WTP, eu não teria a seguinte história para contar. Em 1997, dois estudantes de pós-graduação brilhantes, mas inexperientes, visitaram os escritórios da Excite, uma empresa que havia criado um mecanismo popular de busca na internet.[19] Os alunos se reuniram com o CEO da Excite, George Bell, na esperança de vender o mecanismo deles, um *software* obscuro que eles chamavam de Backrub, por 1,6 milhão de dólares. Para demonstrar a superioridade do Backrub, eles pesquisaram o termo *internet* em ambos os mecanismos. A Excite exibiu com destaque páginas chinesas nas quais a palavra *internet* se destacava. O Backrub, em contrapartida, fornecia exatamente os tipos de *links* nos quais os usuários poderiam estar interessados.

O quanto Bell ficou animado? Nem um pouco. Em sua opinião, o Backrub era bom *demais*! Veja bem, o modelo de negócios da Excite era a publicidade. Para isso, quanto mais tempo os usuários passassem no *site* da Excite e quanto mais vezes eles retornassem, mais dinheiro a empresa ganharia. No mundo de Bell, era uma péssima ideia enviar rápido os usuários para outro lugar fornecendo resultados de pesquisa altamente relevantes. Para otimizar a receita, explicou Bell, ele queria que o mecanismo da Excite fosse 80% tão bom quanto os outros mecanismos. O acordo com o Backrub nunca foi concretizado. Você adivinhou, é claro. Esses dois estudantes eram Sergey Brin e Larry Page, fundadores do Google. Imagine que você tivesse comprado o Google, hoje avaliado em mais de 1 trilhão de dólares, por uma ninharia.

Os modelos de negócios descrevem como as empresas capturam valor. No entanto, sem a criação de valor, a questão de como capturar valor é inútil. Pior ainda, a obsessão por modelos de negócios pode facilmente prejudicar a criação de valor, como ilustra a história do Google. Desde o cartel Phoebus do século XX, que propositadamente limitou a vida útil das lâmpadas incandescentes, até os cartuchos de tinta atuais, cujos *chips* inteligentes desativam a impressão em qualquer cor quando apenas uma das cores fica abaixo de determinado nível, a história fornece inúmeros exemplos de empresas que reforçam sua capacidade de capturar valor à custa de criá-lo. É errado se consolar com o fato de que a história geralmente não é gentil com as empresas que adotam esse tipo de estratégia? Alguém se lembra da Excite?

Beneficiando-se dos efeitos de seleção do consumidor

As empresas que se concentram na WTP também têm *performance* melhor porque conseguem atender os clientes "certos". Dependendo de como sua empresa aumenta a WTP, grupos específicos acharão seu produto mais atraente. Considere a Discovery, uma empresa sul-africana de seguros de vida e saúde cuja ambição é melhorar a saúde de seus clientes.[20] O programa Vitality [Vitalidade], sua marca registrada, oferece acesso preferencial a academias de ginástica; os *wearables* permitem que os clientes ganhem pontos Vitality monitorando seus exercícios; e a Discovery faz até parcerias com supermercados para oferecer a seus membros alimentos mais saudáveis. Com milhões de membros, a Discovery se autodenomina "a maior plataforma do mundo para mudança de estilo de vida". O fundador e CEO Adrian Gore explica: "A beleza disso é o valor compartilhado que cria. [...] Nossos clientes recebem um incentivo para se tornarem mais saudáveis [...] e nós podemos operar com melhor dinâmica atuarial e lucratividade".[21] Os efeitos de seleção são fundamentais para o sucesso da Discovery. A empresa aumenta a WTP dos indivíduos que se preocupam com a saúde. Com uma vantagem substancial na WTP, você consegue atender (geralmente a um custo menor) os clientes para os quais sua proposta de valor é particularmente atraente.

WTP como sua estrela-guia

A diferença entre uma mentalidade centrada no produto, motivada principalmente pelas vendas, e uma mentalidade que se concentra na WTP pode parecer uma distinção tênue em um primeiro momento. No entanto, as histórias da Vanguard, do Kindle, da Bigbelly e da Discovery mostram como enxergar o mundo pelas lentes da WTP do cliente pode conferir uma vantagem significativa.

Levar a sério a criação de valor pode ter consequências estratégicas dramáticas. A Kaspi.kz, principal *fintech* do Cazaquistão, abandonou seu próspero negócio de cartões de crédito porque não conseguiu ver uma maneira de criar valor significativo para seus clientes. O presidente Mikhail Lomtadze explica:

> Eu estava fazendo apresentações para a gerência dizendo quantos meses levaríamos para ganhar 100 milhões de dólares – inicialmente eram dezoito meses, mas logo passaram a ser doze meses e depois seis meses. Essa era a nossa métrica. Eu estava realmente promovendo a ideia [de] ser eficiente e lucrativo [...], mas acabamos da mesma forma que a maioria dos serviços financeiros acaba: com os clientes simplesmente nos odiando.[22]

A Kaspi passou dos cartões de crédito para o negócio aparentemente monótono de pagamentos de contas, um grave problema na economia do Cazaquistão. "Há uma história famosa sobre uma universidade na Rússia", conta Lomtadze.

> Primeiro, eles construíram os prédios. Mas, em vez de pavimentar as estradas do *campus*, eles permitiram que as pessoas encontrassem seu próprio caminho. Depois que as trilhas foram formadas, eles colocaram o concreto. É assim que pensamos em nosso processo.

Com um serviço de pagamento de contas muito valorizado em seu núcleo, a Kaspi, apoiada pelo Goldman Sachs, passou a construir um ecossistema de produtos hoje avaliado em bilhões de dólares. Tendo aprendido a diferença entre o valor criado e o valor capturado nos cartões de crédito, a Kaspi nunca mais perdeu de vista a WTP dos clientes.

Batendo na mesma tecla

Mesmo em organizações cuja cultura está firmemente centrada na WTP do cliente, é útil desenvolver práticas que lembrem periodicamente a todos do foco da empresa. Pense como se fosse o equivalente organizacional dos lembretes adesivos em sua geladeira. Não é que você não saiba que sua família precisa de mais uma garrafa de leite. Mas ver esse pequeno bilhete em tons pastel na geladeira é um lembrete útil. Na Harvard Business School, raramente há uma semana – ou uma reunião importante – em que ninguém mencione a missão da escola. Não é novidade para ninguém, claro, e pode parecer muito ensaiado. E, no entanto, quando a missão é mencionada mais uma vez, a conversa geralmente assume um tom diferente, como que por mágica.

A Amazon é bastante conhecida por um conjunto de práticas que incentivam a organização a pensar em termos de WTP. Nas reuniões da empresa, há sempre uma cadeira vazia. Ela é reservada para o cliente, a quem a reunião supostamente deveria servir.[23] Quando os gerentes da Amazon criam um serviço, eles começam escrevendo um comunicado de imprensa interno que anuncia o lançamento do serviço (ainda não existente).[24] Dê uma olhada no comunicado interno que Andy Jassy, CEO da AWS, escreveu para o serviço de armazenamento S3 da Amazon.[25] (A propósito, esse é o 31º rascunho de Jassy.)[26]

Amazon Web Services lança S3

SEATTLE – (BUSINESS WIRE) – 14 DE MARÇO DE 2006

S3 fornece interface de programação de aplicativos para armazenamento altamente escalável, confiável e de baixa latência a custos muito baixos.

A Amazon Web Services anunciou hoje o "Amazon S3™", um serviço de armazenamento simples que oferece aos desenvolvedores de *software* uma infraestrutura de armazenamento de dados altamente escalável, confiável e de baixa latência a custos muito baixos. O Amazon S3 está disponível hoje em http://aws.amazon.com/s3.

A Amazon S3 é um tipo de armazenamento pensado para a internet. Ele foi projetado para facilitar a computação *webscale* para os desenvolvedores. O Amazon S3 oferece uma interface simples de serviços da *web* que pode ser usada para armazenar e recuperar qualquer quantidade de dados, a qualquer momento, de qualquer lugar da *web*. Ele dá a qualquer desenvolvedor acesso à mesma infraestrutura de armazenamento de dados altamente escalável, confiável, rápida e barata que a Amazon usa para executar sua própria rede global de *sites*. O serviço tem como objetivo maximizar os benefícios da escala e repassar esses benefícios aos desenvolvedores.

Essa prática – "trabalhar de trás para a frente", na linguagem da Amazon – incentiva os funcionários a primeiro determinar o público-alvo e depois descrever o apelo do novo serviço.[27] Esse exercício os obriga a usar uma linguagem que os clientes entendam. Ian McAllister, ex-gerente-geral da empresa, explica: "Se os benefícios listados não parecerem muito interessantes ou empolgantes para os clientes, talvez não sejam (e [o produto] não deva ser criado). Em vez disso, o gerente de produto deve continuar a iterar o comunicado à imprensa até chegar a benefícios que realmente soem como benefícios. Iterar em um comunicado à imprensa é muito mais barato (e mais rápido!) do que iterar o próprio produto".[28]

- - - - - - - - - - - - - - - - - -

Conforme ilustrado neste capítulo, as empresas que centralizam sua estratégia na WTP encontram um conjunto rico de oportunidades. O conceito é muito simples: aumentar o valor máximo que um cliente estaria

Aplausos e salves – criando encantamento para o consumidor

disposto a pagar pelo seu produto. As oportunidades resultantes, entretanto, são extraordinárias. Ao começar a usar a régua de valor e a WTP para formular a estratégia de sua empresa, tenha em mente estas considerações.

- *Uma mentalidade focada em vendas corre o risco de ignorar oportunidades de aumentar a WTP do cliente.* Em uma organização centrada no produto, você prospera quando aumenta o volume de transações. Já as organizações que focam suas lentes na WTP têm um conjunto mais rico de caminhos para criar valor e, em geral, são mais bem-sucedidas exatamente por esse motivo.
- *Uma obsessão com modelos de negócios – a forma como você captura valor – é particularmente arriscada, porque a captura de valor é um jogo de soma zero:* desde o início, você aceita que seu sucesso piora a situação dos clientes.
- *Interdependência é a regra, não a exceção.* A WTP, o preço, o custo e a disposição para vender (WTS) estão todos conectados. Quando você aumenta a WTP, os outros elementos que compõem o valor também costumam se mover. A WTP dos produtos da Apple é realmente notável, mas a empresa incorre em custos adicionais para aumentá-la. Apesar de seu valor como guia estratégico, não considere a WTP isoladamente. É importante ter em mente o insight do Capítulo 3: o árbitro final do sucesso estratégico é o aumento do encantamento do cliente, não a WTP em si.
- *Liderar não precisa ser sinônimo de vencer.* Considerando que as empresas competem por negócios tentando encantar mais o cliente, ter a melhor qualidade do mercado ou ser a organização mais admirada não é garantia de sucesso. Até mesmo empresas com produtos medianos podem encantar os clientes de forma extraordinária. O Toyota Corolla, um dos itens da minha lista de lançamentos de produtos estelares, é um bom exemplo. Segundo todos os relatos, o Corolla, fabricado pela primeira vez em 1966, era um veículo modesto. Para aumentar seu apelo e elevar a WTP, o projetista do Corolla, Tatsuo Hasegawa, proporcionou aos motoristas toques de excelência: assentos separados do tipo concha, um câmbio esportivo montado no assoalho e caixas de faróis de alumínio (Figura 4.4).[29] No entanto, no final da década de 1960, ninguém teria identificado o Corolla como um carro legal com alta WTP. Afinal de contas, quem dirigiria um Corolla se pudesse correr com um Pontiac

Figura 4.4 O Toyota Corolla 1966 (à esquerda) e o Pontiac Bonneville 1966 (à direita).

Bonneville? Então, como o Corolla conseguiu superar as vendas do Bonneville? Encantando o cliente! Por 432 mil ienes (1.200 dólares em 1966, 9.560 dólares atuais), o Corolla era uma pechincha. Quando os automóveis Corolla foram introduzidos nos Estados Unidos no final da década de 1960, os clientes os consideraram tão simples e confiáveis que rapidamente se tornaram os favoritos entre os compradores de primeira viagem e os norte-americanos de renda média que adquiriram um segundo carro.[30] A Toyota construiu sua liderança na América do Norte não vencendo a Detroit em termos de WTP; a empresa não ficava atrás de ninguém quando se tratava do encantamento do cliente.

- *O que os executivos mais gostam no encantamento do cliente?* O fato de que ele é altamente contagioso. Basta perguntar a David Vélez, CEO do brasileiro Nubank, maior banco digital independente do mundo. O Nubank conquista mais de 40 mil clientes por dia, 80% deles por meio de indicações de clientes existentes. "O Nubank não teve de gastar um dólar sequer na aquisição de clientes", diz Vélez.[31] Quando o banco digital anunciou seu cartão de crédito para o México em 2020, 30 mil pessoas entraram na lista de espera. O segredo do Nubank? "Queremos que os clientes nos amem fanaticamente."[32]

CAPÍTULO 5

Debaixo do próprio nariz – quase clientes

No início dos anos 2000, Meg Whitman, então CEO do eBay, estava entusiasmada com as perspectivas de sua empresa no crescente mercado chinês: "Acreditamos que a China tem enorme potencial em longo prazo e queremos fazer tudo o que pudermos para manter nossa posição de número 1. [...] Daqui a 10 ou 15 anos, a China poderá ser o maior mercado do eBay em nível global".[1] O entusiasmo de Whitman não era difícil de entender. Em 2002, o eBay havia entrado na China investindo 30 milhões de dólares em uma empresa local chamada EachNet, um mercado C2C (*customer to customer*) chinês fundado por dois graduados da Harvard Business School (HBS): Tan Haiyin e Shao Yibo. Um ano depois, o eBay adquiriu a EachNet por completo. O futuro da empresa parecia excepcionalmente promissor; ela detinha 85% de participação no mercado e 62% de seus clientes declararam estar *muito satisfeitos* ou *satisfeitos* com os serviços da empresa.[2] Embora as compras *on-line* ainda fossem novidade na época, o potencial de mercado era enorme. Em 2004, a China tinha 90 milhões de usuários de internet, dos quais quase metade tinha acesso à banda larga.

Entra em cena o Taobao ("caça ao tesouro"), uma pequena *startup* lançada pelo fundador do Alibaba, Jack Ma. A Alibaba era uma empresa B2B (*business to business*) que ajudava pequenas e médias empresas chinesas a vender produtos *on-line* e exportar para mercados distantes. Ma, preocupado com a possibilidade de que os usuários mais ativos do eBay, seus "vendedores poderosos", viessem a competir com o Alibaba, lançou o Taobao como meio de desacelerar a ascensão do eBay. No entanto, em vez de roubar os clientes atuais do eBay – uma perspectiva que parecia assustadora, dada a alta *performance* da empresa –, o Taobao se concentrou em um segmento diferente: os *quase clientes*, um grupo de consumidores que gostava da ideia de fazer compras *on-line*, mas que eram reticentes quanto a fazer uma compra de fato.

Tudo no Taobao era voltado para esses quase clientes. O *site* oferecia um serviço de garantia, o Alipay, que assegurava que os clientes ansiosos pagassem somente se os vendedores de fato enviassem o produto. Porter Erisman, vice-presidente de assuntos corporativos internacionais do Alibaba na época, explicou:

> O Alipay foi fundamental para o desenvolvimento do Taobao. Mesmo quando os compradores veem um vendedor com altas classificações, a falta de confiança ainda cria um grande desafio. A Alipay elimina o risco de liquidação. O mecanismo de pagamento em si não é importante. O pagamento é fácil na China, mas os bancos não conseguem lidar com o risco de liquidação. É aí que entra o Alipay.[3]

Um segundo recurso essencial foi o Wang Wang, um serviço de mensagens instantâneas que permitia que compradores hesitantes conversassem com vendedores e negociassem por melhores preços. O *design* do *site*, inicialmente uma imitação pouco inspirada do *site* norte-americano do eBay, acabou se assemelhando ao *layout* de uma loja física de departamentos, de modo que os clientes se sentiam confortáveis em um ambiente familiar. O Taobao também solicitou aos vendedores que usassem sua carteira de identidade nacional para se registrarem no *site*, oferecendo aos compradores a garantia de que a verdadeira identidade dos vendedores era conhecida. Em contraste com o eBay, que tinha como alvo os primeiros usuários de compras *on-line* com experiência em tecnologia, o Taobao se concentrou em um segmento de clientes próximos que (ainda) não estavam no mercado.

No fim, o grupo de quase clientes do Taobao cresceu muito mais rapidamente que a clientela do eBay. Em 2007, a participação de mercado do eBay havia caído para 7%; a do Taobao era de 84%. Com suas esperanças de liderança de mercado frustradas, o eBay abandonou o mercado chinês em 2006.

Não tenho dúvidas de que sua empresa está intimamente familiarizada com seus clientes. Toda empresa bem-sucedida está. A internet permite que as companhias sigam cada passo dos clientes e desenvolvam um profundo conhecimento das pessoas que atendem. Provavelmente você também sabe bastante sobre os clientes de empresas rivais. Os relatórios de inteligência competitiva em particular podem lhe dar uma boa noção do mercado geral, incluindo clientes em potencial que compram em outros lugares. Mas o quanto você sabe sobre indivíduos (ou empresas) que *não* estão ativos em seu mercado? É verdade mesmo que eles nunca, jamais, comprariam seu produto? Será que você não está a um pequeno passo de transformá-los em clientes (Figura 5.1)?

A maioria dos gerentes dá pouca atenção aos consumidores que não estão no mercado. Uma vez definido o mercado que se pode atender, diz o pensamento convencional, por que perder tempo perseguindo clientes potenciais improváveis? Mas, como ilustra o sucesso do Taobao, oportunidades de negócios atraentes podem se esconder de todos, nos segmentos de clientes muito próximos que tendemos a descartar. Uma das razões pelas quais esses segmentos podem parecer impenetráveis são as drásticas percepções errôneas. Lembre-se de que a disposição a pagar (WTP) e o encantamento do cliente refletem opiniões e impressões, não fatos e números. Se os quase clientes têm visões equivocadas, é um desafio enxergar sua verdadeira demanda por um produto ou um serviço. Tomemos como exemplo o seguro de vida. Nos Estados Unidos, grande parte da população não tem seguro de vida. É natural suspeitar que a divisão en-

Figura 5.1 Quase clientes.

tre clientes e não clientes ocorra, em grande parte, de acordo com a renda. Embora isso seja verdade, a realidade é mais complexa (Figura 5.2).[4]

Mesmo entre as famílias com renda anual de mais de 125 mil dólares, 41% não possuem seguro de vida. As percepções errôneas geralmente são a causa principal. Por exemplo, 44% dos *millennials* e um quarto da população em geral acreditam que o seguro para uma pessoa saudável de 30 anos custa mais de mil dólares por ano (o custo real é 160 dólares). Quase quatro em cada dez *millennials* acreditam que é improvável que se qualifiquem para a cobertura. (Na verdade, é mais provável que pessoas jovens se qualifiquem.) E mais de 50% dizem que não sabem que tipo ou quantidade de seguro de vida devem adquirir.[5] Percepções errôneas como essas podem facilmente criar um ciclo vicioso. Se os quase clientes manifestarem pouco interesse, é improvável que as campanhas de *marketing* e os vendedores os abordem, e assim os conceitos errôneos persistem. De fato, a maioria esmagadora das pessoas que não têm um bom entendimento sobre seguro de vida relata que nunca foi abordada por uma seguradora.

É claro que nem todo cliente que não está no mercado representa um alvo atraente. Pense em um *continuum* de indivíduos que vão desde aqueles que nunca comprariam seu produto até o grupo mais fiel (Figura 5.3).

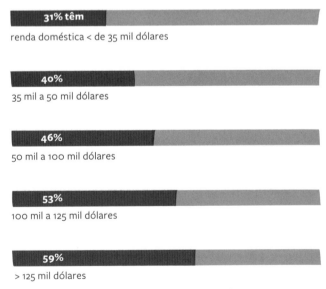

Figura 5.2   Penetração do seguro de vida nos Estados Unidos.

Os quase clientes são aqueles cuja WTP está bem perto do nível necessário para fazer uma compra. Entender os fatores determinantes da WTP desse grupo pode revelar grandes oportunidades de negócios. É útil perguntar: por que os quase clientes não estão comprando seu produto? Eles têm uma percepção errônea de seu valor? Como você pode ajustar sua oferta para aumentar a WTP deles e transformá-los em compradores?

Os estudos sobre as jornadas dos clientes geralmente revelam por que os quase clientes não compram. Por exemplo, os motivos pelos quais as pessoas abandonam carrinhos de compras *on-line* sugerem várias maneiras de aumentar a WTP. Como mostra a Figura 5.4, até um simples recurso que preenche automaticamente as informações de endereço de entrega pode fazer a diferença.[6]

A Figura 5.4 também sugere que atender quase clientes pode ser complexo e caro. O envio rápido e o armazenamento seguro de informações

Figura 5.3 Clientes e quase clientes.

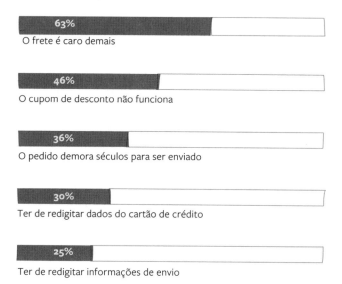

Figura 5.4 Principal razão para compradores *on-line* abandonarem o carrinho.

de cartão de crédito, por exemplo, certamente não são questões triviais. Mas a noção mais geral de que atender aos gostos dos quase clientes é sempre complicado e caro está equivocada. Veja o mercado de adegas, por exemplo. A EuroCave, uma empresa francesa fundada por um grupo de entusiastas do vinho em 1976, é a principal produtora de adegas. Seus produtos são tudo menos comuns. Sensores de alta precisão garantem uma temperatura perfeita, controles de umidade evitam que as rolhas ressequem e barreiras térmicas proporcionam um isolamento tão eficaz quanto quase dois metros de terra.

Quando a Haier, uma fabricante chinesa de eletrodomésticos, entrou no mercado de adegas, especialistas e aficionados ficaram céticos. Será que os produtos da Haier atenderiam às demandas exigentes do armazenamento em longo prazo? No início, não. Como comentou um cliente decepcionado:

> Depois de usar uma adega Haier por cerca de quatro anos, perdi toda a minha coleção de vinhos. Por quê? Vibrações. Depois de retirar garrafa após garrafa e descobrir que estavam estragadas, comecei a investigar o motivo. No início, achei que fossem as flutuações de temperatura ou o fato de o vidro colorido não ser resistente aos raios UV. No entanto, a resposta final veio quando testei as vibrações. E há *muitas* vibrações no interior. Perdi mais de sessenta garrafas de vinho *premium*; não cometa o mesmo erro.[7]

Testes posteriores mostraram que a adega da EuroCave tinha níveis de vibração seis vezes menores que os dos produtos concorrentes. Para surpresa de muitos, entretanto, as adegas da Haier se tornaram um sucesso comercial significativo. A participação da empresa no mercado de adegas de vinhos está agora próxima de 20%.* Quem compra um gabinete vibratório que pode estragar uma coleção de vinhos valiosa?

Em retrospecto, a resposta é simples. Os produtos da Haier atraem os clientes que consomem seus vinhos rapidamente. As adegas EuroCave são otimizadas para colecionadores; elas oferecem recursos (caros) que têm pouco valor para consumidores casuais. Mesmo na França, onde uma pessoa média armazena 68 garrafas, mais de 40% de todo o vinho é consu-

---

* A Haier produz adegas com compressores e unidades menores com resfriamento termelétrico. Estas últimas têm uma capacidade mais limitada de atingir as temperaturas mais baixas que são ideais para o armazenamento de vinhos em longo prazo.

mido em um curto período.[8] Os clientes próximos representam uma oportunidade ainda maior em outros países, onde a maturação do vinho é menos comum. Embora nossa intuição muitas vezes nos leve a acreditar que precisamos oferecer mais para conquistar os quase clientes, a Haier (e muitas outras empresas) teve sucesso oferecendo menos.

Ao buscar sucesso comercial tendo em mente os quase clientes, faça as seguintes perguntas:

- *Você tem uma compreensão profunda dos motivos pelos quais algumas pessoas não consideram seus produtos ou seus serviços?* Os quase clientes podem representar uma oportunidade de negócios significativa, mas são fáceis de ignorar porque as análises de mercado endereçável e as iniciativas de *marketing* existentes normalmente fornecem poucas informações sobre esses grupos.
- *Os estereótipos impedem que sua organização aprenda mais sobre os quase clientes?* Crenças imprecisas sobre grupos não são incomuns e podem facilmente obscurecer o potencial de negócios dos quase clientes.[9]
- *Você supõe que o atendimento a clientes próximos exigirá investimentos significativos em produtos ou serviços?* Como mostra o exemplo da Haier, oferecer menos pode ser atraente. Tenha em mente que os quase clientes acabaram de conhecer sua categoria e sua marca. Manter a simplicidade costuma ser uma vantagem.[10]
- *Seus sistemas de incentivo desencorajam interações com quase clientes?* A ênfase em ganhos rápidos impulsiona o sucesso atual; explorar oportunidades com quase clientes é um investimento. Os incentivos ajudam a determinar como sua organização lida com essas considerações.

CAPÍTULO 6

Procuram-se ajudantes – vencendo com elogios

Suponha que você esteja planejando uma viagem a Paris e gostaria de passar uma noite em um ótimo restaurante. Como você decide aonde ir? Perguntando a um amigo? Procurando no LaFourchette ou no Le Fooding? Navegando no Tripadvisor ou no Eater? Se você estivesse interessado no melhor, provavelmente perguntaria a um fabricante de pneus de automóveis. Sim, pneus de automóveis! Estou pensando na Michelin e em seu famoso guia de restaurantes, é claro. Mas isso não é estranho? Como uma empresa que produz pneus acabou criando um influente sistema de classificação de restaurantes? Por que a Michelin ainda tem um guia?

Para descobrir, vamos voltar no tempo. Conhecemos Édouard e André, os dois irmãos Michelin, em um dia quente de verão em 1891.[1] Um de seus clientes, um sujeito chamado Grand Pierre, entra com seu velocípede na oficina de Édouard em Clermont-Ferrand, uma cidade no centro da França. A loja mantém alguns pneus de reposição em estoque, mas nenhum dos irmãos sabe muito sobre pneus ou sobre o negócio de pneus. O único produto de borracha que a Michelin produz até o momento é uma sapata de freio para carruagens puxadas por cavalos. Ao inspecionar o velocípede, eles descobrem rapidamente que ele usa um desses novos pneus que foram inventados na Inglaterra. As condições deploráveis das estradas do século XIX fizeram dos pneus infláveis um sonho que se tornou realidade – os pilotos ficam muito mais confortáveis quando são amortecidos por pneus que absorvem choques – e, ao mesmo tempo, um pesadelo. Esses pneus estouram o tempo todo!

Para surpresa de Édouard, trocar os pneus do Grand Pierre acaba sendo uma tarefa difícil. Sua equipe leva horas para substituí-los, pois eles são colados ao aro de madeira da roda. Édouard guarda o velocípede durante a noite – a cola leva tempo para secar – e, curioso para saber como é andar com pneus infláveis, ele dá uma volta com a bicicleta no dia seguinte. Minutos depois, está de volta à oficina. Os pneus estão furados novamente. Ao relembrar essa experiência, Édouard diz que aprendeu duas coisas: "A primeira é que os pneus são o futuro. A segunda é que os pneus do Grand Pierre são lamentáveis". Os pneus de ar (infláveis) vieram para ficar, ele diz a seu engenheiro-chefe, "mas temos de encontrar uma maneira de substituir uma câmara de ar em quinze minutos sem chamar um especialista".[2]

E eles conseguiram. A primeira contribuição da Michelin para o nascente setor de pneus foi um projeto que usava porcas e parafusos para manter os pneus no lugar em vez de cola, reduzindo o tempo de troca de um pneu de horas para minutos. Para promover seu novo produto, os irmãos organizaram uma corrida de bicicleta de Paris a Clermont-Ferrand. Nos arredores de Nevers, Édouard lotou a estrada de pregos, garantindo assim que todos os ciclistas tivessem a oportunidade de experimentar a facilidade de trocar um pneu Michelin furado.[3] Em uma importante revista esportiva, os irmãos explicaram: "Esperamos que, depois dessa corrida, ninguém tente nos dizer que pregos são um obstáculo intransponível para os pneus, pelo menos para os Michelin infláveis".[4]

O *timing* dos irmãos foi fortuito. Não só os pneus infláveis se tornaram populares entre os ciclistas como a empresa encontrou clientes ávidos entre os primeiros entusiastas de automóveis. Em 1898, a Michelin havia se tornado fornecedora exclusiva de muitas das principais montadoras da época: Bollé, DeDion & Bouton, Peugeot e Panhard & Levassor. Os irmãos enfrentaram um desafio significativo. O mercado de carros era minúsculo, o que limitava as perspectivas de crescimento da empresa. Naquela época, dirigir um automóvel era considerado principalmente um esporte. Carro era para corridas emocionantes, não para levar pessoas ou encomendas. Em 1900, a França tinha apenas 5.600 motoristas (mas 619 empresas montadoras de carros). Os automóveis feitos à mão eram um *hobby* para os ricos, e ainda não eram um mercado de massa. Diante da demanda limitada, os irmãos Michelin decidiram incentivar a direção e expandir o uso de carros. Assim nasceu a ideia do agora famoso guia Michelin. Quando foi publicado pela primeira vez em 1900, ele incluía centenas de mapas. Os carros eram mais úteis, reconheceram os irmãos, se os motoristas soubessem aonde ir e como se divertir na estrada.[5]

Os produtos e serviços que aumentam a disposição a pagar (WTP) por outro produto são chamados *produtos complementares*. Esses ajudantes (facilmente ignorados) contribuem substancialmente para a WTP de praticamente todos os produtos já criados. Basta pensar em todos os produtos complementares sem os quais os carros seriam muito menos valiosos: estradas, estacionamentos, postos de gasolina, oficinas mecânicas, GPS e autoescolas (Figura 6.1).

O objetivo do guia Michelin era fornecer informações abrangentes sobre a disponibilidade e o preço dos produtos complementares para carros e pneus. Seus mapas mostravam quais estradas eram pavimentadas (indicando rotas "tediosas" e aquelas que eram "pitorescas"); onde encontrar postos de gasolina (em 1900, toda a França tinha menos de 4 mil lojas que vendiam gasolina, muitas delas farmácias); como localizar estações de recarga (naquela época, as baterias precisavam ser recarregadas com frequência); em quais oficinas confiar (todas elas forneciam pneus Michelin, é claro); onde comer bem (daí as estrelas!) e passar a noite. A Michelin também fez *lobby* com o governo para colocar placas de sinalização nas estradas, outro produto complementar, e os próprios funcionários da empresa instalaram algumas.[6]

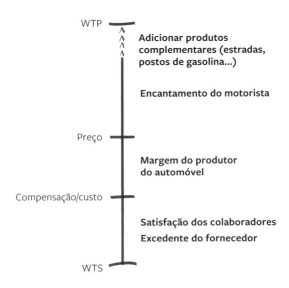

Figura 6.1   Produtos complementares para automóveis.

Procuram-se ajudantes – vencendo com elogios

É difícil superestimar a importância dos produtos complementares. Sem eles, a WTP de muitos produtos e serviços seria bem menor, às vezes até zero. *Smartphones* e aplicativos, impressoras e cartuchos, máquinas de café e cápsulas, *e-books* e *tablets*, barbeadores e lâminas, sandálias e pedicures, carros elétricos e estações de recarga, sopas e tigelas, batatas fritas e *ketchup*, sapatos esquerdos e sapatos direitos, um segundo hashi para *comida* japonesa: os produtos complementares estão em toda parte. Na imaginação de Édouard, até mesmo os pregos serviam como produto complementar para os pneus.* Pense em seu próprio negócio. Quais produtos complementares aumentam a WTP de seus produtos e serviços?

A Michelin não é incomum no sentido que entrou em um setor aparentemente não relacionado – guias de viagem – porque esse setor produzia um produto complementar. Por que a Amazon, que não é uma empresa conhecida por produtos eletrônicos de consumo, produziu o Kindle? (Queria elevar a WTP de *e-books*.) Por que o Alibaba, que não é uma empresa de serviços financeiros, criou o Alipay? (O serviço de custódia criou confiança e aumentou a WTP dos compradores para fazer transações na plataforma.) Por que a Microsoft, que não é uma empresa de entretenimento, investiu no *videogame* Minecraft? (Queria aumentar a WTP de seus *headsets* de realidade virtual.) Por que o Dunkin' Donuts vende café? (Você já entendeu.)

Os produtos complementares são particularmente poderosos se aumentarem a WTP de seu produto especificamente. O aplicativo FaceTime da Apple aumenta a WTP para iPhones, mas não para dispositivos Android, criando uma vantagem para a Apple. As cápsulas da Nespresso aumentam exclusivamente o valor das máquinas de café compatíveis com a Nespresso. Os Superchargers da Tesla fornecem energia apenas para os carros da marca.[7] Esse tipo de exclusividade tem dois efeitos. Ele aumenta a WTP para o produto de uma empresa – os motoristas da Tesla se beneficiam da extensa rede de recarga – mas também retarda a adoção de veículos movidos a bateria de forma mais geral. O guia Michelin, por sua vez, beneficiou todos os produtores de pneus. Com uma participação de mercado de cerca de 70%, a Michelin tinha o maior incentivo para produzir esse produto complementar. Mas a Dunlop e a Continental, concorrentes mais

---

* O uso de pregos foi, na verdade, mais insidioso. Os pregos reduziram a WTP para pneus em geral, menos para os pneus Michelin fáceis de trocar, criando uma vantagem competitiva para a empresa.

próximas da Michelin, também se beneficiaram do guia. A decisão de exclusividade é particularmente importante para setores e categorias de produtos emergentes. Pergunte-se como sua empresa se beneficia mais. Se você deseja aumentar a categoria – uma maré alta levanta todos os barcos –, os produtos complementares não proprietários e de nível setorial atendem melhor às suas necessidades. Se a sua meta é ganhar participação no mercado, os produtos complementares proprietários são mais poderosos.

Sua empresa escolheu esta última opção? Em caso afirmativo, fique atento aos empreendedores que criam valor rompendo a exclusividade e criando produtos complementares em todo o setor. Por exemplo, a empresa nigeriana de pagamentos digitais Interswitch, hoje uma das *fintechs* mais valiosas da África, construiu seu negócio conectando caixas eletrônicos e pontos de venda entre bancos. O acesso mais conveniente à conta do cliente gerou muito encantamento do cliente, pois não era mais necessário carregar grandes somas de dinheiro. Os caixas eletrônicos interconectados também aumentaram a demanda geral por serviços bancários e contribuíram para a lucratividade dos bancos.[8] Entretanto, nem todos os bancos se beneficiaram da mesma forma. As instituições financeiras com o maior número de caixas eletrônicos perderam essa vantagem competitiva quando as máquinas se tornaram intercambiáveis. Como o fundador da Interswitch, Mitchell Elegbe, convenceu até mesmo as grandes empresas a se juntarem à sua rede? Compartilhando o valor que criou: "Embora a Interswitch tenha sido ideia minha, abri mão de [alguma] propriedade", diz ele. "Era mais importante ver a visão se concretizar do que ser o dono da organização [inteira]."[9]

Como ilustra a história da Michelin, os produtos complementares não são um fenômeno novo. Entretanto, nas últimas décadas, as empresas têm se tornado cada vez mais sofisticadas na criação de valor por meio de produtos complementares. No restante deste capítulo, descreverei como as melhores empresas descobrem, precificam e medem os efeitos dos produtos complementares.

Descobrindo os produtos complementares

As empresas são frequentemente aconselhadas a se concentrar em um conjunto limitado de produtos e serviços. Em geral, é um bom conselho. É desafiador dominar novas atividades, e a colaboração com empresas que têm conhecimento especializado costuma superar a produção interna. No entanto, foco não deve significar que você não leva em conta os fatores que ajudam a elevar a WTP de seus produtos. No Capítulo 4, vimos como a Amazon venceu a Sony no mercado de leitores eletrônicos ao incorporar a capacidade sem fio em seu Kindle. De modo mais geral, incentivei você a se concentrar não na venda de seu produto atual, mas na WTP do cliente. Agora, pedirei que adote uma lente ainda mais ampla e assuma uma perspectiva que inclua produtos complementares, muitos dos quais podem parecer completamente alheios a seu negócio.

Quando apresento o conceito de produtos complementares em meus cursos, em geral pergunto aos participantes como eles aumentariam a WTP para uma experiência de ir ao cinema. As sugestões mais comuns que recebo são a instalação de assentos mais confortáveis, a melhoria do som e a possibilidade de reservar assentos *on-line*. Observe que todas essas ideias melhoram a WTP para a experiência em si. É assim que geralmente pensamos em criar valor; nos concentramos em tornar os próprios produtos mais atraentes. Quando peço produtos complementares, geralmente ouço pipoca, às vezes, bebidas alcoólicas. Raramente alguém menciona estacionamento.

O que aprendo com essas respostas é que não é fácil descobrir os produtos complementares. Sabemos que eles são importantes, mas enxergá-los não é simples. Veja, por exemplo, a Harkins Theatres, uma rede de cinemas com sede no Arizona. A Harkins oferece a seus clientes serviços de creche para os pais poderem ir ao cinema sem precisar contratar uma babá. Cada Harkins PlayCenter tem uma equipe de profissionais treinada que cuida das crianças enquanto os pais aproveitam a noite no cinema. Cada pai ou mãe fica com um *pager* para que a Harkins possa entrar em contato com eles em caso de emergência. Como a Harkins descobriu esse produto complementar atraente? Introspecção! O CEO Mike Bowers lembra: "Abrimos o primeiro PlayCenter em 2001. Naquela época, meus três filhos eram muito pequenos, e nem eu, executivo do setor, conseguia ser espontâneo e ir ao cinema quando queria. Eu me perguntei: 'Quantas pessoas estão em minha situação? Se eu não posso ir ao cinema – de graça –, como espero que outras pessoas em minha situação possam?'".[10]

Os pais pagam 8,50 dólares (o custo de um ingresso de cinema infantil) para deixar a criança em um PlayCenter. Conforme explica Bowers, o serviço não dá lucro:

Há muitos fatores a serem considerados. Quanto os pais gastam quando vão ao cinema? Com que frequência eles vão? Quantas pessoas eles levam? Os PlayCenters são uma comodidade e proporcionam um espírito de equipe para o consumidor. Mesmo os convidados que não os utilizam gostam do fato de eles existirem. Ninguém na plateia precisa se preocupar com uma criança interrompendo o filme. Os centros contribuem para a fidelidade e o bem-estar de forma mais ampla.

A Harkins teve a sorte de Bowers poder contar com sua experiência pessoal para identificar os serviços de creche como produto complementar valioso para assistir a um filme. Outras técnicas para descobrir produtos complementares incluem análises detalhadas da jornada do cliente e grupos focais. Muitas vezes é útil perguntar o que os clientes fazem *antes* de interagir com sua empresa. Há alguma etapa que seja difícil de realizar? Há momentos em que muitos clientes desistem?

O serviço de creche da Harkins apresenta várias das características típicas dos produtos complementares. Ele aumenta a WTP para outro produto (assistir a um filme) e permite que as empresas transfiram o valor de um serviço (cuidar de crianças) para outros (vendas na *bonbonnière*, receita de ingressos). Vamos dar uma olhada mais de perto nas maneiras de competir entre pacotes de produtos e serviços.

Mudando o valor

No início da década de 2010, o mundo da energia renovável passou por uma revolução ensolarada. Em poucos anos, o preço das células fotovoltaicas caiu drasticamente, tornando a energia solar muito mais competitiva do que antes. Para sistemas residenciais, o preço de um quilowatt de capacidade instalada caiu de 7.045 dólares em 2010 para 3.054 dólares em 2013.[11] As aplicações comerciais apresentaram custos ainda mais baixos (Figura 6.2).[12]

Maior eficiência das células, instalações maiores e economias de escala contribuíram para o impressionante declínio dos preços.[13] Uma inspeção mais detalhada dos dados revela um padrão interessante. O custo de um sistema fotovoltaico inclui o custo dos módulos e o que os especialistas chamam *custos intangíveis*: instalação, licenças e impostos.[14] Embora os custos de *hardware* tenham caído drasticamente, o preço dos compo-

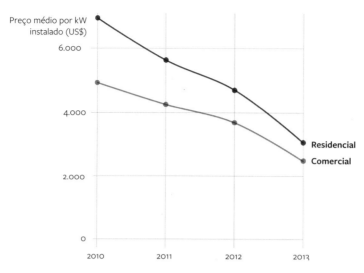

Figura 6.2 Preço dos sistemas fotovoltaicos nos Estados Unidos.

nentes não materiais, na verdade, aumentou (ou se manteve estável, no caso de aplicações residenciais), permitindo às empresas que instalam painéis solares terem lucro.[15]

O que você vê na Figura 6.3 é o reflexo de um mecanismo com profundas implicações estratégicas. Os painéis solares e os serviços de instalação são produtos complementares, é claro. Sempre que o preço de um produto complementar diminui, a WTP do outro produto aumenta.** Em nosso exemplo, painéis mais baratos aumentaram a WTP para serviços de instalação, o que, por sua vez, permitiu que os instaladores solares aumentassem suas margens (Figura 6.4).

Você já está familiarizado com muitos casos em que esse mecanismo está em ação. Os consumidores compram carros maiores quando a gasolina está mais barata. Não ligamos de gastar centenas de dólares em *smartphones*, desde que haja muitos aplicativos gratuitos (ou baratos) disponíveis. Os preços dos *shows* subiram rapidamente quando a música gravada passou a ser disponibilizada gratuitamente na internet.[16] Em cada um desses casos, a queda dos preços de um produto aumentou a WTP de um produto complementar. Nos negócios, normalmente tratamos a queda de preços como uma má notícia porque é mais difícil ser lucrativo quando

---

** Essa é, aliás, a definição formal de "produto complementar". Se uma queda no preço de um produto aumenta a WTP de outro, os dois produtos são complementares.

as pressões sobre os preços aumentam. Entretanto, essa visão é incompleta. O que realmente acontece é mais sutil. Quando os preços caem, o valor muda; passa do produto menos caro para seus produtos complementares.

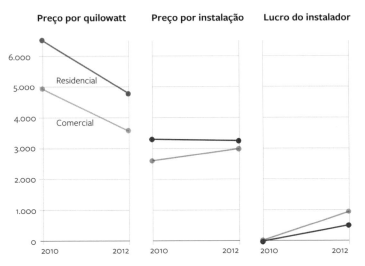

Figura 6.3 Preços (US$) e lucros dos instaladores de sistemas fotovoltaicos.

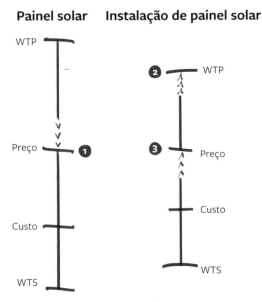

Figura 6.4 Dinâmica de preço com produtos complementares.

"Aminimigos"

No início de 2019, Daniel Ek, CEO da empresa de *streaming* de música Spotify, recebeu uma carta desagradável e amarga. Era de um grupo de compositores e produtores reclamando da tentativa do Spotify de reverter a taxa de *royalties* mais generosa que os compositores haviam recebido do Copyright Royalty Board:

> Vocês criaram uma equipe de relacionamento com os compositores e integraram o Spotify à nossa comunidade. [...] Vocês são o único provedor que fez com que sentíssemos que estávamos trabalhando juntos para construir um setor musical moderno. Agora vemos o verdadeiro motivo de sua aproximação dos compositores. Vocês nos usaram e tentaram nos dividir.[17]

A colaboração dos compositores com o Spotify terminou em decepção porque eles entenderam mal seu relacionamento com a empresa. É verdade que composição de músicas e *streaming* são produtos complementares. As habilidades de composição são mais valiosas quando a tecnologia de *streaming* permite que milhões de pessoas ouçam as faixas, e o Spotify se beneficia da ampla disponibilidade de músicas populares. Mas um complementador não é seu amigo. Os complementadores se valorizam mutuamente porque criam valor em conjunto. E eles debatem sobre como compartilhar esse valor. O Spotify, por exemplo, organiza anualmente o Secret Genius Awards, um evento que apresenta compositores.[18] Os prêmios são um evento maravilhoso para compositores talentosos que raramente conseguem ser o centro das atenções, e são uma excelente oportunidade de relações públicas para o Spotify. Essa é a parte de criação de valor do relacionamento. Mas, se os compositores pensaram que um Spotify amigável permitiria que eles lucrassem facilmente com sua proeminência, estavam redondamente enganados. A empresa reagiu duramente quando os compositores buscaram *royalties* mais altos para si. Vemos em sua disputa como os complementadores lutam por sua parte em um *pool* comum de valores.

O Spotify não é incomumente ganancioso. Complementadores sempre esperam obter mais valor de seu parceiro. A Intel quer que o Windows seja barato. A Sony adora ver a concorrência de preços entre os produtores de *videogames*. Os construtores de barcos se beneficiam quando o preço das velas cai. Os fabricantes de automóveis esperam que os seguros de automóveis fiquem mais baratos. Complementadores são "aminimigos": amigos porque colaboram para criar valor, inimigos porque cada um deseja reduzir o preço do produto do outro.

Nas batalhas entre complementadores, há mais coisa em jogo do que nas negociações comuns entre empresas e seus fornecedores. Se um negociador habilidoso conseguir adquirir um produto com um desconto de 10%, o benefício para sua empresa será esse desconto. Mas, se você conseguir baixar o preço de um produto complementar, duas coisas acontecem. Você recebe um desconto e, além disso, um aumento na WTP de seu produto, o que lhe dá maior flexibilidade de preços. Não é de admirar que as disputas entre complementadores sejam particularmente acaloradas!

Ao explorar a importância dos produtos complementares para sua organização, lembre-se de que trabalhar com complementadores pode ser emocionalmente difícil. Sentir-se amargo e decepcionado quando eles tentam capturar valor tornará mais difícil para você enxergar o próximo conjunto de oportunidades de colaboração. Ao mesmo tempo, uma atitude ingênua que vê os complementadores como amigos pode deixar sua empresa pouco protegida contra complementadores que capturam valor. Os executivos mais bem-sucedidos mantêm um delicado equilíbrio emocional em seu relacionamento com os complementadores: otimistas em relação à promessa de colaboração e, ao mesmo tempo, realistas quanto à necessidade de compartilhar sua fatia do bolo (e ocasionalmente lutar por ela).

Pool de lucros

Algumas empresas não precisam se preocupar com complementadores "aminimigos"; elas oferecem seus próprios produtos complementares. A Michelin tem pneus e guias. A Gillette fabrica lâminas e aparelhos de barbear. A Apple criou os portáteis e o iTunes. Algumas empresas usam seus próprios produtos complementares para diferenciar um serviço principal no qual têm pouca vantagem. Por exemplo, a empresa indiana de carros compartilhados Ola Cabs oferece um conjunto de opções de pagamento, incluindo o OlaMoney pré-pago e pós-pago (os clientes pagam todas as suas compras no aplicativo a cada duas semanas) e até mesmo o OlaMoney Hospicash, que cobre idas a hospitais e despesas pós-alta. Uma vantagem estratégica importante de todas essas empresas é que elas podem transferir os lucros de um produto complementar para outro. Se você é a Gillette, pode decidir se quer ganhar dinheiro com o aparelho de barbear, com as lâminas ou com os dois. Como as empresas mais inteligentes tomam essa decisão?

Uma recomendação comum é oferecer o "produto principal" e aumentar o preço do produto complementar.[19] A Gillette faz exatamente isso. Mantém o preço dos aparelhos de barbear baixo e obtém margens substanciais sobre as lâminas. Mas como sabemos qual é o produto "principal"? Por que a Gillette não pensou nas lâminas como essenciais? Afinal, são as lâminas que contêm grande parte da sofisticada tecnologia da Gillette.

As empresas de tecnologia enfrentam questões semelhantes. Algumas subvalorizam seu *hardware* e ganham dinheiro com *software*. É o caminho da Amazon. Ela distribui seu Kindle a preço de custo, o que aumenta a WTP dos leitores de *e-books*. Phil Spencer, que lidera o setor de jogos na Microsoft, explica sua abordagem em relação aos preços: "No geral, temos de pensar que a parte de *hardware* do negócio de consoles não é a parte lucrativa do negócio. A parte que gera dinheiro é a venda de jogos".[20]

Mas há também a Apple. Ela segue exatamente a estratégia oposta. Vende *hardware* por um preço mais alto e distribui *software*. Quando a empresa lançou o iTunes, não apenas o *software* era gratuito como a Apple distribuiu todo o valor da música. Depois de pagar às gravadoras cerca de 70 centavos de dólar por cada música baixada do iTunes, o preço de 99 centavos mal cobria o custo do processamento do cartão de crédito e as próprias operações da Apple.[21]

Em vez de pensar no tipo de produto para determinar como ele deve ser precificado – principal *versus* periférico, *software versus hardware* –, é mais útil ver a decisão de precificação como orientada por preocupações com a concorrência. A história da Apple ensina muito bem essa lição. Quando lançou o iTunes, em 2001, e a App Store, em 2008, nenhum dos dois serviços gerou lucro significativo. A Apple manteve os preços das músicas e dos aplicativos baixos para gerar margens excepcionais na venda de iPods (lançados em 2001), iPhones (2007) e iPads (2010). Como essas margens mudaram ao longo do tempo? Para fazer uma comparação, criei um índice que define o lucro bruto do *hardware* (por exemplo, um iPhone) e o lucro bruto de um aplicativo típico como 100 em 2009 (Figura 6.5).[22] Observe a mudança drástica nos *pools* de lucro!

Embora as margens brutas da Apple sobre o *hardware* tenham caído ao longo do tempo – foram de uma estimativa de 62 para 38% para o iPhone entre 2009 e 2018 –, a empresa transformou a App Store em um incrível mecanismo de crescimento lucrativo. A propósito, considere os números da Figura 6.5 com cautela. O cálculo das margens brutas da Apple é complicado.*** Mas, graças ao notável trabalho de detetive dos analistas Horace Dediu e Kulbinder Garcha – a Figura 6.5 é baseada nas análises deles –, a história geral é clara. Em um movimento estratégico dramático, a Apple transferiu seu *pool* de lucros do *hardware* para o *software*. Não é de surpreender que a empresa esteja agora em uma batalha com a Coalition for App Fairness [Coalizão por Apps Justos], um grupo de complementadores que inclui Epic Games, Spotify, Match.com e Basecamp. A coalizão quer que a Apple reduza as comissões da App Store e evite usar seu controle sobre o iOS para favorecer seus próprios serviços.[23]

O que motivou a reorientação da Apple? A concorrência. Pouco tempo depois de seu lançamento, nem o iPod nem o iPhone tinham concorrentes de peso. Agora, entretanto, os clientes podem escolher celulares de uma longa lista de produtos com funcionalidade e *performance* semelhantes.[24] Atualmente, seu próximo celular não será tão mais diferente do antigo. Ao oferecer um aparelho de valor minimamente diferenciado em termos de *hardware*, a Apple está transferindo seu *pool* de lucros para os produtos complementares (Figura 6.6). Os preços do *hardware* estão caindo, a WTP para aplicativos está aumentando e os lucros estão sendo transferidos para os serviços.

A capacidade de transferir *pools* de lucro de domínios intensamente competitivos para águas mais calmas é uma das grandes vantagens de produzir produtos complementares internamente e controlar seu fornecimento, como faz a Apple.**** No momento em que a concorrência esquenta, as empresas protegem os lucros reduzindo os preços em áreas competitivas, o que aumenta a WTP em domínios mais protegidos e permite a transferência de lucros.[25]

*** Não é fácil nem mesmo descobrir quanto os clientes gastam em aplicativos. A Apple relata o gasto real quando determina o preço de um app, mas apenas sua parte da receita quando o desenvolvedor determina o preço.

**** A Apple não controla diretamente o preço de muitos aplicativos. No entanto, a empresa aprova novos aplicativos e controla quais os usuários veem quando procuram por *software*. Inclusive, a influência da Apple, que alguns consideram anticompetitiva, é agora alvo de um processo antitruste.

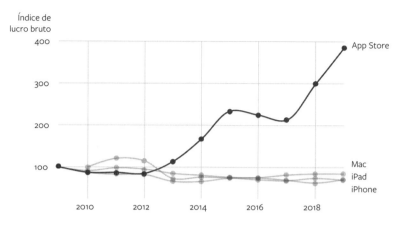

Figura 6.5 Lucro bruto por unidade para produtos Apple, 2009-2019.

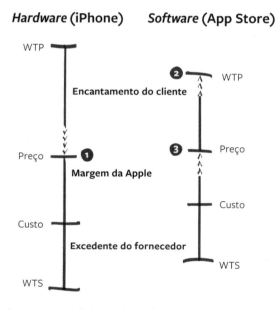

Figura 6.6 Mudança nos *pools* de lucro da Apple.

Ao pensar em como definir o preço dos produtos complementares, é útil considerar as duas opções extremas. E se você obtivesse a maior parte dos lucros com seu produto principal e distribuísse os produtos complementares? E se fizesse o contrário? Em ambos os cenários, você precisa saber o nível de concorrência que enfrentaria. Os clientes recorrerão a substitutos no momento em que você aumentar os preços? Os fornecedores poderosos aumentarão o custo dos insumos quando virem suas margens impressionantes? Quanto maior for a diferença de concorrência entre seu principal produto e seus produtos complementares, mais atraente será transferir seus lucros para fora de mercados muito disputados.

A concorrência é o fator mais importante, mas não o único, que orienta a monetização dos produtos complementares. A variedade de produtos e o momento da compra do consumidor também podem ajudar você a decidir como transferir os lucros. Considere primeiro a variedade de produtos. Se os produtos complementares variam drasticamente no grau em que criam encantamento para o cliente, a transferência do *pool* de lucros para esses produtos complementares facilita o compartilhamento de valor com seus clientes. Por exemplo, os jogos mais elaborados do Xbox custam centenas de dólares, mas muitos custam menos de vinte. Como o tamanho do *pool* de valores difere muito de jogo para jogo, a Microsoft mantém o preço do Xbox baixo e transfere os lucros do console para os jogos.

O momento das decisões de compra é outro fator a ser considerado. A venda de muitos produtos complementares ocorre ao longo do tempo. Você compra o aparelho de barbear hoje e muitas lâminas ao longo de um período considerável. Se os consumidores não preveem perfeitamente quanto gastarão em lâminas ao comprar o aparelho, faz sentido transferir o *pool* de lucros para as lâminas. Mas tome cuidado! Uma desvantagem óbvia dessa estratégia de preços é que ela não vai fazer seus clientes gostarem de você. Eles sentirão que caíram em uma armadilha com a compra inicial do aparelho de barbear e procurarão produtos que criem mais valor. Como a Gillette aprendeu da maneira mais difícil quando o Dollar Shave Club e a Harry's entraram no mercado com modelos de assinatura de lâminas de baixo custo, essa estratégia de preços pode facilmente sair pela culatra.

- - - - - - - - - - - - - - - -

Quando penso em produtos complementares, as observações a seguir me parecem particularmente importantes.

- *Os produtos complementares ajudam a aumentar a WTP.* A moeda que conta na concorrência é o encantamento do cliente, e os produtos complementares são um meio poderoso de aumentar a WTP e, como resultado, criar mais valor para os clientes.

- *Muitas vezes, os produtos complementares parecem não estar relacionados à essência de seu negócio.* Identificá-los exige que você pense de forma criativa sobre as jornadas dos clientes.
- *Queremos que os produtos complementares sejam baratos (a menos que seja a gente que venda).* Uma queda no preço de um produto complementar aumenta a WTP do outro produto.
- *Complementadores são "aminimigos".* Eles criam valor em conjunto e brigam, às vezes amargamente, sua divisão.
- *As empresas que produzem seus próprios produtos complementares conseguem transferir os* pools *de lucro de um produto complementar para outro.*

CAPÍTULO 7

Amigo ou inimigo?

A distinção entre produtos complementares e substitutos é simples – em retrospecto. No entanto, quando novas tecnologias e modelos de negócios surgem pela primeira vez, muitas vezes é difícil diferenciar os dois. Se você é banqueiro, o *blockchain* é seu amigo? Inimigo? A tecnologia pode ser um produto complementar se tornar as transações financeiras mais rápidas e mais seguras. Pode ser um *substituto* se substituir os serviços de pagamento tradicionais por criptomoedas e captação de recursos por meio de ofertas de moedas.

Considere os serviços de *delivery* de comida, como o Ele.me da China, o iFood do Brasil e o DoorDash dos Estados Unidos: eles são produtos complementares ou substitutos dos restaurantes? São complementares se os clientes usarem os serviços de entrega para descobrir novos restaurantes que desejam visitar. São substitutos se as mesas permanecerem vazias porque as pessoas pedem *delivery*. A BYJU'S, da Índia, líder em aprendizado *on-line* personalizado, é um produto substituto ou complementar ao ensino presencial tradicional?[1] Em todos esses casos, não está totalmente claro se estamos vendo um produto complementar ou um substituto (Figura 7.1).

A história dos negócios fornece vários exemplos que ilustram como é difícil reconhecer os produtos complementares. Quando o rádio se tornou popular na década de 1920, a American Society of Composers, Authors and Publishers (Sociedade Americana de Compositores, Autores e Editores – Ascap) lutou contra o novo meio, convencida de que o rádio reduziria as vendas de discos e, o que era mais importante na época, diminuiria a receita das partituras. Para sufocar o rádio, a Ascap aumentou suas taxas de licenciamento em 70% no final da década de 1930 e novamente em 1940. As emissoras responderam com um boicote. Por quase um ano, o público de rádio nos Estados Unidos não ouviu praticamente nenhuma música protegida por direitos autorais. De repente, "Jeannie with the Light Brown Hair", de Stephen Foster, uma música de domínio público, há muito tempo esquecida, voltou a encher as ondas do rádio.[2]

Na década de 1950, no entanto, o erro da Ascap passou a ser evidente. O rádio não era um substituto dos discos; era um produto complementar, um meio de divulgar a música e aumentar o apreço dos ouvintes por determinadas canções. Agora os fluxos de pagamento tinham se invertido: em vez de cobrar taxas astronômicas de licenciamento, as gravadoras pagavam aos DJs para tocar determinadas músicas.* O primeiro tipo de erro que as empresas cometem com frequência é avaliar mal a relação entre dois produtos, vendo-os como produtos substitutos quando, na verdade, são complementares. Em retrospecto vemos as coisas com mais clareza, é claro. Mas, na época, o erro era totalmente compreensível. Você não imaginaria que tocar música de graça reduziria a demanda por discos?

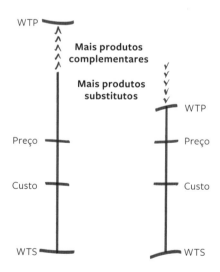

Figura 7.1   Dificuldade de distinguir: produtos complementares e substitutos.

---

*   Alguns participantes do setor chegaram a provocar escândalos de jabá por não divulgarem adequadamente esses acordos.

Em outros casos, é difícil prever como a relação entre dois produtos evoluirá com o tempo. Computadores e papel são um bom exemplo. Dê uma olhada em seu escritório. O escritório sem papel já chegou? Se minha mesa bagunçada for uma indicação, ainda não. Quando, em 1975, a *Businessweek* perguntou a especialistas como seria um escritório em 1990, George E. Pake, então diretor do famoso Xerox Palo Alto Research Center (Parc), foi assustadoramente preciso em muitas de suas previsões: "Não há dúvida alguma de que haverá uma revolução no escritório nos próximos vinte anos", explicou ele. "A [tecnologia] mudará o escritório como o avião a jato revolucionou as viagens e como a TV alterou a vida familiar. Vou poder acessar documentos de meus arquivos na tela ou pressionando um botão. Vou poder receber minha correspondência ou qualquer mensagem." Mas nem um gênio como Pake conseguiu ver o efeito da tecnologia sobre o papel. Sua previsão na época: "Não sei quanta cópia impressa eu vou querer nesse mundo".[3]

Os computadores chegaram, como previsto, e o consumo de papel explodiu. Os computadores e as impressoras provaram ser produtos complementares, não substitutos. De 1980 a 2000, o consumo de papel de escritório nos Estados Unidos quase dobrou.[4] Os PCs tornaram a impressão muito mais fácil, e as pessoas adoravam revisar os documentos impressos, pelo menos por um curto período (45% do papel impresso nos escritórios são descartados no final do dia).[5] Até certo ponto, a surpreendente complementaridade entre computadores e papel refletia o estado da tecnologia.[6] Os primeiros PCs frequentemente travavam − é melhor ter uma cópia de segurança −, e o *software* muitas vezes não conseguia renderizar com precisão os documentos produzidos em outros aplicativos. Acrescente o baixo custo da impressão e a relutância humana geral em adotar mudanças e você terá uma forte complementaridade entre computadores, impressoras e papel.

Mais recentemente, entretanto, a complementaridade enfraqueceu e talvez até tenha se invertido. Desde 2000, o consumo de papel de escritório nos Estados Unidos diminuiu 40%. "A explicação parece ser mais sociológica do que tecnológica", argumenta a *The Economist*. "Uma nova geração de trabalhadores, que cresceu com *e-mail*, processador de texto e internet, sente menos necessidade de imprimir documentos do que seus colegas mais velhos."[7] Mesmo que os computadores e o papel venham a se tornar substitutos no longo prazo, é difícil prever o momento da substituição. O segundo erro comumente cometido é que esperamos que os produtos substitutos cheguem muito antes do que chegam de fato.

O advento dos caixas eletrônicos fornece um terceiro exemplo, ainda mais complicado. O Barclays, em Londres, e o Chemical Bank, em Nova York, foram os primeiros a instalar caixas eletrônicos, no final da década de 1960. O uso dessas máquinas era complicado e elas eram propensas a quebrar. Não havia senha. Para ativar o caixa eletrônico, os clientes alimentavam a máquina com uma ficha de plástico. Depois que a transação era registrada, o banco devolvia a ficha – pelo correio![8] Apesar desse início humilde, o número de caixas eletrônicos nos Estados Unidos cresceu rapidamente, passando de 100 mil máquinas em 1995 para 400 mil em 2010. Uma consequência: o futuro dos caixas de banco, cuja principal função era sacar e entregar dinheiro, parecia sombrio. Ben Craig, pesquisador do Federal Reserve Bank of Cleveland, observou:

> Embora algumas pessoas lamentem a perda de suas visitas semanais a um caixa amigável que as cumprimenta pelo nome, a maioria não está disposta a pagar por esse serviço com taxas mais altas e um comprometimento de tempo maior. Em vez disso, elas optam pela conveniência e pelo baixo custo do caixa eletrônico.[9]

Os caixas humanos pareciam estar em sérios apuros.

Mas não estavam. Entre 1980 e 2010, o cargo de caixa de banco nos Estados Unidos cresceu em cerca de 45 mil posições (Figura 7.2).[10]

Três efeitos convergiram para produzir esse resultado surpreendente. Primeiro, os bancos reduziram o número de caixas humanos em cada agência.[11] Nesse sentido restrito, os caixas eletrônicos são substitutos dos caixas humanos. Mas a história não terminou aí. Com a redução do custo de operação das agências, os bancos abriram muito mais agências e contrataram caixas para atendê-las. Em terceiro lugar, esses funcionários agora ofereciam conselhos aos clientes e vendiam produtos – atividades que eram muito mais valiosas do que entregar dinheiro. Como resultado, a contratação de caixas tornou-se uma proposta ainda mais atraente. O resultado final: os caixas eletrônicos acabaram sendo um produto complementar para esses serviços de caixas humanos reformulados.

A incapacidade de reconhecer um produto complementar (Ascap), a dificuldade de prever o momento da substituição (computadores e papel) e os efeitos de segunda ordem das mudanças tecnológicas (caixas eletrô-

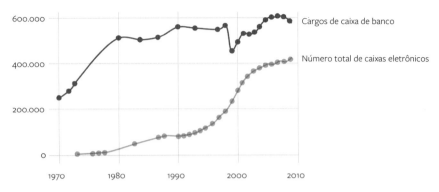

Figura 7.2   Cargos de caixa de banco e caixas eletrônicos, 1970-2009.

nicos), que são difíceis de enxergar, contribuem para a dificuldade de identificar complementaridades. Nossos erros de julgamento, entretanto, não são aleatórios. Você notou o padrão nos três exemplos? Em cada caso, previmos a substituição quando, na verdade, a nova tecnologia acabou aumentando a disposição a pagar (WTP) por produtos e atividades existentes. Esse tipo de tendência é a norma. Temos medo de mudanças; as possíveis perdas parecem maiores do que ganhos semelhantes, um fenômeno que os psicólogos Amos Tversky e Daniel Kahneman chamam de *aversão à perda*.[12] A aversão à perda nos mantém preocupados com o risco de substituição, mesmo quando observamos as complementaridades.

A história ensina duas lições: quando lhe pedirem para prever a influência de uma nova tecnologia ou de um novo modelo de negócios, não confie muito em sua intuição. É uma tarefa difícil. Pensar cuidadosamente no tempo das prováveis consequências e considerar os efeitos de segunda ordem pode ajudá-lo a acertar. Em segundo lugar, nunca se esqueça de que você está mais inclinado a ver a substituição do que a complementaridade. Apesar de toda a sua importância, os produtos complementares são difíceis de detectar.

Medindo a complementaridade

Estudar história é útil porque nos ajuda a ver padrões amplos de progresso tecnológico e julgamento executivo. Infelizmente, em nosso trabalho diário, não podemos nos dar ao luxo de observar o desenrolar da história para revelar complementaridades e efeitos de substituição. Precisamos seguir em frente.

Recorrer aos dados é uma resposta natural. Será que uma análise cuidadosa não poderia nos dizer se uma nova tecnologia é um produto substituto ou complementar? Eis um exemplo. Nas últimas três décadas, muitas empresas acrescentaram atividades *on-line* às suas operações. O *Washington Post*, por exemplo, criou uma versão *on-line* em 1996. O washingtonpost. com é um produto complementar ou substituto do *Post*, o jornal impresso? Eis o que uma pesquisa com leitores mostrou (Figura 7.3).[13]

Janela de 24 horas	Não leu post.com	Leu post.com
Não leu *Post*	8.771	622
Leu *Post*	5.829	877
Janela de cinco dias	Não leu post.com	Leu post.com
Não leu *Post*	6.012	680
Leu *Post*	7.203	2.204

Figura 7.3   Número de leitores do *Washington Post* impresso e *on-line*.

Veja todos os leitores que leem a versão *on-line* e o jornal impresso. Isso não sugere complementaridade? Ou devemos nos preocupar com os 680 leitores que leem a versão *on-line,* mas não o jornal impresso? Embora seja tentador tirar conclusões dessa pesquisa, é impossível determinar a verdadeira relação entre os dois produtos a partir de um instantâneo no tempo. O que realmente queremos saber – o que os 680 leitores teriam feito se a versão *on-line* não existisse – não está nos dados. Se eles teriam lido o jornal impresso na ausência de uma versão *on-line*, a versão *on-line* é um substituto. Quantos dos 2.204 leitores que leram ambos não teriam comprado o jornal impresso se a versão *on-line* não estivesse disponível? Se esse número for grande, os dois produtos são complementares.

Esse é um primeiro *insight*. Ao examinar os dados dos clientes para encontrar complementaridades, você gostaria de ver aquele mundo inexistente no qual o produto *on-line* não está disponível. Se pudéssemos, de alguma forma, comparar esse mundo com o mundo que inclui compras *on-line*, poderíamos discernir a verdadeira relação entre os dois produtos. As empresas mais sofisticadas usam três abordagens para se aproximar da verdade: reconhecimento de padrões, análise de tendências e experimentos.

A análise de padrões de compra é a técnica mais simples e usa dados que você já tem. Se dois produtos são complementares, você verá que eles são frequentemente consumidos juntos, como batatas fritas e *ketchup*. Um cliente que visita sua loja física costuma fazer compras *on-line* logo em seguida? Os leitores lhe dizem que é mais provável que leiam o jornal impresso à noite nos dias em que navegaram na versão *on-line* durante o horário de trabalho? Esses padrões implicam complementaridades. Embora simples, esse tipo de análise não é infalível. Especificamente, ela não consegue distinguir com facilidade entre complementaridades e clientes com preferências intensas. Talvez a pessoa que lê jornais impressos e *on-line* seja viciada em notícias. O cliente que visita sua loja e compra *on-line* pode realmente adorar sua marca.

Para obter mais informações, você pode estudar as tendências temporais. O número de leitores de produtos impressos caiu logo depois que você lançou a versão *on-line*? Como o início das operações de comércio eletrônico influenciou as vendas na mesma loja? Ao estudar as tendências temporais, tenha em mente o exemplo do computador e do papel. A relação entre os produtos não é imutável; ela evolui de acordo com as preferências e os hábitos dos clientes. Como resultado, as análises de tendências temporais precisam ser atualizadas com frequência.

As tendências temporais são mais difíceis de interpretar — e talvez até inúteis — se houver fortes tendências preexistentes em seu setor. Observe o número de leitores de jornais pagos nos Estados Unidos, mostrado na Figura 7.4.[14]

Na década de 1950, as famílias norte-americanas assinavam uma média de 1,2 jornal. Em 2020, menos de 20% das residências recebiam um jornal diário. Claramente, os jornais não são um setor próspero. Mas onde está o efeito da internet? Com base nos dados da Figura 7.4, é difícil perceber. Talvez a tendência em longo prazo tivesse se atenuado no final da década de 1990 se não fosse o jornalismo *on-line* e o lançamento do Google

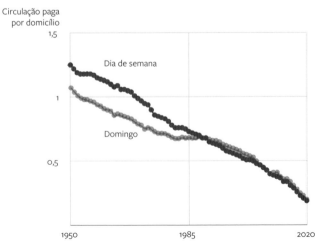

Figura 7.4 Circulação de jornal pago, 1950-2020.

News. Nesse caso, como em muitos outros, a análise da tendência temporal não oferece uma resposta óbvia.

A maneira mais eficaz de estudar as complementaridades é por meio de experimentos e testes A/B. Essa abordagem fornece *insights* profundos, pois simula diretamente o mundo que não podemos ver. Eis um exemplo. Em 25 de junho de 2009, o Royal National Theatre de Londres se tornou o primeiro palco do mundo a transmitir uma peça de teatro para cinemas de todo o mundo. Na superfície, o experimento foi um grande sucesso. Naquela noite, 50 mil pessoas assistiram à apresentação da peça *Phèdre*, de Racine, das quais apenas 1.100 estavam no teatro. Naturalmente, você ficaria nervoso para saber se a possibilidade de assistir a uma peça em uma sala de cinema substituiria ou não o espetáculo ao vivo em Londres. O Royal National Theatre criou um experimento para descobrir isso. Decidiu transmitir *Phèdre*, mas não exibiu *Never So Good,* de Howard Brenton, nem *Afterlife*, de Michael Frayn, duas peças que a administração esperava que atraíssem públicos semelhantes. Além disso, *Phèdre* foi exibida em alguns cinemas, mas não em outros. Quando os pesquisadores Hasan Bakhshi e David Throsby estudaram os resultados, descobriram que as transmissões digitais funcionavam como um produto complementar fraco para a apresentação no palco.[15] A publicidade em torno da ampla disponibilidade do *show* havia atraído alguns clientes a comprar um ingresso para a apresentação em Londres.

- - - - - - - - - - - - - - - -

Distinguir produtos complementares de substitutos costuma ser surpreendentemente difícil. Quando estudo empresas que desenvolveram uma abordagem sofisticada para distingui-los, vejo o seguinte.

- *Essas organizações estão cientes de uma tendência interna de confundir produtos complementares com substitutos.* Elas sempre se perguntam: "Qual é o melhor argumento que se pode apresentar para argumentar que uma nova tecnologia ou um novo produto pode ser um complementar?".
- *O reconhecimento de padrões e as análises de tendências são maneiras rápidas e econômicas de identificar produtos complementares.* São úteis, mas não são infalíveis.
- *As empresas mais avançadas realizam experimentos para orientar sua intuição sobre complementaridades.*

CAPÍTULO 8

Pontos de virada

Na última década, atuei como presidente do corpo docente do Programa Executivo Sênior para a China, um programa emblemático da HBS para gerentes chineses. Nessa função, visito a China com frequência e estou acostumado a ver mudanças drásticas de uma visita para outra. No entanto, uma experiência recente em Xangai me deixou atônito. Adoro *dumpling*, o bolinho chinês – quem não gosta? –, e faço questão de encontrar restaurantes especializados nessa iguaria. Nessa viagem, encontrei um lugar exatamente do tipo que eu gosto, não muito longe da estação de trem Hongqiao: poucas mesas, cadeiras frágeis e os *dumpling* mais deliciosos dessa parte do universo. No final da refeição, entreguei meu cartão de crédito à caixa. Ela balançou a cabeça e disse que o restaurante não aceitava cartão. Eu deveria saber, é claro. Poucos estabelecimentos pequenos aceitam. Pedi desculpas e dei a ela uma nota de cinquenta yuans, mas fui rejeitado novamente: "Nem cartão, nem dinheiro", disse ela, e apontou para um *QR Code* exibido na parte superior do caixa aparentemente extinto. "Nós só aceitamos Alipay ou WeChat Pay."

O restaurante, pelo jeito, tinha virado *cashless*. E não foi só ele. Em toda a China, o dinheiro está caindo em desuso mais rápido do que se pode dizer: "A conta, por favor". Como isso aconteceu? As transações com cartão, me parecia, tinham acabado de ganhar destaque. E agora, um minuto e meio depois, o dinheiro estava morto? Suplantado inteiramente por pagamentos móveis?

Mudanças rápidas como essa são emblemáticas de mercados que têm fortes *efeitos de rede*. Nesses mercados, a disposição a pagar (WTP) do cliente por um produto ou um serviço (ou mesmo pelo uso do dinheiro) aumenta à medida que a adoção do produto ou do serviço aumenta (Figura 8.1). No início, é um desafio convencer os restaurantes a aceitar pagamentos móveis porque poucos clientes usam o serviço. Da mesma forma, os clientes relutam em instalar o Alipay em seus dispositivos porque poucas lojas o aceitam. Entretanto, à medida que a adoção aumenta, a WTP das lojas e dos restaurantes cresce. E, à medida que mais estabelecimentos aceitam pagamentos móveis, o número de clientes que usam esses aplicativos aumenta rapidamente.

Os efeitos de rede são um ciclo de *feedback* positivo: à medida que mais varejistas atraem um número maior de clientes, outros varejistas são atraídos. Os efeitos de rede podem fazer os mercados atingirem um *ponto de inflexão*: passar de uma adoção muito baixa para uma aceitação universal em pouco tempo. E o inverso também é verdadeiro. À medida que menos pessoas usam dinheiro, o número de estabelecimentos que consegue dar troco diminui e menos lojas ficam dispostas a aceitar dinheiro. Essa situação dá aos clientes um incentivo para migrar para os pagamentos móveis.

A China e outros países – a Suécia, por exemplo – estão no caminho certo para se tornarem sociedades sem dinheiro, ou *cashless*. Em 2010, os serviços de pagamento móvel não estavam na lista dos dez principais aplicativos na China. Apenas uma década depois, três quartos da população chinesa preferem pagamentos móveis a dinheiro.[1] Quando o Alibaba abriu

Figura 8.1   Efeitos de rede: a adoção aumenta a WTP.

seu supermercado futurista, o Hema, há alguns anos, caixas registradoras não faziam parte do *design*. O Banco Popular da China, o banco central do país, agora tem de intervir para proteger o uso do dinheiro. As autoridades reprimem regularmente as centenas de varejistas que pararam de aceitar dinheiro.[2] Se a história serve de guia, o banco central enfrentará uma batalha difícil. Os efeitos de rede alteram a WTP de forma poderosa.

(Você está se perguntando como resolvi meu problema com os *dumplings*? Embora eu não pudesse pagar pela refeição, os funcionários do restaurante ficaram felizes de aceitar o preço dos bolinhos como gorjeta – em dinheiro!)

Três sabores

É útil distinguir três tipos de efeitos de rede. Todos eles aumentam a WTP à medida que a adoção de um produto aumenta, mas o mecanismo pelo qual isso ocorre é diferente.

Os *efeitos de rede diretos* aumentam a WTP sempre que clientes adicionais compram um produto (Figura 8.2a). Qualquer dispositivo de comunicação é um bom exemplo. Pense na primeira pessoa que comprou um aparelho de fax. Aquilo não tinha valor algum; não havia ninguém com quem trocar mensagens de fax. À medida que os aparelhos proliferaram, a WTP para aparelhos de fax aumentou com o número de empresas e indivíduos que possuíam um. Pense em um produto que você possui. Ele se tornaria mais útil ou valioso se um número maior de pessoas tivesse esse mesmo produto? Se a resposta for sim, há um efeito de rede direto.

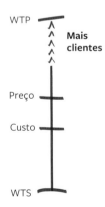

Figura 8.2a   Efeito de rede direto.

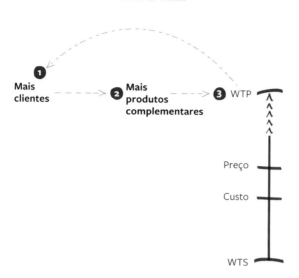

Figura 8.2b Efeito de rede indireto.

Os *efeitos de rede indiretos* aumentam a WTP do cliente com a ajuda de um produto complementar (Figura 8.2b). Consoles de jogos e jogos, carros e oficinas mecânicas, *smartphones* e aplicativos são exemplos de mercados com efeitos de rede indiretos. À medida que mais clientes comprarem *smartphones*, os desenvolvedores criarão mais aplicativos. E a disponibilidade de um número maior de aplicativos úteis aumenta a WTP para *smartphones*, atraindo assim mais clientes. Os efeitos de rede indiretos geralmente criam uma dinâmica do tipo "o ovo e a galinha". Se tivéssemos mais estações de recarga, mais pessoas dirigiriam carros elétricos. Mas não temos estações de recarga porque poucas pessoas têm veículos elétricos. Para sair do impasse, as empresas costumam investir em produtos complementares que têm demanda limitada, na esperança de estimular efeitos de rede indiretos.

O terceiro tipo de efeito de rede é característico das empresas de plataforma (veja a Figura 8.2c). Essas empresas atraem mais de um tipo de cliente (ou fornecedor), e a WTP aumenta para um grupo à medida que o outro cresce. Pense nas agências de viagens *on-line*. Os hotéis acham mais vantajoso listar suas propriedades na Expedia à medida que mais pessoas fazem reservas na plataforma, e o fato de ter a opção de escolher entre um número maior de hotéis atrai mais clientes. Muitas empresas criam valor reunindo diferentes tipos de clientes. O *New York Times*, por exemplo, atrai leitores e anunciantes. A Uber combina passageiros e motoristas.

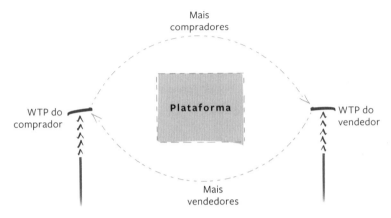

Figura 8.2c   Efeito de rede de plataforma.

O *marketplace* da Amazon atrai compradores e comerciantes. Em cada um desses casos, a WTP de um grupo de clientes (anunciantes, motoristas, comerciantes) aumenta à medida que o outro grupo (leitores, passageiros, compradores) cresce.

Neste capítulo, exploraremos como os efeitos de rede contribuem para o sucesso comercial descomunal, como podem levar a fracassos dramáticos e como contribuem para a criação de uma economia cada vez mais dominada por empresas muito grandes (e excepcionalmente lucrativas).

Às vezes, o vencedor leva tudo

Quinze anos após sua fundação, o Facebook domina as redes sociais. Com 2,4 bilhões de usuários ativos mensais, a empresa é a principal rede social em mais de 90% dos países. Sua participação nas visualizações de páginas de mídia social é de 50% nos Estados Unidos, 70% na África e 80% na Ásia,* na Europa e na América do Sul.[3] Embora historicamente bem-sucedida, a empresa está agora sob enorme pressão competitiva e política. Os usuários mais jovens estão migrando para o Snapchat e o TikTok; o Pinterest está ganhando importância no *e-commerce*; e a Amazon começou

---

*   O Facebook foi banido da China.

a competir com o Facebook por verbas de publicidade. Para piorar a situação, os escândalos de dados e privacidade alimentaram o ceticismo sobre as motivações e a liderança da organização. O Facebook é agora a rede social menos confiável entre todas as dos Estados Unidos.[4] Políticos e reguladores falam abertamente sobre maneiras de dissolver a empresa.

Como o Facebook está se saindo nesses tempos de desafios extraordinários? Sua *performance* é estelar. A empresa adicionou mais de 100 milhões de usuários em 2019, 1 milhão dos quais somente no mercado maduro dos Estados Unidos. No mesmo ano, a receita aumentou 29% e as ações subiram mais de 50%.[5] O que explica esse extraordinário poder de permanência? Não era para o Facebook ter se desintegrado?

A *performance* do Facebook é uma prova do notável poder dos efeitos de rede. A empresa se beneficia de todos os três tipos. À medida que o Facebook aumenta o número de usuários, ingressar na rede para socializar com amigos e conhecidos se torna mais atraente (efeito de rede direto); marcas e usuários têm mais incentivos para criar e publicar conteúdo (efeito de rede indireto); e o *site* se torna mais desejável para os anunciantes (efeito de rede de plataforma). É verdade que o *design* batido e a perda de confiança do usuário reduziram a WTP.[6] Ao mesmo tempo, os efeitos de rede mantêm a posição de mercado da empresa e a WTP mais do que competitiva em relação a outras mídias sociais.

Em sua forma mais poderosa, os efeitos de rede proporcionam vantagens fantásticas e os mercados se inclinam em favor de algumas empresas. Google e Baidu (em pesquisa), Amazon e Alibaba (em *e-commerce*), Sony e Microsoft (em consoles de jogos), Verizon e AT&T' (em telefonia móvel) e Visa e Mastercard (em cartões de crédito): cada uma dessas empresas se beneficia de efeitos de rede significativos.

A geografia dos efeitos de rede

Um dos meus rituais matinais é verificar meus aplicativos de mensagens. Geralmente começo com SMS, continuo com o WhatsApp, verifico rapidamente o WeChat e termino com o LINE. Tive de instalar todos esses aplicativos porque os efeitos de rede geralmente são de natureza regional ou até mesmo local. O WhatsApp é, de longe, o maior aplicativo de mensagens do mundo, mas é quase inútil no Japão, onde o LINE é líder. Na China, todo mundo que tem um telefone está no WeChat. Se eu tivesse conhecidos na Etiópia, no Irã, na Coreia do Sul, no Uzbequistão ou no Vietnã, precisaria instalar o Viber, o Telegram, o Kakao, o imo e o Zalo, principais aplicativos de mensagens nesses países.[7]

A força dos efeitos de rede depende do número de usuários, mas o número relevante raramente é o global. Pense em uma empresa como a Uber. Os efeitos de rede da plataforma jogam a seu favor. Os passageiros se beneficiam se o número de motoristas aumentar, e é mais provável que os motoristas se cadastrem na Uber se houver mais passageiros. Mas, para a Uber, o número relevante de usuários é totalmente local. Se eu pedir um Uber em Boston, um número maior de motoristas em São Francisco não alterará minha WTP.

A geografia dos efeitos de rede limita a atratividade de muitas plataformas grandes. A Uber tem 3 milhões de motoristas em todo o mundo, mas a empresa precisa começar do zero quando entra em um novo mercado, quase como se seu negócio em outro lugar não existisse. O resultado é uma colcha de retalhos de campeões locais. A Uber lidera nos Estados Unidos, a DiDi domina a China, a Gojek está à frente na Indonésia e a BlaBlaCar é a número um na Alemanha. Os efeitos de rede regionais ainda produzem vantagens poderosas de pioneirismo. Depois que a DiDi saiu na frente na China, esse mercado virou e a Uber não teve chance. Mas a derrota da Uber na China teve pouco efeito sobre sua posição em outros mercados.

Concorrência local

Quantos aplicativos diferentes de carros compartilhados você usa? Se eu tivesse que adivinhar, diria que mais de um. Se você mora em São Francisco, provavelmente tem aplicativos de Uber e Lyft. Se mora em Jacarta, eu diria que você usa o Gojek e o Grab. Em Seul, eu esperaria ver o Kakao, o TMap e talvez até o TADA. Além de os efeitos de rede raramente levarem a uma dominância global no estilo do Facebook, mesmo em nível local, os resultados do tipo "o vencedor leva tudo" são a exceção. Plataformas diferentes geralmente competem lado a lado. Quantas empresas podem sobreviver em um mercado local? Por exemplo, quais são as chances de a Poolus, a quarta maior empresa de carros compartilhados em Seul, ser um negócio sustentável?

Para ter uma ideia de quanto um mercado será competitivo, é útil ser específico sobre o mecanismo pelo qual os efeitos de rede aumentam a WTP. Do ponto de vista do passageiro, o benefício mais importante é, sem dúvida, a proximidade.[8] Um serviço com mais motoristas pode oferecer tempos de espera mais curtos (Figura 8.3).

À medida que os tempos de espera diminuem, o benefício incremental para os passageiros fica progressivamente menor. Poucas pessoas se importam se o carro chega em um minuto ou em trinta segundos. Para ser competitivo em termos de tempo de espera, um serviço precisa ter o número de motoristas indicado pela linha tracejada na Figura 8.3. Se Seul for grande o suficiente para permitir que quatro empresas reúnam esse número necessário de motoristas, a Poolus poderá sobreviver. Se apenas uma única empresa conseguir reunir o número necessário de motoristas, o mercado local será um mercado em que o vencedor leva tudo.

Já consigo até ouvir sua objeção – e você tem razão, claro. O que acabei de dizer não está totalmente correto. Uma complicação é que a inclusão de motoristas em um mercado terá três efeitos, e não um: à medida que os tempos de espera dos passageiros diminuem, mais passageiros usarão os serviços de carro compartilhado, porque eles gostam dos tempos de espera mais curtos e, para determinado número de passageiros, os

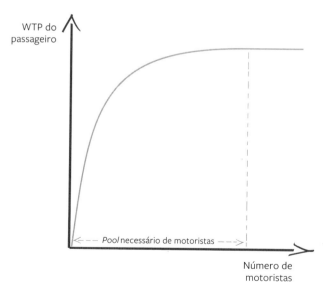

Figura 8.3 Competição em serviços de carros compartilhados.

motoristas terão de esperar mais. Se o último efeito for dominante, o mercado nunca conseguirá atingir a WTP máxima do passageiro mostrada na Figura 8.3, porque os motoristas sairão à medida que seu tempo de espera aumentar. Outra complicação é que as empresas de carros compartilhados normalmente tratam os motoristas como autônomos, não como empregados. Isso economiza custos, mas também permite que os motoristas trabalhem para várias organizações de carros compartilhados. De fato, um novo participante não precisará reunir um novo grupo de motoristas. O empresário pode simplesmente "pegar emprestado" os motoristas que já fazem parte do grupo. Isso torna o compartilhamento muito mais competitivo. Você se surpreende com o fato de empresas como a Uber acharem tão difícil alcançar a lucratividade?

As empresas de carros compartilhados ensinam uma lição fundamental. É maravilhoso saber que sua empresa se beneficia dos efeitos de rede. No entanto, é ainda mais importante ter um entendimento completo de como o número de clientes influenciará a WTP. Conhecer o mecanismo pelo qual a adoção aumenta a WTP ajuda a avaliar a competitividade de um mercado.

Vejamos as plataformas de *e-commerce* como outro exemplo. É evidente que as pessoas adoram fazer compras *on-line*. Com um pouco de trabalho, sempre é possível encontrar um bom negócio. Se os preços mais baixos forem a chave para o coração do cliente, o *e-commerce* será altamente competitivo. Na Figura 8.4, a linha denominada "Preços baixos" mostra como o encantamento do cliente muda à medida que uma empresa de *e-commerce* acrescenta fornecedores. Inicialmente, o encantamento do cliente aumenta porque há mais concorrência de preços. No entanto, o efeito incremental se desgasta rapidamente. Você só precisa de um punhado de fornecedores para ter preços competitivos.

Felizmente, os clientes não estão preocupados apenas com preços baixos. Muitos também se preocupam com o tamanho da seleção. A Amazon e o Taobao são líderes em seus respectivos mercados, em grande parte porque oferecem uma variedade sem precedentes. Se a seleção é fundamental porque os clientes gostam da ideia de fazer compras em um só lugar, os *sites* de *e-commerce* precisam de um número muito maior de lojas para serem competitivos em termos de satisfação do cliente, e é mais provável que o vencedor fique com quase tudo. A participação de mercado da Amazon no comércio eletrônico dos Estados Unidos é de mais de 50%. A participação da Tmall na China é ainda maior.

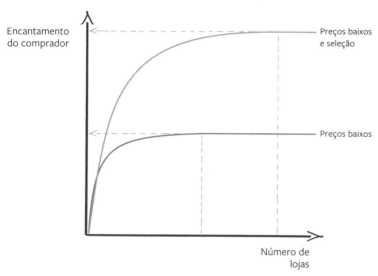

Figura 8.4 Concorrência no comércio eletrônico.

Dinâmicas semelhantes estão em jogo na Rappi, uma *startup* colombiana de entregas instantâneas que compete fortemente em seu amplo escopo de serviços. Além de entregar refeições e mantimentos, os *Rappitenderos* fazem visitas a caixas eletrônicos, passeiam com seu cachorro, atuam como o 11º jogador em uma partida de futebol, compram seus ingressos para *shows* e trocam, pessoalmente, a camisa grande que você comprou no *site* Zara.com. O modelo da Rappi cria efeitos de rede que beneficiam os trabalhadores (que temem ficar ociosos) e os clientes (que valorizam muito o fornecimento quase instantâneo de uma seleção extraordinária de serviços).

Em todos esses exemplos, é fundamental pensar no encantamento *incremental* do cliente e no excedente do fornecedor que é criado à medida que você amplia o escopo dos serviços da plataforma. Será que você está realmente fortalecendo seus efeitos de rede – mesmo em sua escala atual?

O preço da exclusividade

Seria a festa de boas-vindas mais memorável de todos os tempos. No verão de 1997, milhares de pessoas fiéis à Apple viajaram para a MacWorld

Boston para comemorar o retorno de seu herói, Steve Jobs. Forçado em 1985 a se demitir da empresa que havia fundado, Jobs havia retornado à Apple no início daquele ano. Ele encontrou uma empresa em frangalhos. Com pouco dinheiro e sem uma visão de futuro, a Apple estava à beira da falência.[9] Mary Meeker e Gillian Munson, então analistas do Morgan Stanley, resumiram as terríveis perspectivas da empresa na época: "A Apple, em nossa opinião, é uma empresa profundamente problemática – a receita caiu entre 15 e 32% de um ano para outro em cada um dos últimos seis trimestres. [...] Usando analogias médicas, consideramos esse paciente morto".[10] Jornais e revistas acompanharam febris o declínio acentuado e anteciparam amplamente o fracasso da empresa de renome mundial (Figura 8.5).[11]

A multidão no centro de convenções de Boston estava ansiosa com a expectativa. Que anúncio Jobs faria? Que surpresa ele tinha reservada para eles?

Jobs não decepcionou. Na verdade, sua surpresa foi maior e mais profunda do que o público havia previsto: "A Apple vive em um ecossistema e precisa da ajuda de parceiros", explicou Jobs. "Gostaria de anunciar uma de nossas primeiras parcerias hoje, uma parceria muito significativa, que é a...". A tela atrás de Jobs se iluminou, e a multidão atônita viu – Bill Gates! Jobs anunciou uma colaboração com a Microsoft, a arquirrival da Apple, sua nêmesis desprezada, decididamente nada descolada (e perversamente bem-sucedida).[12]

Figura 8.5 O contato da Apple com o fracasso.

Como foi possível chegar a esse momento? Como a Apple, a empresa de computadores mais lucrativa da década de 1980, havia afundado tanto? Os efeitos de rede diretos e indiretos são uma parte importante da história. Durante toda a década de 1990, a WTP do cliente para o sistema operacional Windows da Microsoft aumentou à medida que a adoção, impulsionada pelos baixos preços dos PCs, crescia rapidamente. Graças ao número crescente de usuários do Windows, ficou mais fácil trocar documentos e pedir ajuda com *softwares* que davam problema. Ainda mais importante do que esse efeito de rede direto foi um efeito indireto: o incentivo para desenvolver, manter e atualizar *softwares* escritos para o Windows.

No início da história dos computadores, a Apple era uma força a ser reconhecida. Sua participação no mercado global era de 16% em 1980, mas isso mudou com a subsequente investida de PCs significativamente mais baratos, desenvolvidos com *software* Windows e microprocessadores Intel. Quando Jobs retornou à empresa em 1996, a diferença de escala era impressionante. Naquele ano, a Intel vendeu 76 milhões de processadores, e a Microsoft tinha uma base instalada de quase 350 milhões de máquinas. A Apple, em contrapartida, vendeu menos de 5 milhões de unidades, e sua base instalada era de apenas 10% da base da Microsoft.[13] Suponha que você fosse um desenvolvedor com uma grande ideia para um novo tipo de *software*. Escreveria para o Windows ou para a Apple? Como Jobs explicou em 1996: "O segredo é convencer os desenvolvedores de novos produtos de *software* inovadores de que eles podem fazer com que esses produtos funcionem melhor em seu sistema operacional ou somente nele".[14] No verão de 1997, a Apple havia perdido essa capacidade.

Um elemento fundamental da colaboração da Apple com a Microsoft foi a promessa de Gates de continuar desenvolvendo o Office – o popular pacote de *software* de produtividade – para a plataforma Mac. No passado, os lançamentos da Microsoft da versão do Office para Mac eram esporádicos, o que levou muitos clientes da Apple a mudarem para o Windows. Agora, Gates prometia lançamentos pontuais, o mesmo número de versões do Office para PCs e Macs e, melhor ainda, recursos que explorariam as capacidades exclusivas do sistema operacional da Apple.[15]

A quase falência da Apple ilustra a dupla função dos preços altos. Eles geram um senso de exclusividade e margens invejáveis e mantêm o número de clientes limitado. Essas estratégias de nicho podem ser muito bem-sucedidas e sustentáveis em longo prazo, como para a Porsche ou a Hermès. Em mercados com fortes efeitos de rede indiretos, no entanto, os preços *premium* reduzem os incentivos das empresas para fornecer o ingrediente que garante o sucesso do negócio: os produtos complementares. Nesse ambiente, é difícil sustentar os preços altos. Na verdade, eles custaram à Apple a chance de ser a líder em computação pessoal.**

As dificuldades da Apple refletiram mais do que a falta de um *software* atraente, é claro. A escassez de produtos em 1995, um programa de licenciamento mal projetado, a reorganização confusa da função de *marketing* e o péssimo gerenciamento de estoque conspiraram para enfraquecer a empresa.[16] Acrescente concorrentes com poderosos efeitos de rede, entretanto, e a empresa estará em sérios apuros. Jobs lembrou que Gil Amelio, ex-CEO da Apple, gostava de dizer: "A Apple é como um navio com um buraco no fundo que está minando água".[17] Esse buraco era a falta de efeitos de rede. Infelizmente, Amelio achava que seu trabalho era "apontar o navio na direção certa". Como ele pôde ter deixado o buraco aberto?

Avanço rápido

É interessante aplicar as lições de 1997 à situação atual da Apple. A Figura 8.6 mostra a participação de mercado da empresa em sistemas operacionais móveis.[18] A Apple está novamente em apuros?

É fácil visualizar esse mesmo cenário. A empresa vende telefones caros, e isso gera um precioso senso de exclusividade. Enquanto isso, a plataforma concorrente, o Android do Google, é o sistema operacional-padrão em dispositivos menos caros que dominam o mercado global. Isso não é uma repetição das décadas de 1980 e 1990? O Android é o novo Windows?

De fato, há semelhanças. Os sistemas operacionais com um pequeno número de usuários são insustentáveis. Os telefones Windows, por exemplo, nunca pegaram, e a Microsoft abandonou sua plataforma de telefonia móvel em 2020. O fracasso da Microsoft em telefones, no entanto, não se deveu a efeitos de rede. Eles não desempenham papel significativo nesse mercado porque os usuários podem se conectar facilmente uns com os outros, independentemente de seus sistemas operacionais móveis. Além disso, os mesmos aplicativos para telefones celulares estão disponíveis em

---

** Mesmo agora, a participação da Apple nas remessas de unidades de PCs gira em torno de 12%.

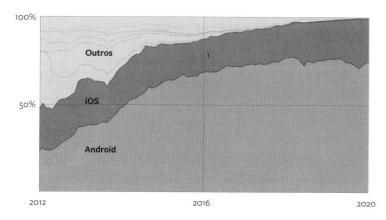

Figura 8.6 Participação no mercado global de sistemas operacionais móveis.

todas as plataformas, pois o desenvolvimento de aplicativos tende a ser muito mais barato do que o desenvolvimento de *software* rico em recursos para computadores pessoais.[19] Até mesmo a Microsoft, com sua minúscula participação no mercado, tinha uma loja de aplicativos com mais de 500 mil produtos.[20]

Para a Apple, a principal questão é se os complementadores continuarão a desenvolver produtos e serviços para um sistema operacional com uma participação de mercado de 20%. Se os produtos complementares não forem caros demais para produzir, a resposta é sim, e a Apple prosperará. No entanto, se os produtos complementares exigirem investimentos significativos e talvez específicos para cada país, a Apple sofrerá pressão em países como a Indonésia, onde sua participação no mercado caiu para menos de 6%. No momento em que a tecnologia evoluir para incluir integrações caras de telefones e produtos complementares – pense em aplicativos de serviços financeiros, transporte e saúde –, os desenvolvedores voltarão a dar preferência ao sistema operacional com o maior número de usuários, o Android, nesse caso. Embora ninguém conheça a trajetória da tecnologia, entender como o custo do desenvolvimento de produtos complementares pode elevar ou diminuir a importância dos efeitos de rede é uma habilidade essencial que todo estrategista precisa ter em sua caixa de ferramentas.

O estrategista perspicaz – imaginativo e vigilante

Gerenciar em ambientes com fortes efeitos de rede é um desafio porque os *loops* de *feedback* aceleram as mudanças: aparentemente, em um piscar de olhos, o dinheiro desaparece; plataformas como o TikTok, um aplicativo de entretenimento, e o Pinduoduo, um negócio de comércio eletrônico, ganham centenas de milhões de usuários quase da noite para o dia. Em outros casos, os efeitos de rede impedem a mudança: eles dão origem a um conjunto estável de plataformas que dominam seus setores década após década. Os efeitos de rede criam turbulência *e* intransigência; eles geram grandes oportunidades de mudança *e* resultados competitivos quase imutáveis. Que mentalidade você deve adotar nesse tipo de ambiente? Eu defendo que a imaginação e a vigilância são duas das características mais importantes.

Imaginação

Uma visão comum é que os setores têm efeitos de rede ou não têm. Essa mentalidade é restrita demais. Muitas empresas obtêm vantagem ao criar efeitos de rede onde isso não existia. Outras obtêm sucesso tornando os efeitos existentes muito mais poderosos. O serviço de FaceTime da Apple criou novos efeitos de rede para os clientes que possuíam iPhones e iPads. O UberPool adicionou efeitos de rede entre passageiros que desejam viajar para destinos semelhantes.

Ao pensar em maneiras de aumentar a WTP de seus clientes com a ajuda de efeitos de rede, não se concentre no estado atual de seu setor. Não preste atenção ao fato de sua empresa se beneficiar ou não dos efeitos de rede no momento. Em vez disso, pense em alguém que possui um de seus produtos. Como ela poderia se beneficiar se outras pessoas adotassem esse mesmo produto? Deixe a imaginação voar.

Vigilância

Mesmo que sua empresa não tenha oportunidades de criar efeitos de rede, outras empresas podem ter sucesso em criá-los. Como os efeitos de rede criam uma vantagem significativa de quem chega primeiro, é fundamental que você identifique as redes em formação e as plataformas emergentes com antecedência. Preste muita atenção não apenas às empresas rivais, mas também aos fornecedores. Estes últimos, como mostra a história recente dos negócios, podem se tornar particularmente poderosos. As plataformas *on-line* são um fenômeno relativamente recente em muitas cadeias de suprimentos. Mas, uma vez estabelecidas, são difíceis de serem deslocadas e provavelmente se ajudarão a obter uma parcela significativa de seus lucros. O OpenTable, principal serviço de reserva de restaurantes nos Estados Unidos, é um bom exemplo. A plataforma cobra dos restaurantes uma taxa mensal fixa e uma comissão por cada reserva.[21] Em um setor em que as margens de lucro costumam ficar abaixo de 5%, uma reserva do OpenTable pode custar a um estabelecimento até 40% de seu lucro líquido.***[22]

No entanto, os restaurantes têm pouca escolha. Para muitos clientes, um estabelecimento que não esteja listado no OpenTable simplesmente não existe. As plataformas concorrentes, como Resy, Reserve e Tock, que entraram no mercado no início dos anos 2000, tiveram pouco sucesso. "Quando apenas dez outros restaurantes estão no Resy, você não quer ser o único a se arriscar e possivelmente perder receita", diz o *restaurateur* Brooks Anderson, de Dallas. "O OpenTable é tão onipresente quanto a Coca-Cola. [...] As pessoas têm medo de fazer a mudança."[23] Os donos de restaurantes aprenderam uma dura lição. O que é racional individualmente — todo mundo quer estar na maior plataforma — cria desafios significativos para o setor como um todo. Permitir que uma plataforma se torne dominante é um grave erro estratégico.

Acho interessante ver quantos efeitos de rede hoje damos como garantidos. Lembra-se de quando a busca de informações exigia uma ida à biblioteca? Para encontrar colegas do ensino médio era preciso folhear anuários e listas telefônicas? Estimar o trânsito era uma arte, não uma ciência? Quando andávamos de loja em loja para encontrar os produtos que queríamos comprar? Os efeitos de rede sustentam muitas das empresas que tiveram um impacto enorme na maneira como vivemos e trabalhamos hoje. A tecnologia tornou esses avanços viáveis, mas os efeitos de rede são a razão pela qual essas empresas foram realmente construídas e atraí-

---

*** Isso não é incomum em plataformas bem-sucedidas. As agências de viagens *on-line*, por exemplo, cobram dos hotéis uma comissão de 15%, o que equivale a 35% do lucro líquido.

ram o talento e o capital que lhes permitiram oferecer seus serviços em escala.

Ao pensar sobre os efeitos de rede, algumas percepções se destacam para mim.

- *Os efeitos de rede aumentam a WTP ao conectar os usuários diretamente, por meio de produtos complementares ou de plataformas.* As empresas que criam efeitos de rede aumentam a WTP e, ao mesmo tempo, limitam a concorrência.
- *A participação de mercado é um indicador inadequado de lucratividade.* Ela nunca deve ser usada como meta estratégica. Os mercados com efeitos de rede, entretanto, são uma exceção. Eles recompensam as empresas com mais usuários e maior participação.
- *São raros os resultados do tipo "o vencedor leva tudo", no estilo do Facebook.* É interessante notar que a geografia limita e aumenta o valor estratégico dos efeitos de rede. Se esses efeitos forem de natureza local, empresas diferentes ganham em mercados diferentes. Porém, se os mercados forem pequenos o suficiente, é mais provável que eles se unam e criem um único vencedor. O resultado líquido é uma colcha de retalhos de campeões locais.

O lado sombrio dos efeitos de rede é a extensão em que eles limitam a concorrência. Saber se empresas como Facebook, Google e Alibaba se tornaram "grandes demais" é uma questão muito polêmica.[24] Para resolver a questão, precisamos pesar o encantamento do cliente, que resulta dos efeitos de rede em relação ao custo da concorrência limitada. Essa não é uma questão nova, claro. A regulamentação de monopólios naturais – empresas, como ferrovias e serviços públicos, que se beneficiam da escala a tal ponto que ninguém consegue competir – envolve compensações semelhantes, com uma diferença importante. Enquanto os monopólios de antigamente usavam seu poder de mercado para aumentar os preços e diminuir o encantamento do cliente, hoje em dia o oposto é mais comum. Será que os preços baixos limitam a concorrência e a inovação a tal ponto que seria melhor abrir mão de alguns dos benefícios imediatos dos efeitos de rede? Não sabemos.

CAPÍTULO 9

Estratégias para azarões

Os efeitos de rede beneficiam as empresas maiores e seus clientes. Quem conseguir escalar primeiro terá uma vantagem substancial. Criar uma empresa com efeitos de rede é uma corrida maluca. Mas o que acontece com as empresas que ficam para trás? E as pequenas empresas? Existem estratégias eficazes para empresas que têm um número limitado de clientes? Sim! Há muitos exemplos de empresas menores que competem com sucesso com organizações maiores (e às vezes até mesmo as substituem) e se beneficiam dos efeitos de rede. Algumas dessas empresas menores são bem-sucedidas ao criar um encantamento para o cliente que não reflete a escala. Outras obtêm sucesso ao dar preferência a um dos grupos da plataforma. Atender a um pequeno grupo de clientes também pode levar a uma *performance* excepcional. Vamos dar uma olhada em alguns exemplos que ilustram essas três estratégias.

Criando encantamento no cliente que não reflete a escala

Já nos deparamos com essa estratégia. Lembra-se de como a Taobao, antes uma pequena *startup*, lutou contra o eBay, na época a plataforma dominante, com 85% de participação no mercado chinês? O sucesso da Taobao é ainda mais surpreendente porque plataformas como o eBay se beneficiam dos efeitos de rede. De fato, foram esses efeitos de rede que fizeram com que Meg Whitman, então CEO do eBay, tivesse tanta confiança de que venceria na China.

Do ponto de vista da Taobao, a situação competitiva deve ter parecido assustadora (Figura 9.1). Por ter sido o primeiro a entrar no mercado, o eBay havia atraído um número muito maior de clientes, o que atraiu muito mais lojas para sua plataforma. Essa é uma história clássica de efeitos de rede. Como o Taobao poderia recuperar o atraso? Ela fez isso encontrando outras maneiras de aumentar a disposição a pagar (WTP)! Com a ajuda de serviços como Alipay e Wang Wang, e graças a um *webdesign* superior e classificações bilaterais, a Taobao aumentou e acabou igualando a capacidade do eBay de encantar os clientes. A empresa alcançou o eBay e acabou superando-o ao desenvolver recursos que agradam ao público e que funcionam independentemente da escala.

Por mais poderosos que os efeitos de rede possam ser, é importante lembrar que a WTP e o encantamento para o cliente são a moeda que importa no final das contas. Nesse sentido, não há nada de mágico nos efeitos de rede.[1] Um aumento na WTP resultante de efeitos de rede não é mais valioso do que aumentos na WTP que refletem grandes ideias, uma experiência mais agradável para o cliente ou produtos complementares mais baratos.

Favorecendo um grupo na plataforma

O dia 8 de outubro de 2015 foi um dia sombrio para a Etsy, um importante mercado *on-line* de produtos artesanais. Naquele dia, a Amazon lan-

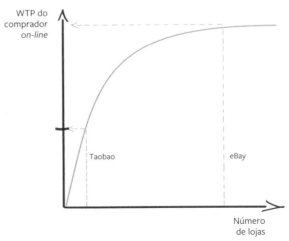

Figura 9.1 Efeitos de rede e vantagem competitiva.

çou o Handmade, que competia diretamente com os negócios da Etsy. "Amazon lança o assassino da Etsy", gritou o *USA Today*, e o preço das ações da Etsy caiu 6%.[2] A vantagem da Amazon era evidente: "A Etsy [...] tem motivos para estar preocupada", explicou Catherine Clifford, da CNBC.

> Embora a empresa já tenha uma associação de marca significativa com o movimento de fabricantes artesanais, a base de clientes da Amazon – e a possível exposição dos fabricantes – é muito maior. Estima-se que a Amazon tenha 285 milhões de compradores ativos, enquanto a Etsy tem pouco menos de 22 milhões.[3]

Lembre-se, na competição entre plataformas, a escala vence.

Será? Nos cinco anos desde a entrada da Amazon, as receitas da Etsy mais do que triplicaram e o preço de suas ações aumentou dez vezes. Um dos motivos pelos quais a Etsy e a Handmade podem viver lado a lado é que suas plataformas favorecem grupos diferentes. A Amazon está diretamente do lado do cliente. Todos os recursos de seu negócio são projetados tendo os clientes em mente. Por sua vez, a Etsy foi criada para apoiar os artesãos e atender ao movimento artesanal. Essa diferença de orientação se manifesta de várias maneiras. A Etsy cobra taxas mais baixas dos vendedores e libera seus pagamentos imediatamente, enquanto a Amazon retém os fundos dos vendedores. A Etsy tem um longo histórico de apoio ao movimento dos criadores, envolvendo-se em uma ampla educação dos vendedores e no apoio à comunidade. Quando a empresa abriu seu capital em 2015, ofereceu aos vendedores um programa de participação pré-IPO. Enquanto a Amazon insiste em controlar a comunicação e a interação entre os vendedores e seus clientes, os artesãos da Etsy podem coletar informações de contato dos clientes e adicionar materiais promocionais em suas remessas.[4] Lela Barker, vendedora da Etsy, explica a diferença básica:

> Na equação final, a Etsy criou uma geração de fabricantes experientes que a Amazon agora pode monetizar. Embora seja uma jogada comercial brilhante por parte da Amazon, a comunidade de criadores não melhora como consequência. [...] Infelizmente, os vendedores de produtos feitos à mão são pouco mais do que cifrões para a Amazon.[5]

Robin Romain, que vende suas roupas e acessórios peculiares para amantes de animais de estimação em ambas as plataformas, acrescenta: "[A Amazon] sempre fica do lado do cliente, e isso pode colocar os vendedores artesanais em risco, especialmente com ofertas personalizadas".[6]

As plataformas atendem a vários grupos de clientes, e, embora muitas criem valor para todos os grupos, algumas opções demonstram a orientação principal da organização. Um *site* de viagens que classifica os hotéis por margem de lucro atende principalmente ao setor de hospedagem. Um *site* que classifica por avaliações dos clientes tem a orientação oposta. A distinção entre plataformas voltadas para o comprador e plataformas dominadas pelo vendedor é particularmente acentuada no B2B. Em um extremo, as plataformas de aquisição atendem aos compradores criando eficiência nas compras. No outro extremo do espectro, as plataformas orientadas para o vendedor geralmente se assemelham a diretórios de empresas. Algumas plataformas evoluem com o tempo. O Alibaba, por exemplo, começou orientado para os vendedores e, com o tempo, passou a se concentrar mais no comprador.[7] Nos mercados em que as plataformas voltadas para o comprador e as voltadas para o vendedor competem, nenhuma delas pode se dar ao luxo de negligenciar totalmente o principal grupo de clientes da outra.[8] Competindo com a Handmade, a Etsy se tornou menos voltada para o vendedor. Ela agora imita a Amazon em algumas de suas decisões – oferece frete grátis, por exemplo. Apesar das semelhanças maiores, no entanto, permanece um profundo senso de diferença.

Se a sua empresa é pequena e está enfrentando uma grande plataforma, sempre vale a pena perguntar se você pode criar uma diferenciação significativa concentrando-se na WTP do grupo que é menos favorecido por seu concorrente. A Etsy obteve sucesso na luta contra a superpotência que é a Amazon fazendo exatamente isto – mantendo um foco nítido no sucesso de seus vendedores.

Atendendo a um pequeno grupo de clientes

Muito provavelmente, essa é a atitude mais contraintuitiva que as plataformas tomam quando competem com rivais maiores que se beneficiam dos efeitos de rede. Como se pode ter sucesso contra os grandes sendo pequeno? Considere o exemplo de *sites* de namoro *on-line*. Com 35 milhões de visitantes mensais, o Match.com é o principal *site* de relacionamentos dos Estados Unidos.[9] Ele supera concorrentes como a eHarmony. E ainda assim a eHarmony prospera. A empresa consegue até mesmo cobrar um preço mais alto pelo acesso a um grupo muito menor de pretendentes.[10] Isso é ainda mais surpreendente porque a eHarmony carece de serviços básicos – o *site* não tem função de busca, por exemplo – e limita o número de possíveis encontros que seus usuários podem ver em determinado dia. Como isso pode ser uma receita para o sucesso?

Para entender a eHarmony, vamos pensar no que acontece quando um *site* de relacionamentos começa a atrair mais clientes. À medida que o número de associados aumenta, a WTP é puxada em direções opostas.[11] Para um homem que gostaria de namorar uma mulher, a WTP aumenta à medida que mais mulheres se cadastram no *site*. Esse é o efeito de rede clássico. Às vezes ele é chamado *efeito de rede cruzado* porque descreve as conexões entre diferentes grupos na plataforma (Figura 9.2). Em contrapartida, a WTP dos homens que querem namorar mulheres diminui à medida que mais homens entram no *site*, porque agora eles enfrentam maior concorrência. O "efeito de rede do mesmo lado" é negativo.

Um *site* de grande porte como o Match.com apresenta milhões de opções, e a concorrência é acirrada. Ambos os efeitos são mais moderados em *sites* menores, como o eHarmony. O equilíbrio entre escolha e concorrência ajuda os usuários a escolherem o *site* de sua preferência. Considere alguém para quem encontrar um parceiro romântico seja muito importante. Essa pessoa é mais feliz em um relacionamento sério; ser rejeitado é particularmente doloroso. Para essa pessoa, o eHarmony é a melhor opção, pois mantém a concorrência afastada ao não oferecer busca e ao fornecer um conjunto limitado de possíveis pares a cada dia.

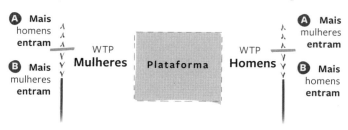

Ⓐ Efeito de rede cruzado: **mais escolhas** de potenciais pares **aumentam a WTP**

Ⓑ Efeito de rede do mesmo lado: **mais competição** de potenciais concorrentes **diminuem a WTP**

Figura 9.2 Efeitos de rede do mesmo lado e cruzado.

Agora pense em alguém que é tão feliz em um relacionamento quanto fora dele. Ser rejeitado ainda é desagradável, mas tem menos consequências. Essa pessoa olhará para o eHarmony e pensará: "Por que eu pagaria um preço mais alto para ter menos opções?". A política de preços do eHarmony é um fator que ajuda os pretendentes a identificar seu *site* preferido. As pessoas que buscam relacionamentos sérios migram para o eHarmony, o que melhora ainda mais sua experiência no *site*. O relato de Angela G é bem comum: "Eu adoro o eHarmony. Não tive sucesso em outros *sites* como Match.com ou Plenty of Fish, mas no eHarmony tive [...] resultados reais. Eles oferecem pessoas compatíveis mesmo".[12] A principal percepção aqui é que toda grande plataforma atende a muitos tipos diferentes de clientes. Entretanto, a atração entre os tipos varia, e a criação de uma plataforma menor para indivíduos que se valorizam muito é uma estratégia promissora.

Deixar de prestar atenção às diferenças na atração mútua dos participantes da plataforma pode ter consequências graves. Você se lembra do Friendster, uma rede social anterior ao Facebook? O Friendster era extremamente popular. Na verdade, foi tão bem-sucedido que não conseguiu atender a todos que queriam se inscrever. Simplesmente não tinha capacidade técnica e financeira para acompanhar o crescimento de seus usuários. "O Friendster estava tendo muitos problemas de tecnologia", lembra Jonathan Abrams, fundador da empresa. "Por dois anos, as pessoas mal conseguiam entrar no *site*."[13] Para resolver esse problema, o Friendster decidiu registrar novos usuários por ordem de chegada – um grande erro, já que os usuários do *site* estavam geograficamente dispersos. O Friendster tinha muitos fãs na América do Norte, mas também era popular na Indonésia. Adicionar indonésios à rede não aumentava a WTP da maioria dos norte-americanos, porque eles não tinham amigos indonésios; e aumentar a base de usuários dos Estados Unidos não fazia sentido para a maioria dos indonésios. Ao admitir novos usuários por ordem de chegada, o Friendster diluiu seus efeitos de rede, o que aumentou seus problemas de concorrência. Compare o Friendster com o Facebook. Este último criou efeitos de rede poderosos, concentrando-se inicialmente em uma única faculdade e depois em um número seleto de universidades. O Facebook acabou dominando o mundo justamente porque limitou seu crescimento desde o início, criando *pequenas comunidades* cujos membros valorizavam muito o fato de estarem conectados uns aos outros.

O ShareChat, uma rede social indiana, aplica essa mesma estratégia ao oferecer seus serviços em catorze idiomas locais. "É muito difícil para os internautas indianos pesquisar informações em conteúdo vernacular", explica o cofundador e CEO Ankush Sachdeva. "Plataformas como Quora ou Reddit resolveram o problema para os usuários de língua inglesa, mas não havia nada disponível em um formato organizado e com curadoria nos idiomas indianos."[14] Com seu foco em idiomas e conteúdos locais menores, o ShareChat, apoiado pelo Twitter, atrai 160 milhões de usuários ativos mensais, o que o torna tão popular na Índia quanto o Instagram.[15]

Para fortalecer a atração mútua de grupos menores de clientes, algumas empresas segmentam seus serviços de forma inteligente. O MAC Athletic Club de Istambul, por exemplo, oferece três tipos de clubes. Os membros de alto nível têm o maior WTP para condicionamento físico e pagam um preço *premium* pelo acesso a instalações particularmente atraentes. O MAC também cobra preços especiais de *personal trainers* que desejam trabalhar com os clientes de alto nível da empresa. A combinação — membros e *personal trainers* que valorizam muito o condicionamento físico — é atraente para ambas as partes.

"Concentre-se em um conjunto limitado de clientes" não é o conselho mais intuitivo se você estiver tentando criar uma empresa que se beneficiará dos efeitos de rede. No entanto, é um bom conselho. Ao atender a um grupo seleto de usuários que mais se beneficiam por estarem conectados uns aos outros, você poderá competir com plataformas muito maiores.

- - - - - - - - - - - - - - - - -

Quando começaram a estudar as empresas que se beneficiam dos efeitos de rede, muitos investidores presumiram que elas estivessem preparadas para dominar seus mercados. O mantra passou a ser escalar rápido, sem qualquer preocupação com a lucratividade.[16] Essa abordagem é profundamente falha por dois motivos. No Capítulo 8, observamos como a geografia costuma limitar o poder dos efeitos de rede. Neste capítulo, vimos que os mercados com efeitos de rede geralmente permanecem competitivos porque os pequenos participantes encontram maneiras de persistir.

- *Os azarões elevam a WTP de maneiras que não dependem da escala.* Os efeitos de rede são uma maneira de aumentar a WTP, mas há muitas outras. Desde que essas alternativas não exijam investimentos substanciais, a organização menor não estará em desvantagem ao explorá-las.

- *Os azarões atendem a partes negligenciadas.* A maioria das plataformas favorece grupos específicos – clientes ou fornecedores. Atender ao grupo menosprezado permite uma diferenciação significativa.
- *Os azarões se concentram em um pequeno grupo de clientes que valorizam muito as conexões entre si.* O número de usuários, indicador comum da força dos efeitos de rede, sempre foi uma métrica falha. Na prática, os clientes atribuem um valor diferente às conexões com grupos diferentes. A plataforma dominante ostenta o maior número de usuários. Mas as empresas menores podem criar negócios que enfatizem conexões de alto valor.

PARTE TRÊS

Valor para talentos e fornecedores

CAPÍTULO 10

Sentindo-se ouvido – valor para colaboradores

Depois de explorar as principais maneiras pelas quais as empresas aumentam a disposição a pagar (WTP) – produtos mais atraentes, complementares e efeitos de rede –, passamos agora para a parte inferior da régua de valor para ver como as empresas melhoram sua *performance* financeira criando valor para seus colaboradores e fornecedores.

Vamos dar uma olhada primeiro nos colaboradores. Os serviços dominam as economias avançadas – eles contribuem com quase 80% do PIB dos Estados Unidos –, e tanto seu custo quanto seu valor para os clientes são muito influenciados pelo envolvimento dos colaboradores. Como atrair uma força de trabalho talentosa e motivada? A alegria e a satisfação que os colaboradores sentem em seu trabalho são a diferença entre sua remuneração e sua disposição a vender (WTS). Se uma empresa paga o mínimo necessário para manter as pessoas em seus empregos, a remuneração corresponde à WTS. As empresas podem melhorar aumentando a remuneração ou tornando o trabalho mais atraente.

Em um primeiro momento, pode parecer que uma remuneração mais generosa e melhores condições de trabalho produziriam o mesmo efeito: maior satisfação do colaborador. Embora o resultado possa ser o mesmo, há diferenças importantes entre as duas estratégias (Figura 10.1). O aumento da remuneração reduz as margens da empresa. Não há criação de valor, apenas redistribuição. Em contrapartida, condições de trabalho mais atraentes *criam mais valor* ao reduzir a WTS, a remuneração mínima que uma pessoa está disposta a aceitar pelo trabalho.

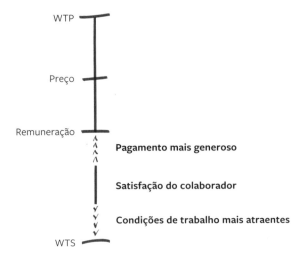

Figura 10.1 Alavancas para aumentar a satisfação dos colaboradores.

As empresas que encontram maneiras de reduzir a WTS não apenas têm colaboradores mais satisfeitos, mas também atraem trabalhadores que valorizam particularmente as maneiras pelas quais a empresa reduz a WTS. Por exemplo, a BayCare, uma organização que administra hospitais e centros ambulatoriais na Flórida, é reconhecida nacionalmente pela qualidade de seu treinamento.[1] Seus programas inovadores incluem mapas de aprendizagem individuais e interações regulares com líderes seniores. Não é de surpreender que a BayCare seja particularmente atraente para os profissionais de saúde que valorizam o treinamento e a educação contínuos. A Uber é outro exemplo de empresa que se beneficia de um efeito de seleção. Ela tornou o trabalho mais seguro para seus motoristas ao registrar a identidade dos passageiros e permitir que os motoristas avaliassem seus clientes. Como resultado, a Uber tem quase o dobro de motoristas mulheres em relação às empresas de táxi comuns nos Estados Unidos.[2]

Esses efeitos de seleção são particularmente valiosos quando ajudam a reter e atrair colaboradores altamente talentosos. Como você sabe, esses indivíduos podem fazer uma diferença crucial. O melhor associado de vendas da Nordstrom, uma loja de departamentos, vende oito vezes mais do que um vendedor comum. O melhor desenvolvedor da Apple é nove vezes mais produtivo do que o engenheiro de *software* médio do setor de tecnologia.[3] As empresas que competem pelos mais talentosos apenas com ofertas de salários generosos percebem que esses efeitos de seleção são inúteis. Mas por quê? Todo mundo gosta de dinheiro!

Embora as estratégias de talentos com foco na remuneração produzam efeitos de seleção menos poderosos, o apelo universal do dinheiro também pode, claro, ser um ponto forte. No entanto, é fácil superestimar a atração de uma remuneração maior, especialmente entre os colaboradores mais bem pagos. Quando a empresa ferroviária alemã Deutsche Bahn ofereceu a seus colaboradores a opção de um aumento salarial de 2,6%, uma redução de uma hora nas horas semanais trabalhadas ou seis dias adicionais de férias por ano, 58% escolheram a semana extra de folga.[4] A oportunidade de trocar dinheiro por tempo é cada vez mais popular, principalmente nas economias desenvolvidas e entre os colaboradores mais jovens.*[5]

Toda iniciativa que resulta em melhores condições de trabalho gera valor. No entanto, se os programas forem caros, será mais difícil para as empresas capturarem esse valor, pois o custo aumentará à medida que a WTS diminuir. Neste capítulo, exploraremos os mecanismos que as empresas empregam para criar *e* capturar valor do talento ao mesmo tempo.

Qualidade do trabalho na Quest Diagnostics

Quando MaryAnn Camacho entrou pela primeira vez em um dos *call centers* da Quest Diagnostics, imediatamente notou um grande grupo de pessoas esperando.[6] Mais tarde naquele mesmo dia, ela seria informada de que aqueles indivíduos que pareciam nervosos eram novos representantes de atendimento ao cliente, cerca de cinquenta deles. Camacho, diretora executiva sênior da Quest, uma empresa líder no setor de laboratórios clínicos com quase 8 bilhões de dólares em receita, lembra-se de ter ficado intrigada: "Cinquenta novos representantes em um *call center* com quatrocentos colaboradores?". Camacho logo descobriu que a empresa sofria com a alta rotatividade de pessoal; 60% dos representantes saíam no primeiro ano, e isso custava à Quest mais de 50 milhões de dólares por

---

★   A remuneração continua sendo a principal prioridade entre trabalhadores mais pobres. Dos trabalhadores migrantes na China, por exemplo, 80% relatam "salário baixo" como o motivo por que pretendem sair do emprego.

ano. Pior ainda, a alta rotatividade frequentemente resultava em um serviço ruim e até mesmo na perda de contas inteiras.

Trabalhar em um *call center* da Quest nunca foi fácil (e a pandemia global de 2020 deixou ainda mais difícil). Todos os dias, os 850 representantes e 50 supervisores atendem cerca de 55 mil ligações, a maioria delas relacionada a resultados de exames de pacientes. As conversas com médicos e hospitais geralmente são técnicas, o que exige que os atendentes tenham um conhecimento básico dos procedimentos de exames e dos 3 mil exames diagnósticos da Quest. A empresa oferece aos novos atendentes seis semanas de treinamento em sala de aula e exige que cada novo contratado trabalhe lado a lado com um colaborador experiente por duas semanas após o treinamento inicial. Em 2015, quando Camacho entrou para a Quest, o salário inicial era de treze dólares por hora; na época, era um suplemento pequeno em comparação com o que outros *call centers* ofereciam. Naquela época, a Quest media a *performance* usando métricas como o tempo de espera das chamadas e o número de chamadas concluídas por hora. Os representantes com boa *performance* recebiam aumento de 2,5% após o primeiro ano. Apesar do incentivo, a qualidade das chamadas continuava ruim, muitas vezes deixando médicos e pacientes frustrados.

Imagine-se no lugar de Camacho. Como é possível dar a volta por cima nesse *call center*? Dá para criar uma vantagem competitiva para a Quest reduzindo os custos e talvez até aumentando a WTP do cliente? Sob a liderança de Camacho, os *call centers* passaram por uma profunda transformação. O atrito caiu de 34 para 16%, e as ausências não planejadas caíram de 12,4 para 4,2%. A fração de chamadas atendidas em sessenta segundos aumentou de 50 para 70%. Até mesmo a conclusão da primeira chamada e os contatos por hora aumentaram. Não é difícil identificar a pedra angular da transformação: condições de trabalho mais atraentes. Ao criar um ambiente de trabalho melhor, Camacho e sua equipe seguiram elementos de um processo que se mostrou bem-sucedido em muitas organizações.[7]

Transformando os call centers

Quebrando o ciclo – a Quest estava presa em um ciclo vicioso. A baixa *performance* da central levava a uma alta rotatividade, o que dificultava o investimento nos colaboradores. Camacho precisava encontrar uma maneira de romper o ciclo. Ela conseguiu isso aumentando a remuneração básica de todos e introduzindo incentivos que recompensam a permanência e a *performance* no trabalho. A Quest também criou planos de carreira claros para os colaboradores do *call center*, oferecendo uma perspectiva em longo prazo. Nas avaliações mensais de *performance*, os supervisores começaram a discutir a *performance*, as metas pessoais e as trajetórias de carreira com cada um de seus atendentes.

Altas expectativas – Camacho deixou bem claro que tinha altas expectativas. Ela ampliou as métricas de *performance* do *call center* e instituiu uma política de frequência mais rígida. "Não se pode permitir que os que não têm boa *performance* permaneçam... porque isso se torna cancerígeno para a equipe", explica ela.[8]

Facilitar o trabalho – para facilitar o trabalho, a empresa criou um conjunto ampliado de opções de autoatendimento, reduzindo o volume de chamadas em 10%. A Quest também adicionou um especialista no assunto a cada uma das equipes, proporcionando assim um conhecimento técnico mais profundo.

Criação de capacidades – com a redução do atrito, o treinamento tornou-se mais significativo e a Quest voltou a focá-lo nos clientes. "O treinamento antes era focado na função", diz o chefe de treinamento da Quest. "Agora, podemos treinar o 'porquê' por trás da maneira como fazemos as coisas."[9] Os colaboradores podem se candidatar para se tornarem membros de uma equipe recém-criada do sistema de gestão da Quest (*Quest management system* – QMS), um recurso central com experiência em técnicas de melhoria contínua. Em sua inscrição para o QMS, os atendentes precisam sugerir sete melhorias de processo.

Se forem aceitos na equipe, aprenderão Excel, coleta de dados, resolução de problemas de causa raiz, gráficos de Gantt e técnicas de gerenciamento de reuniões e mudanças. As equipes do *call center* também competem para se tornarem *grupos-modelo*: equipes encarregadas de sugerir e implementar melhorias nos processos. "Nos surpreendemos com o quanto cada um dos supervisores estava ansioso para receber investimento e treinamento, acreditando que poderia realmente fazer o trabalho [de um grupo-modelo]", lembra Camacho. "Alguns membros de minha equipe choravam e diziam coisas do tipo: 'Eu não sabia que eles eram capazes. Não consigo acreditar no que acabei de ver'. E eu disse: 'Sabe, convide as pessoas para a mesa e elas vão estar à altura do desafio'."[10]

Tornar a mudança real – a equipe do QMS e os grupos-modelo logo descobriram maneiras de tornar o trabalho mais fácil e eficiente. Atendentes bilíngues agora recebem um aviso prévio sobre o idioma preferido de quem liga, economizando cerca de vinte segundos em cada ligação; os atendentes enviam faxes de seus *desktops* em vez de se levantarem para usar os aparelhos de fax em uma localização central; quando um médico é chamado, o aviso inclui as identificações dos pacientes, facilitando a obtenção dos resultados laboratoriais relevantes quando o médico liga de volta. As melhores ideias concebidas pelos grupos-modelo são rapidamente implementadas em todo o sistema, criando uma mudança e um impulso altamente visíveis.

Sugestões valiosas também vêm dos *cartões de ideias da linha de frente* (*frontline idea cards*, FICs). Quando estudou a transformação da Quest, a professora Zeynep Ton entrevistou os representantes do *call center*, e muitos estavam particularmente entusiasmados com os cartões. Um deles explicou a reação geral: "Os FICs foram a mudança mais importante. [...] Com eles, a gente pode dizer: 'Ei, precisamos de alguém ou algo para nos ajudar. Precisamos que ferramentas ou processos sejam implementados'. E podemos nos envolver para ajudar a fazer essas mudanças". Outro representante declarou: "Antes dos FICs, você nunca sentia que suas ideias estavam sendo ouvidas. Você podia dizer algo a alguém, mas não levava a lugar algum. Agora, parece que a gerência se importa com nossas ideias e como nos sentimos".[11]

Transferência de responsabilidade – a abordagem de baixo para cima da Quest transfere propositalmente a responsabilidade pela mudança contínua para atendentes e equipes. Os grupos-modelo organizam reuniões diárias curtas conduzidas por um representante escolhido pelo supervisor da equipe. Ton observa: "Inicialmente, os representantes não sabiam o que fazer, mas, com o tempo, as reuniões se tornaram mais estruturadas. Os membros discutiam métricas de *performance*, ideias de melhoria e projetos em andamento".[12]

Reconhecer o progresso – a Quest recompensa a *performance* excepcional financeiramente – a empresa criou um *pool* de bônus de 6%, por exemplo – e também de maneiras mais simbólicas. As *chamadas uau* reconhecem os colaboradores que foram elogiados pelos clientes. Os membros do Clube dos 100 – colaboradores que atingem *performance* perfeita em chamadas monitoradas – ganham um lanchinho. Os FICs impactantes são recompensados com pequenos presentes.

Ao estudar a transformação na Quest, a professora Ton elogia a empresa por sua aplicação exemplar do que ela chama de "estratégia dos bons empregos": "A estratégia cria um valor superior ao combinar o investimento nos colaboradores com quatro opções operacionais que aumentam sua produtividade, sua contribuição e sua motivação. Essas opções são: focar e simplificar, padronizar e capacitar, treinar de forma transversal, operar com folga".[13]

WTS e produtividade

Duas observações sobre a transformação na Quest me parecem particularmente interessantes. A primeira é que nenhuma das mudanças é inovadora, inédita. Os estudiosos de qualidade de serviços não terão dificuldade para reconhecer muitas das etapas da jornada da Quest. O necessário para transformar a organização foi uma tentativa deliberada e cuidadosa de criar um ambiente de trabalho mais atraente, uma abordagem que prometia reduzir substancialmente a WTS. Ao reduzir a WTS *e* aumentar a remuneração, a Quest criou maior satisfação nos colaboradores, o que resultou em uma queda notável na rotatividade.

Em segundo lugar, a transformação da Quest ilustra muito bem como as mudanças na WTS costumam levar a mudanças no custo. A Quest conseguiu pagar mais a seus atendentes *e* conter os gastos porque aumentou a produtividade de seus atendentes de *call center*.** Os dados financeiros da Quest mostram que o custo por chamada permaneceu inalterado. Em outras palavras, a empresa repassou todo o valor dos ganhos de eficiência para seus colaboradores, exatamente as pessoas que criaram todas as maneiras de trabalhar de forma mais inteligente (Figura 10.2).

Como em muitos ambientes de serviço, melhores condições de trabalho também tiveram um impacto na qualidade do serviço e na WTP do cliente. "[Eu recebia] ligações ou *e-mails* de minha equipe comercial dizendo: 'Ei, seu *call center* estragou esse relacionamento e eu acabei de perder um milhão de dólares em negócios'. Isso parou completamente", diz

---

** As réguas de valor são desenhadas para uma unidade de produção – uma chamada, por exemplo, no caso da Quest. Se a produtividade aumenta – digamos, se as chamadas ficam mais curtas –, o custo e a WTS por chamada diminuem. A intuição é que a WTS, a remuneração mínima exigida para uma pessoa, será menor para um período de trabalho mais curto. Suponha que eu lhe peça para fazer vinte chamadas. Sua WTS será menor se as chamadas durarem metade do dia em vez de um dia inteiro.

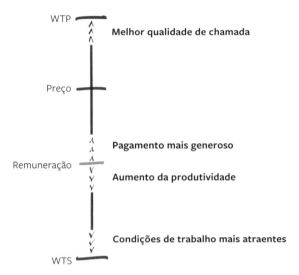

Figura 10.2   Aumentos na produtividade reduzem a WTS e aumentam a WTP.

Jim Davis, chefe de Camacho.[14] Embora seja difícil medir com precisão, a melhoria da qualidade das chamadas provavelmente implica que a transformação da Quest gerou felicidade para todos: para os atendentes, condições de trabalho mais atraentes e melhor remuneração; para a empresa, melhor *performance* financeira.

Fala-me, Musa, das muitas maneiras...

Há inúmeras maneiras de diminuir a WTS. A capacidade de identificar essas oportunidades exige que você entenda, em algum nível de detalhe, o trabalho que está sendo realizado em sua organização, as alegrias e os desafios associados a cada atividade e as maneiras como os colaboradores provavelmente reagirão às mudanças em sua rotina. Assim como encontrar maneiras de aumentar a WTP requer profundo entendimento dos clientes, identificar caminhos para reduzir a WTS pressupõe intimidade com sua equipe e a vida (profissional) dela. Um foco restrito em produtos e vendas, como vimos em nossa discussão sobre a WTP no Capítulo 4, costuma ser menos útil do que uma lente mais ampla, voltada para toda a experiência do cliente. Isso também se aplica à WTS. Tornar o trabalho mais atraente é uma tarefa muito mais ampla do que otimizar processos, porque o trabalho é muito mais do que um conjunto restrito de atividades que realizamos todos os dias. O trabalho inclui o tom do *feedback*, as risadas que compartilhamos com os colegas, a ansiedade que sentimos quando enfrentamos tarefas desafiadoras, nosso deslocamento, as opções de alimentos no refeitório, a alegria (ou o pavor) quando nos vestimos pela manhã. E qualquer uma dessas facetas do trabalho pode ser melhorada.

Considere a Gap Inc., uma empresa de varejo de vestuário com 135 mil colaboradores, muitos deles de tempo parcial.[15] Para aumentar a satisfação da equipe, seria natural que a Gap oferecesse um salário melhor do que a média, fornecesse mais treinamento e permitisse que os gerentes das lojas motivassem seus colaboradores de forma mais eficaz. Em vez disso, a Gap procurou melhorar um aspecto do trabalho que normalmente não preocupa os varejistas, mas que é muito importante para os trabalhadores de meio período: horários previsíveis e consistentes. No varejo, 80% dos colaboradores de meio período relatam que suas horas trabalhadas mudam de semana para semana. E a variação é enorme. É comum haver oscilações de 40% na média de horas de trabalho. Além disso, mais de um terço dos trabalhadores do varejo fica sabendo seus horários com uma semana ou menos de antecedência, o que dificulta qualquer tipo de planejamento.[16]

Para melhorar a vida de sua equipe de vendas, a Gap trabalhou com especialistas em mercado de trabalho. Os pesquisadores pediram a um grupo de gerentes de lojas escolhidos aleatoriamente em São Francisco e Chicago que fizesse quatro mudanças: padronizar os horários de início e término dos turnos de trabalho (que costumavam variar de um dia para o outro e de uma semana para a outra, dependendo do tráfego de pedestres previsto), programar os colaboradores para o mesmo turno todas as semanas, oferecer pelo menos vinte horas de trabalho para um grupo central de colaboradores e permitir que os colaboradores trocassem seus horários usando o Shift Messenger, um aplicativo criado especificamente para essa finalidade.[17] O resultado? Em comparação com as lojas que não participaram do experimento de dez meses, a produtividade da mão de obra aumentou em 6,8% e as vendas subiram quase 3 milhões de dólares. O Shift Messenger mostrou-se particularmente útil. No decorrer do experimento, dois terços dos colaboradores o utilizaram, negociando mais de 5 mil turnos. O aplicativo também permitiu que os gerentes das lojas pegassem de volta os turnos dos colaboradores que quisessem abrir mão deles, reduzindo efetivamente a equipe sem criar mudanças inesperadas na renda dos colaboradores.[18] Não só a intervenção da Gap aumentou a produtividade de sua mão de obra como os colaboradores relataram maior bem-estar e melhor qualidade do sono.[19]

O experimento da Gap ensina uma lição importante que se aplica a outros setores além do varejo. A WTS reflete todas as atividades relacionadas ao trabalho. Uma compreensão abrangente da vida profissional provavelmente revelará muitas oportunidades para aumentar a satisfação de seus colaboradores.

"Pagamos o valor de mercado"

Considero infinitamente fascinantes as regras que as empresas usam para definir preços. Em minhas conversas com executivos de *marketing*, sempre pergunto sobre a política de preços da empresa. As respostas costumam incluir referências a "preços *premium*", "liderança de preços", "preços baseados em valor" e conceitos semelhantes. Quando faço essa mesma pergunta aos profissionais de recursos humanos sobre sua política de remuneração, a resposta é quase sempre: "Pagamos o valor de mercado".

O contraste é interessante. Quando precificamos produtos e serviços, pensamos em termos de diferenças. É intuitivo que os clientes paguem preços *premium* por produtos *premium* e menos por produtos de qualidade mediana. Entendemos que não há dois produtos exatamente idênticos e que os preços refletirão as diferenças. Se a Nestlé consegue vender água, uma *commodity*, a preços *premium*, não há praticamente nenhum produto que não possa ser diferenciado na mente do consumidor.

Nos empregos, entretanto, a coisa parece ser diferente. Quando pensamos na competição por talentos, nossa posição inicial, aparentemente, é a de que os empregos são *commodities*, ou seja, mais ou menos semelhantes entre as empresas. É por isso que precisamos "pagar o valor de mercado", ou seja, oferecer uma remuneração semelhante para um trabalho (presumivelmente) quase idêntico. Por que temos visões tão diferentes de produtos e empregos? Se conseguimos diferenciar água, será que não temos amplas oportunidades de oferecer empregos e experiências de trabalho significativamente diferenciados? E essas diferenças não deveriam refletir também nas políticas de remuneração?

Os dados mostram que sim. Os padrões de remuneração nos Estados Unidos indicam claramente que as empresas pagam salários muito diferentes para trabalhos semelhantes. A Figura 10.3 mostra a fração de trabalhadores em determinada ocupação que recebem mais e menos do que a média dessa ocupação no mercado local.[20]

A variação é enorme. Como mostra a Figura 10.3, não é incomum que uma empresa pague 20% acima ou 20% abaixo do salário médio, indicado pela linha em zero. Obviamente, há muitos motivos para essas diferenças. Os colaboradores de uma mesma ocupação têm diferentes níveis de formação, experiência e comprometimento com o trabalho. As empresas têm práticas de gestão e culturas diferentes. Além disso, a qualidade da correspondência entre um indivíduo específico e os requisitos do trabalho em determinada empresa pode divergir substancialmente. Pesquisas que isolam essas três fontes de variação na remuneração – habilidades do colaborador, características da empresa e a correspondência entre as duas – constatam que de 20% (Estados Unidos) a 30% (França, Brasil) dessa variação se deve às características da empresa.[21] Se você tinha alguma dúvida de que algumas empresas podem pagar muito menos do que as rivais e ainda assim atrair exatamente talentos da mesma qualidade, os dados são inequívocos: muitas empresas conseguem isso. Como? Investindo em iniciativas que reduzem a WTS de seus colaboradores.

Para serem competitivas no mercado de talentos, as empresas precisam de fato "igualar" as ofertas das concorrentes. Mas igualar não significa pa-

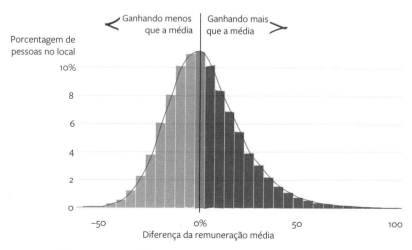

Figura 10.3 Diferenças entre salários para a mesma ocupação em um mercado.

gar a mesma remuneração ("pagar o valor de mercado"). Significa criar tanto valor para seus colaboradores — a diferença entre remuneração e WTS — como os seus concorrentes.

Como mostra a Figura 10.4, a lógica da definição de preços é idêntica à lógica da definição de remuneração. No topo da régua de valor, as empresas oferecem produtos *premium* para aumentar a WTP. Em seguida, elas compartilham esse valor extra cobrando preços *premium*. Desde que o aumento de preço seja menor do que o aumento da WTP, tanto os clientes como a empresa estarão em melhor situação. Na parte inferior da régua de valor, as empresas criam condições de trabalho mais atraentes para reduzir a WTS. Em seguida, elas compartilham esse valor reduzindo a remuneração. Desde que a queda na WTS seja maior do que a redução nos salários, tanto os colaboradores como a empresa estarão em melhor situação.

Resta uma pergunta interessante: se a lógica da criação e da captura de valor é idêntica em ambas as extremidades da régua do valor, por que incentivar o preço *premium* parece tão diferente de defender a redução da remuneração? Por que os gerentes de *marketing* e de recursos humanos descrevem suas políticas de preços (que, na verdade, são bastante semelhantes) em termos tão diferentes? Tenho duas conjecturas.

Figura 10.4 Alavancas para aumentar e compartilhar valor.

- *Poder* – colaboradores e clientes se saem melhor se a criação significativa de valor (WTP mais alta, WTS mais baixa) preceder a captura de valor mais limitada (por meio de preços *premium* e remuneração reduzida). Mas não há garantia de que isso aconteça. Se as empresas aumentarem os preços sem antes aumentar a WTP, os clientes ficarão em pior situação. A redução da remuneração na ausência de melhores condições de trabalho prejudica os colaboradores. Quando as empresas buscam capturar valor sem aumentá-lo, as consequências para clientes e colaboradores são muito diferentes. Os clientes têm uma solução fácil: eles simplesmente não compram o produto. Mas, para os colaboradores, a situação é mais desafiadora. A maioria de nós precisa de nossos empregos, e pedir demissão é caro e, muitas vezes, difícil emocionalmente, mesmo que o trabalho proporcione pouca satisfação. O Walmart é um exemplo bom. Quando os políticos criticam a empresa por pagar "salários de fome", a impressão que se tem é que os baixos salários refletem o poder de barganha da corporação, e não um compromisso com a redução da WTS.[22]
- *Experiência* – o quanto você está satisfeito com seu trabalho? Sua satisfação mudou com o tempo? Para quase todo mundo, a resposta é sim. Muitos componentes da WTS dependem da experiência, e leva tempo para aprender as facetas de um novo emprego e a cultura de uma empresa. O que acontecerá quando você cometer seu primeiro erro grave? A empresa honrará a promessa de considerar você na próxima rodada de promoções? Remuneração abaixo do mercado é algo imediato e certo. Condições de trabalho mais atraentes, no entanto, são sentidas ao longo do tempo e são difíceis de avaliar quando você está decidindo aceitar um novo emprego ou não.

O poder e a experiência são dois dos motivos pelos quais competir por talentos por meio da redução da WTS é uma estratégia difícil (embora promissora). Ao considerar essa oportunidade para sua empresa, tenho quatro recomendações.

- *Seja específico* – se você competir por talentos oferecendo melhores condições de trabalho, seja específico sobre as maneiras pelas quais você diminui a WTS. "Temos uma ótima cultura" pode ser uma declaração verdadeira, mas é difícil para um candidato a emprego confirmar isso. Pense em maneiras de oferecer mais certeza. Você permite que os candidatos passem um dia na empresa para conhecer seu ambiente de trabalho? Permite que eles conversem com a equipe atual em particular? Eles podem consultar ex-colaboradores?

- *Seja previsível* – Concentre-se em iniciativas que reduzam a WTS de forma previsível. Horários flexíveis e oportunidades de trabalhar em casa, por exemplo, são fáceis de entender, e é simples se comprometer com esses benefícios. Não é de surpreender que uma pesquisa feita antes da Covid-19 mostre que os colaboradores que escolhem trabalhar remotamente (e têm permissão para isso) são mais felizes com seus empregos e mais leais a seus empregadores.[23]

- *Compartilhe de forma criativa* – considere várias maneiras de compartilhar valor com sua força de trabalho. A redução da remuneração é apenas uma das muitas maneiras de capturar o valor das melhores condições de trabalho. Por exemplo, as empresas que oferecem assistência para pagamento de mensalidades escolares colhem os benefícios dessa política ao atrair colaboradores mais qualificados.[24] Como vimos no exemplo da Quest, a empresa compartilhou o valor na forma de ganhos de produtividade.

- *Amplie os benefícios existentes* – pode parecer que a redução da WTS por meio do aumento das comodidades do trabalho (por exemplo, melhor orientação) ou da redução das situações desagradáveis (por exemplo, menos barulho) teria o mesmo efeito. Se duas iniciativas criam valor semelhante, não são igualmente desejáveis? Normalmente não. Pense em como os colaboradores escolheram o emprego. As pessoas que aceitaram um cargo em um ambiente de trabalho barulhento provavelmente não são sensíveis ao barulho. Portanto, a redução do barulho terá pouco significado para esse grupo. Em contrapartida, melhorar a orientação tem um potencial maior se um programa de mentoria existente tiver atraído colaboradores interessados em serem orientados por um mentor. Como regra, ampliar os benefícios existentes será melhor para sua empresa do que limitar as deficiências atuais.

Em minha experiência, a WTS é o menos intuitivo dos quatro elementos que compõem a régua de valor. No entanto, conforme ilustram os exemplos deste capítulo, reduzir a WTS tornando o trabalho mais atraente é um método poderoso de criar valor para seus colaboradores *e* sua empresa. As ideias a seguir são particularmente importantes.

- *Tornar o trabalho mais atraente não precisa ser uma coisa de outro mundo.* Consulte qualquer uma de suas pesquisas de engajamento da equipe. Assim como a Quest, você verá que os colaboradores têm muitas ideias para tornar o trabalho mais agradável. Busque aquelas que também aumentam a produtividade.
- *A identificação de oportunidades atraentes para reduzir a WTS exige que você esteja familiarizado com as diversas maneiras pelas quais o trabalho afeta a vida de seus colaboradores.* Um trajeto mais agradável fora do horário de pico pode ser tão valioso quanto processos de trabalho aprimorados.
- *As iniciativas que reduzem a WTS não apenas aumentam a satisfação dos colaboradores, mas também criam efeitos de seleção poderosos para os objetivos de seu negócio.* Na competição por talentos, você ganha uma vantagem com os colaboradores que valorizam a forma *como* sua organização reduz a WTS.
- *Ao escolher maneiras de reduzir a WTS, pense se o efeito de seleção esperado está de acordo com seus objetivos comerciais.* O Google, por exemplo, abriu mão de um projeto lucrativo para o exército dos Estados Unidos e do desenvolvimento de um mecanismo de busca para a China depois que os "Googlers" protestaram que os projetos eram inconsistentes com os valores que os haviam atraído para a organização.[25] Muito tempo depois de a empresa ter riscado a frase "Não seja mau" de seu código de conduta, os efeitos da seleção de pessoal forçaram o Google a escolher entre contratos militares e o entusiasmo contínuo dos colaboradores. Este último se mostrou mais importante.
- *As empresas que conseguem reduzir a WTS podem dispor do valor que criam de várias maneiras:* algumas oferecem remuneração abaixo do mercado, outras desfrutam de maior lealdade e envolvimento, e a maioria recebe um grupo maior de candidatos a emprego.

CAPÍTULO 11

Jobs e paixões

A tecnologia digital permite que as empresas concorram por talentos de novas maneiras. O aumento da flexibilidade, em particular, abre novos caminhos para a criação de valor (Figura 11.1). Por exemplo, muitos colaboradores não são selecionados para trabalhar o número de horas que preferem. Em um estudo recente realizado no Reino Unido, um terço dos homens e um quarto das mulheres indicaram que gostariam de trabalhar menos horas. Cerca de 6% desejavam trabalhar mais.[1] A tecnologia digital pode ajudar a evitar essas incompatibilidades. No extremo, as plataformas digitais que combinam trabalhadores e tarefas oferecem total flexibilidade. Os trabalhadores de manutenção no TaskRabbit, os engenheiros de *software* no Topcoder, os colaboradores de entrada de dados no Mechanical Turk (MTurk) e os cientistas no InnoCentive podem trabalhar quando quiserem.

Quanto valor é criado quando se permite que as pessoas escolham seus horários?[2] A Uber é um bom exemplo. Como é típico do trabalho temporário, os motoristas podem entrar e sair do aplicativo com poucas limitações. Alguns escolhem apenas os horários mais lucrativos, quando os preços estão particularmente altos. Outros dirigem principalmente quando seu emprego principal gera menos renda.[*,3] Quando o professor M. Keith Chen e seus coautores calcularam a disposição a vender (WTS) de 200 mil motoristas da Uber, eles descobriram enormes diferenças entre

---

★ Nos Estados Unidos, apenas um terço dos motoristas de aplicativo obtém a maior parte de sua renda dirigindo.

Jobs e paixões

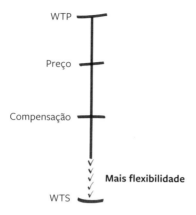

Figura 11.1 *Jobs* e paixões.

os motoristas ao longo do tempo.⁴ A Figura 11.2 mostra a WTS de cem motoristas na Filadélfia durante a noite, como exemplo.⁵

Os pontos pretos representam a WTS média para cada motorista. As linhas verticais mostram o quanto a WTS varia para a pessoa ao longo do tempo. Observe o primeiro motorista na Figura 11.2. Sua WTS média é de mais de 70 dólares por hora, mas varia de menos de 40 (seu 10º percentil) a mais de 100 dólares (o 90º percentil). As linhas horizontais na figura mostram quanto um motorista teria ganhado se dirigisse durante uma dessas noites. A renda do motorista gira em torno de 20 dólares por hora.** Considerando esses valores, nosso primeiro motorista nunca trabalhará à noite. Sua WTS é sempre maior do que os ganhos por hora. Na verdade, essa pessoa parece ter uma preferência muito forte por não trabalhar à noite; é preciso mais de 70 dólares por hora para atraí-lo em uma noite comum. Talvez ele cuide dos filhos, esteja preocupado com sua segurança à noite ou seu cônjuge use o carro da família à noite. Os motoristas que trabalham são mostrados à direita na Figura 11.2. Em média, sua WTS é de 11,67 dólares.

As linhas verticais nos dão uma boa noção de quanto os trabalhadores típicos valorizam a capacidade de escolher as horas de trabalho. Com total flexibilidade, os motoristas trabalham somente quando sua WTS está abaixo do salário por hora. Compare isso com um emprego sem flexibilidade – por exemplo, o turno fixo de um motorista de táxi comum. Esse motorista às vezes teria de trabalhar quando sua WTS fosse maior do que

---

** Esses 20 dólares por hora não representam a renda líquida dos motoristas. Com os 20 dólares, eles precisam pagar a gasolina e outras despesas operacionais.

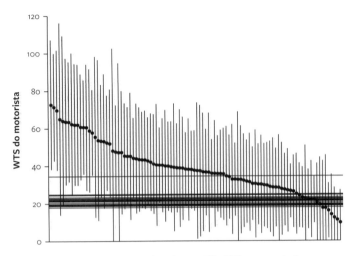

Figura 11.2   WTS para cem motoristas da Uber na Filadélfia, no período noturno.

a remuneração — o valor está sendo destruído — e às vezes não poderia dirigir quando sua WTS estivesse abaixo do salário por hora, uma oportunidade perdida de criar valor. A diferença entre a Uber e um contrato de táxi inflexível, calculam o professor Chen e seus colegas, é de 135 dólares por semana.[6] Em outras palavras, a flexibilidade cria tanto valor quanto dirigir 6,7 horas!

Horário flexível sob demanda

Plataformas digitais como a Uber não são as únicas a reconhecer as vantagens do horário de trabalho flexível. Os programas de horário flexível chegaram a muitas empresas. Já vimos como o Shift Messenger da Gap permitiu que a equipe trocasse de horário. Outras políticas de horário flexível incluem mudança de horário, microagilidade (a capacidade de mudar livremente algumas horas — por exemplo, para assistir a uma peça de teatro da escola de um filho), trabalho em meio período, horas comprimidas (os colaboradores trabalham em tempo integral, mas em menos dias), períodos de viagens mínimas, compartilhamento de trabalho e oportunidades em longo prazo, como licença remunerada, sabáticos e até mesmo maneiras de "intensificar" ou "desintensificar" a carreira, como no programa de personalização de carreira em massa da Deloitte.[7] Em uma pesquisa recente com 750 empresas em todo o mundo, 60% disseram que permitiam que alguns de seus colaboradores escolhessem quando começar e terminar seus dias de trabalho. Um terço oferecia horários reduzidos.[8] Parece provável que a pandemia global acelere essa mudança em direção a acordos de trabalho flexíveis.

Embora as empresas tenham feito um progresso significativo, a demanda por flexibilidade ainda supera as políticas atuais em muitas empresas. Quando Annie Dean e Anna Auerbach, ambos CEOs da Werk, uma *startup* de recursos humanos, perguntaram a 1.500 profissionais de escritório sobre flexibilidade no local de trabalho, as respostas revelaram uma grande lacuna entre os programas da empresa e as preferências desses profissionais (Figura 11.3).[9]

Um desafio ainda maior é a aceitação dos programas de horário flexível. Apresentá-los é o primeiro passo; fazer com que os colaboradores realmente os utilizem é outro. As empresas de serviços profissionais são um exemplo disso: quase todas têm políticas de horário flexível, mas a maioria dos colaboradores não tira proveito delas.[10] Um dos principais motivos é que consultores e bancários acreditam que suas chances de carreira são prejudicadas quando solicitam o horário flexível. Nas palavras de um gerente de linha: "A cultura aqui é dedicar sua vida e sua alma ao banco. Foi assim que as pessoas que estão no topo chegaram lá. […] Se você pede folga ou horário flexível, é considerado um fracote".[11] As perspectivas de carreira das mulheres são especialmente prejudicadas quando elas tiram proveito das políticas de horário flexível.[12]

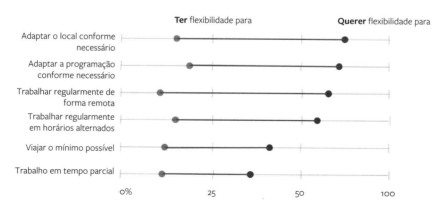

Figura 11.3 Lacunas de flexibilidade no local de trabalho, pesquisa com profissionais de escritório.

Ao pensar em maneiras de criar valor para os colaboradores de sua organização por meio de acordos de trabalho flexíveis, tenha em mente o seguinte.

- *É mais provável que os colaboradores façam uso do horário flexível quando os indicadores-chave de performance (KPIs) enfatizam a produtividade, não as longas horas.* Em uma cultura de horas faturadas, por exemplo, é improvável que os programas de horário flexível façam diferença.
- *Os modelos são importantes.* Quando (alguns) gerentes seniores trabalham de modo flexível, o horário flexível é visto de forma mais positiva em toda a organização.[13]
- *Faça do horário flexível um assunto de conversas abertas.* Pesquisas mostram que a maioria dos indivíduos acredita que os outros veem os trabalhadores com horário flexível de maneira menos positiva do que eles próprios. Conversas sinceras podem ajudar a reduzir esse preconceito coletivo.[14]
- *Evite celebrar uma cultura de longas jornadas de trabalho.* Kate Hamp, parceira de negócios de RH do *site* de comparação de preços Moneysupermarket.com, explica:"Se alguém concluir um grande projeto ou ganhar um prêmio interno, pedimos aos gerentes que não aplaudam as longas horas de trabalho". O Moneysupermarket. com criou uma cultura de flexibilidade eficaz que enfatiza a tomada de decisões descentralizada – indivíduos e equipes determinam os parâmetros específicos de sua política de horário flexível – e os acordos informais, uma conversa com o chefe em vez de uma cláusula no contrato.[15]

Entre nas paixões

A flexibilidade é de grande valor em muitos contextos. Mas ela pode ser realmente transformadora quando associada a paixões pessoais. Pense em seus próprios interesses. Qual é seu passatempo favorito? Você é um jardineiro? Escritor? Louco por filmes – desculpe –, cinéfilo? Nossas paixões movem a WTS de forma poderosa. Todos temos atividades que realizamos por puro prazer, sem necessidade de remuneração. A WTS é zero (ou até negativa, se você estiver disposto a pagar um bom dinheiro para par-

Jobs e paixões

ticipar de seu *hobby* favorito). Embora as paixões reduzam a WTS, o tempo que gastamos em nossas atividades favoritas é uma força compensatória. Imagine-se fazendo jardinagem durante todas as horas em que está acordado. A menos que você seja rico, teria de encontrar uma maneira de transformar seu *hobby* em um emprego. Quanto mais tempo você gasta com suas paixões, mais caro é envolver-se com elas, porque você está perdendo outras oportunidades, principalmente a de obter uma renda. A WTS refletirá esse custo de oportunidade de tempo. Por esse motivo, é particularmente interessante combinar compromissos profissionais de tempo limitado e paixões pessoais.

Historicamente, tem sido difícil conectar as paixões das pessoas às atividades comerciais. Havia dois desafios principais. Primeiro, não era fácil encontrar pessoas com uma paixão específica. Mais importante ainda, até mesmo o custo de oportunidade de tempo de uma pessoa apaixonada (e, portanto, sua WTS) será substancial se pedirmos a ela que se comprometa com muitas horas de trabalho. O advento da internet reduziu substancialmente esses dois obstáculos. Agora é muito mais fácil encontrar pessoas com paixões específicas, e os apaixonados podem se dedicar a seus passatempos em níveis baixos de intensidade, mantendo o custo de oportunidade sob controle e a WTS baixa.

Repórteres de viagens, jornalistas cidadãos, *designers* gráficos, críticos de livros, fotógrafos *freelancers*: em muitas profissões, indivíduos apaixonados exercem as atividades de que mais gostam. A Food52, uma comunidade *on-line* para pessoas que adoram cozinhar, opera uma linha direta de cozinha que responde a perguntas urgentes em tempo real. A "equipe" da linha direta é composta de 50 mil *chefs* profissionais e entusiastas da gastronomia que compartilham livremente seus conhecimentos (e receitas) com o 1 milhão de membros da comunidade Food52.[16]

Outro exemplo é a General Fusion, uma empresa canadense que pretende desenvolver energia de fusão comercialmente competitiva. A abordagem da empresa é esmagar martelos de 220 libras contra uma esfera para produzir uma onda de pressão através do chumbo líquido. A Figura 11.4 mostra os pistões que abrigam os martelos.[17] Brendan Cassidy, que gerencia inovação aberta na empresa, explica como a General Fusion aproveitou as paixões e os conhecimentos especializados de cientistas e engenheiros:

Figura 11.4   Conjunto geral de pistões do Fusion projetado para comprimir plasma.

O problema que tínhamos era que a bigorna na superfície, que é o que o martelo atinge, precisa vedar o metal fundido dentro do recipiente e criar um vácuo na parte externa da bigorna. [...] Nesse caso, dissemos: "Sabe, essa não é nossa especialidade. Aprendemos muito sobre a construção desses martelos, mas, quanto à melhor maneira de criar uma vedação, provavelmente há pessoas que têm experiência".[18]

Para se beneficiar da experiência alheia, a General Fusion recorreu à InnoCentive, uma plataforma *on-line* que conecta empresas a uma rede de quase 400 mil especialistas. Acessaram o resumo técnico da General Fusion 229 engenheiros, 64 apresentaram soluções, e a empresa concedeu a Kirby Meachum, um engenheiro formado pelo MIT, 20 mil dólares por sua proposta.

De simples receitas culinárias a conselhos altamente técnicos, um número cada vez maior de empresas agora conta rotineiramente com criadores e especialistas externos para desenvolver seus negócios e acelerar a inovação. Não é coincidência, claro, que uma lista dos serviços prestados por esses profissionais inclua acima de tudo atividades interessantes de modo intrínseco e estimulantes intelectualmente. A economia das empresas baseadas em comunidade (Food52) e inovação aberta (InnoCentive) é vantajosa porque combina paixão com curtos períodos de trabalho.***

*** Em português, costumamos chamar esses trabalhos curtos de *jobs*. Em inglês, como aponta o autor no original, há o termo "*gig economy*". *Gig* vem de uma gíria de músicos de *jazz* da década de 1920, que significa um compromisso em curto prazo. [N.T.]

Junte paixão e *jobs* curtos e você provavelmente verá uma qualidade excelente *e* uma remuneração razoável. A Food52 premia seu "colaborador do mês" com 25 dólares. A InnoCentive ajudou organizações tão diversas quanto a BP, a NASA e a Prize4Life, uma organização sem fins lucrativos que espera encontrar um biomarcador para a doença de Lou Gehrig, a enfrentarem desafios técnicos complexos. Em todos os seus concursos, o valor esperado da participação em um desafio da InnoCentive é de 125 dólares.[19]

O Crowdspring, um mercado *on-line* para serviços de *design* gráfico, é um bom exemplo do alcance das plataformas que conectam empresas a talentos externos. Uma das especialidades da Crowdspring são os concursos de *design* de logotipos. Nesses concursos, os gerentes de marca descrevem o logo desejado e os *designers* de uma rede de mais de 200 mil *freelancers* enviam propostas. Um concurso típico atrai cerca de 35 *designers* que produzem 115 *designs*.[20] Em seguida, as empresas fornecem *feedback* para que os *designers* possam aprimorar seu trabalho. Os projetos têm duração de sete dias. A empresa paga um prêmio ao *designer* vencedor, geralmente em torno de 300 dólares. Em troca, a marca detém os direitos autorais.

Meu colega, o professor Daniel Gross, estudou mais de 4 mil desses concursos de *design* para entender melhor como o *feedback* melhora a qualidade (ele tem um grande efeito positivo) e se o fato de ver o *feedback* que os outros recebem influencia a participação contínua (os *designers* mais fracos desistem cedo). Em um projeto de pesquisa inteligente, o professor Gross também calculou os benefícios e os custos de participar dos concursos de *design* da Crowdspring. O resultado desses cálculos é mostrado na Figura 11.5.[21]

Coletivamente, os *designers* incorrem em custos muito maiores do que os prêmios justificam. Se todos os *designers* tivessem uma boa noção de sua probabilidade de ganhar, os custos agregados e os prêmios se equilibrariam e, na Figura 11.5, nunca veríamos concursos com múltiplos de custo-prêmio superiores a 1. Na prática, porém, parece que muitos *designers* trabalham por muito pouco dinheiro.

Será que a promessa das plataformas da economia sob demanda de oferecer alta qualidade a preços baixos é uma ilusão? Será que a verdade é que os benefícios do trabalho sob demanda vêm à custa dos *freelancers* (em sua maioria desesperados)? Como empresário que quer fazer a coisa certa, você deve dizer não quando alguém está disposto a oferecer um trabalho de alta qualidade por pouco dinheiro? Essas perguntas estão no cen-

Figura 11.5 Concursos de *design* de logotipo.

tro do debate sobre as plataformas da economia sob demanda e a necessidade de regulamentar esses negócios.

Vamos explorar essas questões usando o princípio da criação de valor como nossa bússola moral. As práticas comerciais são defensáveis, desde que melhorem a situação dos colaboradores e dos prestadores de serviços independentes. O fato de os *freelancers* trabalharem por pouco dinheiro não é, por si só, uma indicação de que estejam sendo explorados; a WTS deles para a tarefa pode ser realmente baixa. Mas é um sinal de alerta que justifica uma investigação mais aprofundada. Minha esperança é que você faça perguntas como estas:

- *É plausível que a WTS seja baixa?* Para trabalhos que não são atraentes de forma intrínseca, a resposta provavelmente é não. Lembre que são as paixões que reduzem a WTS. Além disso, é improvável que os prestadores de serviços para os quais o trabalho constitui a principal renda tenham uma baixa WTS. Por exemplo, um acordo de trabalho com uma pessoa cujo trabalho em tempo integral é limpar casas não deve se basear em uma premissa de baixa WTS.
- *O acordo de trabalho cria valor além da compensação financeira?* Um dos motivos pelos quais alguns dos *designers* da Crowdspring trabalham por prêmios pequenos é que eles esperam outros benefícios além do dinheiro. Alguns querem aprender com o *feedback* da empresa. Outros buscam construir uma reputação. Em alguns casos, as empresas pedem um trabalho de *follow-up* (mais bem remunerado).

A General Fusion, por exemplo, acabou contratando Kirby Meachum para desenvolver mais suas ideias. Às vezes, os *designers* de logo continuam a criar os *sites* da empresa.

- *As expectativas de benefícios em longo prazo são razoáveis?* Para os trabalhadores autônomos, não é fácil estimar o valor dos benefícios em longo prazo. Qual é a probabilidade de um *freelancer* mal pago receber trabalho adicional? Qual é a probabilidade de que um trabalho não remunerado abra a porta para um cargo permanente? Muitas vezes, a empresa está mais bem informada sobre as perspectivas em longo prazo do que o *freelancer*. É imperativo não explorar essa vantagem de informações. Por exemplo, dois terços dos motoristas da Uber que começam a dirigir para a empresa abandonam a plataforma depois de seis meses.[22] Uma interpretação é que os motoristas trabalham para a Uber apenas quando estão em uma situação difícil. Outra é que a Uber faz um trabalho ruim ao definir as expectativas de seus motoristas.
- *É do interesse de sua empresa responder à baixa WTS com baixa remuneração?* O *HuffPost*, um *site* de notícias e opiniões dos Estados Unidos, foi um dos primeiros a contar com jornalistas cidadãos e aspirantes a repórteres. Em 2018, mais de 100 mil colaboradores haviam fornecido conteúdo ao *HuffPost* – de graça! Mas, no início do ano, tudo isso chegou ao fim. O *HuffPost* fechou sua plataforma de colaboradores e mudou seu foco para um conjunto menor de jornalistas pagos que produziriam "editoriais opinativos inteligentes, autênticos, oportunos e rigorosos".[23] Outras editoras com grandes comunidades de colaboradores, como a Forbes e a Hearst, seguiram o exemplo.[24] O fato de não pagar nada pelo conteúdo acabou produzindo um *tsunami* de reportagens de qualidade altamente variável. "As empresas de mídia migraram para o conteúdo de alta qualidade", explica Pau Sabria, cofundador da Olapic, uma *startup* focada no emprego do conteúdo do usuário no *marketing*. "Você não pode se dar ao luxo de [oferecer aos leitores] uma experiência ruim quando está competindo com outras formas de mídia."[25] É claro que você está familiarizado com esse efeito desde o início deste capítulo. As políticas de compensação induzem a efeitos de seleção poderosos. Mesmo em casos com uma WTS genuinamente baixa, o compartilhamento do valor com colaboradores e *freelancers* pode ter impacto profundo na qualidade do trabalho.

Analisando os arranjos de trabalho flexíveis e os modelos de negócios da economia informal, obtive várias percepções.

- *As plataformas digitais que conectam empresas com trabalhadores apaixonados podem ajudar a mudar os limites corporativos.* As atividades que antes ficavam dentro da empresa agora podem ser transferidas para fora ou combinadas de novas maneiras com os esforços de trabalhadores autônomos e contratados independentes. Na maioria das vezes, os resultados mostram uma qualidade excelente a um custo favorável. Nos Estados Unidos, cerca de 10% da força de trabalho está atualmente envolvida em arranjos alternativos de trabalho.[26] Se você não pensar em maneiras de mudar os limites da empresa para obter uma vantagem de custo, seus concorrentes o farão.
- *Mesmo em 2020, a flexibilidade no local de trabalho ainda é escassa e é uma ferramenta eficaz para reduzir a WTS.*
- *O desenvolvimento de regras para o trabalho flexível é apenas o primeiro passo.* Incentivar os colaboradores a fazer uso da flexibilidade em geral requer uma mudança mais ampla na cultura. Como líder em sua organização, seu comportamento influenciará muitas outras pessoas, independentemente de sua intenção de servir como modelo.
- *Vincular as paixões das pessoas ao objetivo de sua empresa é uma via interessante para a criação de valor.* Isso funciona melhor se os projetos e as atividades forem intrinsecamente interessantes e exigirem um compromisso de tempo limitado.
- *O engajamento de indivíduos apaixonados exige uma consideração cuidadosa de suas expectativas.* O trabalho sob demanda pode criar um valor substancial para os trabalhadores, mas também corre o risco de virar exploração. As melhores empresas desenvolvem diretrizes e práticas firmes que asseguram que os trabalhadores temporários tenham expectativas razoáveis e participem do valor que está sendo criado.

CAPÍTULO 12

Cadeias de suprimentos também são gente

Em junho de 2016, Vahidin Feriz, CEO da Car Trim, uma subsidiária da Prevent, recebeu uma mensagem de fax ameaçadora. As notícias eram sombrias. A Volkswagen, uma das principais clientes da Car Trim, estava informando Feriz de que cancelaria um projeto de desenvolvimento conjunto de 500 milhões de euros, alegando defeitos de qualidade nos assentos de couro da Car Trim. A Volkswagen, sob grande pressão financeira em decorrência de seu recente escândalo de emissões de diesel, avisou com apenas dois dias de antecedência.[1] A Car Trim processou a empresa. Quando a Volkswagen se recusou a pagar as indenizações, a Car Trim e a ES Guss, outra empresa da Prevent, interromperam todos os fornecimentos, forçando a Volkswagen a interromper a produção em seis de suas fábricas e a dispensar quase 30 mil colaboradores.

O retorno veio dois anos depois. Quando a Prevent tentou aumentar os preços, a Volkswagen cancelou todos os contratos restantes com o grupo. Agora, foram as empresas da Prevent que tiveram de fazer cortes; uma delas até declarou insolvência. Em 2020, os tribunais ainda estão julgando a disputa.

A batalha entre a Prevent e a Volkswagen é um exemplo extremo, mas as relações tensas entre compradores e fornecedores são comuns. A Amazon, por exemplo, usa sua fantástica posição no comércio eletrônico para impor condições de pagamento onerosas a seus fornecedores do mercado. A empresa leva 22 dias para receber a receita de seus clientes, mas 80 dias para pagar suas contas. Os fornecedores do *marketplace* são efetivamente o banco da Amazon, ajudando a financiar o crescimento da empresa.[2] O varejo físico oferece exemplos semelhantes. Quando os varejistas introduzem produtos de marca própria, os lucros aumentam significativamente. Um benefício importante: os novos produtos ajudam os varejistas a pressionar os fabricantes de produtos de marca.[3]

A Figura 12.1 ilustra essas tensões. As empresas esperam aumentar suas margens pagando menos a seus fornecedores. Como era de esperar, os fornecedores resistem. Eles buscam aumentar seu próprio excedente: a diferença entre a disposição a vender (WTS) e o custo. Esses esforços não criam valor; o que quer que uma parte ganhe deve sair do bolso da outra.

Há, é claro, um segundo caminho para aumentar a lucratividade. Se você conseguir reduzir a WTS de seus fornecedores, mais valor será criado. Sua empresa e seus fornecedores podem ficar em melhor situação ao mesmo tempo. A WTS de seu fornecedor, você deve se lembrar, é o menor preço que ele aceitaria de você. Se você pagar mais do que a WTS – o custo é maior do que a WTS, conforme mostrado na Figura 12.1 –, o fornecedor terá um excedente, uma margem maior do que a lucratividade que está embutida na WTS.

A WTS varia de um par comprador-fornecedor para outro. Ela é determinada pelo relacionamento entre os dois. Por exemplo, se um fornecedor ganhar o direito de se gabar por fornecer produtos a uma empresa famosa, sua WTS será menor. Se for uma dor de cabeça trabalhar com um comprador específico, seus fornecedores terão uma WTS mais alta.

Deixando de lado essas considerações específicas do comprador, como é possível reduzir de fato a WTS de seus fornecedores? Tornando mais

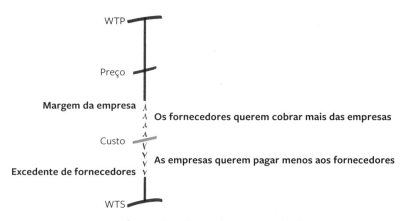

Figura 12.1   Empresas e seus fornecedores brigando por um valor fixo.

econômico vender para sua organização. Qualquer iniciativa que facilite a vida de seus fornecedores, qualquer investimento de sua parte que os torne mais produtivos, reduzirá a WTS deles e criará mais valor.[4] Considere a Raksul, um mercado B2B para serviços de impressão. Sua plataforma original permitia que os clientes comparassem os preços de muitas das 25 mil empresas de impressão do Japão. O sucesso veio rapidamente, mas Yasukane Matsumoto, fundador da Raksul, não estava feliz. Todas as manhãs, ele se olhava no espelho e perguntava: "Se hoje fosse o último dia da minha vida, eu gostaria de fazer o que estou prestes a fazer hoje?".[5] Ao pensar no serviço de listagem da Raksul, Matsumoto decidiu que a resposta era não. Ele poderia criar muito mais valor. Sob sua direção, a Raksul criou um serviço de correspondência altamente eficiente, enviando pedidos de clientes a fornecedores cuidadosamente selecionados que tinham capacidade ociosa do tipo de máquina de impressão necessária para o trabalho. Matsumoto reconheceu que as impressoras com capacidade ociosa e o equipamento certo tinham uma WTS particularmente baixa. A Raksul também contratou ex-engenheiros da Toyota para trabalhar na melhoria das operações das impressoras no nível do chão de fábrica, reduzindo ainda mais sua WTS. A empresa compartilhou o valor criado com as impressoras e também com os clientes da Raksul, que desfrutaram de preços mais baixos.

A Raksul é um bom exemplo de dois mecanismos que garantem que seus fornecedores se beneficiem de uma baixa WTS: a seleção cuidadosa de fornecedores e a transferência de conhecimento gerencial. Neste capítulo, veremos como as empresas líderes empregam essas duas técnicas.

Ensinando seus fornecedores

A maioria das empresas detalha as obrigações de seus fornecedores em contratos abrangentes e acordos de nível de serviço. Muitas também desenvolvem códigos de conduta que descrevem suas expectativas em relação ao comportamento dos fornecedores. No início dos anos 2000, a Nike buscou uma colaboração ainda mais estreita com seus fornecedores ao decidir ensinar-lhes a manufatura enxuta.[6] A manufatura enxuta, também conhecida como Sistema Toyota de Produção, não era uma abordagem nova, mas não havia sido adotada pelos fornecedores da Nike.[7] Gerry Rogers, vice-presidente de fornecimento e manufatura global, explica:

A habilidade de encontrar a capacidade certa em todo o mundo é, na verdade, bastante limitada, principalmente nesse setor, em que há enorme especialização de produtos. Não é do interesse de ninguém se envolver em uma transação e ir embora sempre que houver um problema. À medida que as empresas crescem, elas se deparam com novos obstáculos com os quais podemos realmente ajudá-las, mostrando as melhores práticas de capacitação ou colaborando juntos.[8]

A manufatura enxuta exigiu que os quase quatrocentos fornecedores de calçados e vestuário da Nike fizessem mudanças profundas. Por exemplo, as fábricas de vestuário tradicionais separam as atividades de costura, passadoria e embalagem e têm altos níveis de estoque entre cada processo. As fábricas que adotam a manufatura enxuta transferem máquinas e trabalhadores para uma linha de produção e equilibram o tempo de ciclo do processo (o tempo que leva para terminar uma peça de roupa) e o *takt time* (o tempo entre o início de uma peça de roupa e a seguinte, que é definido para atender à demanda do cliente). Para serem certificados como enxutos, a Nike solicitou a seus fornecedores que fizessem oito dessas mudanças. Elas incluíam a instalação de um sistema Andon, que permite que os trabalhadores sinalizem rapidamente os problemas de produção e talvez até parem a linha; o uso de inspeções de qualidade na estação para evitar que os defeitos sejam transmitidos; e a demonstração de evidências de 5S, um conjunto de práticas que reduz o desperdício e promove a produtividade.[9]

Para preparar seus fornecedores, a Nike abriu um centro de treinamento em uma fábrica ativa no Sri Lanka. Fornecedores de toda a Ásia participaram de um programa de oito semanas durante o qual estudaram a teoria da manufatura enxuta, observaram o método na prática e trabalharam com um gerente da Nike em uma estratégia para implantar o sistema em suas próprias fábricas. Vendo o sucesso inicial em termos de produtividade e lucratividade, a Nike dobrou seu esforço com o Lean 2.0, um programa que promoveu o aumento da automação e do envolvimento dos trabalhadores. Até mesmo um pequeno programa-piloto demonstrou o potencial significativo de uma maior mecanização. Em uma fábrica, a produtividade aumentou 19%, a qualidade subiu 7% e os trabalhadores disseram que se sentiam mais valorizados.[10] Em 2018, 83% da produção da Nike vinha de fábricas que operavam com o Lean 2.0.

Mais ou menos na mesma época, a Nike começou a trabalhar com Niklas Lollo e Dara O'Rourke, pesquisadores da University of California, em Berkeley, para alinhar melhor a remuneração dos trabalhadores nas fábricas dos fornecedores com os métodos de manufatura enxuta.[11] Para definir o preço de uma peça de roupa, a Nike negocia com seus fornecedores os minutos-padrão permitidos (*standard allowable minutes* – SAM), uma medida de tempo de produção baseada em engenharia. As fábricas, então, usam os SAM para determinar as taxas de pagamento de seus trabalhadores, que tentam superar os SAM para ganhar mais. Como os SAM são fixos para cada peça de roupa, os trabalhadores preferem estilos fáceis de produzir, com os quais estão familiarizados. Com um *design* desconhecido é difícil superar os SAM, então, os trabalhadores se concentram no pagamento de horas extras. Essa abordagem está em desacordo com muitos dos objetivos da manufatura enxuta, pois a remuneração baseada em SAM oferece pouco incentivo para melhorar a qualidade, reduzir o estoque, eliminar o desperdício e desenvolver a capacidade *just in time*.

A equipe de Berkeley testou três mecanismos de remuneração em uma fábrica tailandesa que já era certificada como Lean 2.0: um multiplicador de produtividade que recompensava mais produção; o multiplicador de produtividade mais um bônus adicional por reduções de custo ou excelente qualidade; e o multiplicador mais um salário-alvo.* Os trabalhadores que participaram do experimento tinham a garantia de ganhar pelo menos o mesmo que ganhavam antes do experimento. Os pesquisadores também instalaram painéis de LCD que exibiam informações sobre salários e produtividade de cada linha de produção. (Menos de 50% dos trabalhadores globais do setor de vestuário recebem recibos de pagamento que mostram o número de horas trabalhadas.)[12] A Figura 12.2 mostra como a *performance* mudou em comparação com as linhas de produção que não participaram do estudo de remuneração.[13]

O estudo produziu *insights* valiosos tanto para o fornecedor como para a Nike. Por exemplo, a meta salarial mostrou-se particularmente eficaz para aumentar a remuneração e a lucratividade, embora nenhuma equi-

---

* Quando uma linha atingia 90% de sua meta de produtividade, as taxas por peça eram multiplicadas por 1,06. O multiplicador aumentava em 0,06 para cada incremento adicional de produtividade de 5 pontos percentuais, até um teto de 1,48. Os trabalhadores das linhas com uma meta salarial podiam decidir sair do trabalho quando ganhassem um mínimo de 650 baht por pessoa em dez horas. A média histórica de uma equipe variava de 440 a 530 baht.

pe tenha decidido ir para casa depois de atingir a meta de 650 baht. Nos grupos focais, os trabalhadores disseram que era mais importante obter renda adicional quando a produção funcionava sem problemas. Em todas as três intervenções, os trabalhadores ganharam mais e os lucros dos fornecedores aumentaram. Isso é possível porque a produtividade aumentou em mais de 6% em cada uma das linhas de produção, uma conquista que também reflete o declínio acentuado na rotatividade de trabalhadores. A qualidade, que já era alta desde o início, aumentou ainda mais nos bônus e nos grupos-alvo. Uma das linhas que haviam recebido apenas o incentivo multiplicador foi uma exceção. Essa linha tornou-se cada vez mais disfuncional. Os colaboradores criticavam uns aos outros por falta de habilidade, o supervisor, por falta de comunicação, e a gerência, por um fluxo insuficiente de material de qualidade. Um total de 70% desses trabalhadores pediu demissão. (Outra linha com os mesmos incentivos funcionou muito bem.) O colapso é um lembrete útil do estresse que pode resultar de incentivos de alta potência. A gerência da fábrica, no entanto, não se intimidou. Quando o experimento terminou, foram introduzidos multiplicadores de produtividade em toda a fábrica.

Ensinar seus fornecedores a se tornarem mais produtivos é uma maneira eficaz de reduzir a WTS e criar mais valor. As fábricas da Nike são típicas. Em geral, os fornecedores locais fazem avanços significativos quando começam a trabalhar com empresas multinacionais. Eles aumentam sua produtividade, contratam mais colaboradores e obtêm maior sucesso nas vendas, mesmo fora de seu relacionamento com as empresas globais.[14]

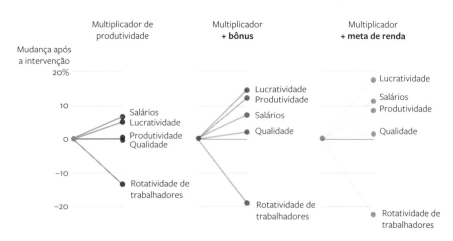

Figura 12.2 Experimentos de compensação em fábricas de fornecedores da Nike.

As multinacionais também se beneficiam. A Nike, por exemplo, reduz os SAM ao longo do tempo para aproveitar os avanços de produtividade de seus fornecedores.[15] O foco na WTS cria valor para ambas as partes – empresas locais e multinacionais.

A sombra da captura de valor

Mesmo nas relações entre comprador e fornecedor que se concentram na criação de valor, a sombra da captura de valor está sempre presente. Os fornecedores estão preocupados com o fato de que os investimentos em capacidade de produção não serão compensados se os compradores, vendo a capacidade recém-instalada, exigirem preços que tornem o investimento pouco atraente. Os compradores temem que os fornecedores explorem um relacionamento próximo se ficarem muito dependentes de uma empresa só.[16] Ambos os lados adotam medidas caras para se proteger. Os compradores recorrem à aquisição de vários fornecedores quando, na verdade, seria vantajoso trabalhar com apenas um.[17] Os fornecedores se recusam a trabalhar com compradores em quem não confiam. Por exemplo, quando a Xiaomi, hoje uma das principais fabricantes de *smartphones*, começou, ela entrou em contato com mais de cem dos principais fornecedores de componentes, 85 dos quais se recusaram a fazer negócios com a empresa incipiente.[18] A criação de valor é um desafio quando todos estão preocupados com sua capacidade de capturar uma parte do valor que ajudam a criar.

Então, como as empresas líderes fazem isso? Quando converso com executivos de cadeia de suprimentos que conseguiram reduzir a WTS de seus fornecedores e criar valor em longo prazo para eles mesmos e para seus fornecedores, geralmente ouço conselhos como estes:

- *Seja seletivo.* Desenvolver e manter a intimidade com o fornecedor é desafiador e consome muito tempo. Limite o número de relacionamentos com fornecedores nos quais você investe.

Minha recomendação é usar três critérios (Figura 12.3) para escolher os parceiros certos. O primeiro é o potencial de valor: as colaborações próximas são particularmente valiosas se tiverem o potencial de mudar a WTS, o custo e a disposição a pagar (WTP). O fornecedor de um com-

Figura 12.3 Critérios para selecionar parceiros-fornecedores.

ponente barato cuja qualidade quase não é registrada pelos seus clientes não estará no topo da sua lista de candidatos a parcerias próximas. Em segundo lugar, a especificidade: você pede a seu fornecedor que invista em capacidade dedicada? Você gostaria que ele desenvolvesse um novo processo que beneficiasse principalmente sua empresa? Quanto mais específica for a troca, mais útil será a colaboração estreita e o desenvolvimento da confiança. Se você não fizer isso, o fornecedor provavelmente investirá pouco ou não investirá nada. Terceiro, integralidade: quão difícil é descrever em um contrato o que você espera de seu fornecedor? É possível listar a maioria das contingências? Você tem certeza de que entende como suas expectativas evoluirão durante a vigência do contrato? Os relacionamentos profundos são particularmente vantajosos se os contratos forem incompletos, se for difícil descrever e medir o que você espera de seu fornecedor.

- *Conheça seu fornecedor.* É tentador ver seus relacionamentos com fornecedores exclusivamente pelo prisma do custo, mas essa lente é muito estreita. Como um gerente muito bem-sucedido me lembrou certa vez: "Cadeias de suprimentos também são gente!".

Na WTS do fornecedor, são levadas em conta muitas considerações. Assim como a criação de valor para os clientes exige um grau de intimidade com eles, estar próximo de seus fornecedores permite que você veja iniciativas que aumentariam o excedente do fornecedor. Você se lembra de Yasukane Matsumoto, o executivo japonês do setor de impressão? Ele visita pessoalmente cada um de seus fornecedores antes de decidir estabelecer uma parceria.

- *Concentre-se nos resultados, não nos códigos de faturamento.* Oportunidades significativas para reduzir a WTS geralmente resultam de *mudanças em seu comportamento.* Muitos compradores são excessivamente prescritivos em suas exigências aos fornecedores, especificando em detalhes minuciosos o que eles precisam fazer e como. É claro que, às vezes, há razões técnicas para ser preciso, mas especificações detalhadas demais costumam refletir desconfiança — será que o fornecedor levará vantagem se eu deixar alguma margem de manobra? — e um desejo de criar uma competição acirrada com o fornecedor. No entanto, ser excessivamente prescritivo tem um custo. Isso rouba dos fornecedores a chance de adotar novos processos e introduzir produtos e serviços inovadores. É uma tensão que está no centro de muitos relacionamentos entre compradores e fornecedores. Presumivelmente, trabalhamos com fornecedores porque eles têm conhecimento especializado e habilidades superiores. Por que, então, insistimos em impor diretrizes detalhadas que os limitam?

Quando a Tata Motors começou a construir o carro mais barato do mundo, o Tata Nano, ela pediu à Bosch Automotive para projetar o motor. Bernd Bohr, então presidente da Bosch, explica a natureza incomum da colaboração:

A Tata não nos apresentou grandes livros de regras ou especificações. Ela simplesmente nos disse qual seria o peso do carro, que ele teria um motor de dois cilindros e [que] precisaria atingir a regulamentação de emissões Euro 4. Além disso, ele precisa andar, claro. E essa foi a diferença em relação a outros projetos automotivos. No início do processo, já era possível ver que nossas equipes estavam apresentando novas ideias... Por exemplo, normalmente, cada cilindro tem uma válvula de injeção em um motor; aqui, nossos engenheiros tiveram a ideia de ter uma válvula de injeção para dois cilindros e colocar dois orifícios de pulverização para que ela cuide de dois cilindros.[19]

Embora o Nano tenha acabado não sendo o sucesso financeiro que a Tata esperava, os avanços técnicos da Bosch foram incorporados a muitos outros motores.[20] A chave para o sucesso da Bosch foi um comprador que se concentrou nos resultados – nesse caso, uma meta de custo – e não nas maneiras de chegar lá.

A FedEx Supply Chain teve uma experiência semelhante ao trabalhar com a Dell. Quando a empresa de tecnologia de computadores procurou transformar sua cadeia de suprimentos, ela substituiu uma longa lista de serviços específicos – centenas de códigos de faturamento – por resultados amplos que eram os mais importantes. Em sua operação de logística reversa, por exemplo, a Dell deixou de pagar à FedEx uma taxa fixa para descartar produtos e passou a pedir à empresa que minimizasse a perda total da Dell com computadores devolvidos. Em estreita colaboração, as duas empresas criaram três canais: um para recondicionar máquinas, outro para coletar peças e um terceiro para descartar produtos.[21] John Coleman, gerente-geral da Dell, explica a mudança:

> [Tradicionalmente,] a Dell vendia todos os produtos devolvidos em uma base de varejo. Se o produto não atendesse aos padrões de varejo, era descartado. Durante anos, pedi à Dell que criasse um sistema para usar o atacado como uma opção adicional. Era uma boa ideia, mas a Dell não conseguia gerar interesse interno em investir em um projeto. A FedEx Supply Chain não tinha motivos para fazer investimentos além de apenas contribuir com a ideia. [Depois de concordar com a meta geral de minimização de custos,] porém, a FedEx Supply Chain criou uma alternativa de atacado para mercadorias recuperadas. […] [Eles] fizeram os investimentos necessários para levar o conceito da ideia à realidade.[22]

Com os três canais e a alternativa de atacado implementados, a Dell e a FedEx reduziram o refugo em dois terços e diminuíram o custo da operação de logística reversa da Dell em 42% em apenas dois anos.[23]

- *Alinhe incentivos externos e internos.* Com metas amplas estabelecidas, você pode definir métricas que se alinhem a essas metas e vinculá-las a incentivos financeiros. A FedEx Supply Chain se beneficia financeiramente, por exemplo, se os custos das operações de logística reversa da Dell diminuírem.

Além de um forte alinhamento externo, é igualmente importante garantir que a organização do comprador compartilhe a mesma visão dos relacionamentos entre comprador e fornecedor. Seu departamento de compras sabe que o gerente da cadeia de suprimentos está desenvolvendo um relacionamento colaborativo com um de seus fornecedores? O gerente está fadado ao fracasso se o departamento de compras for incentivado exclusivamente a obter o menor custo possível.

- *Mantenha a mente aberta.* O lado sombrio dos relacionamentos profundos é, bem, a profundidade desses relacionamentos. Depois de criar confiança em um fornecedor, você terá incentivos limitados para procurar outro. Quando Victor Calanog, na época estudante de doutorado na Wharton, e eu ligamos para todos os 596 encanadores da Filadélfia para oferecer folhetos e uma amostra grátis de um ralo de piso inovador feito de material elastomérico, os encanadores que confiavam em seus fornecedores tinham muito menos probabilidade de aceitar o folheto ou a amostra grátis. Um ano após nossas ligações iniciais, os encanadores confiantes haviam comprado menos unidades do novo ralo.[24] Mesmo que você tenha tido grande sucesso na construção de relacionamentos em longo prazo e de confiança com alguns de seus fornecedores, reavaliar esses relacionamentos pode indicar novas oportunidades de obter WTS e custos ainda menores.

- - - - - - - - - - - - - - - - -

A colaboração nas cadeias de suprimentos não é uma ideia nova, claro. No entanto, é útil mudar a perspectiva que vem com o pensamento baseado em valor. Estas são algumas das principais percepções.

- *Ao ajudar seus fornecedores a reduzir os custos, facilitando a venda para sua organização, você acaba ajudando a si mesmo.* Não pergunte o que seu fornecedor pode fazer por você...
- *A lógica da captura de valor domina muitas relações entre compradores e fornecedores.* Uma reorientação para a criação de valor facilita o com-

partilhamento de informações, o alinhamento de incentivos e a descoberta de oportunidades de negócios atraentes.

- *Fazer da criação de valor o centro de uma relação comprador-fornecedor é um trabalho árduo, e você deve ser cuidadoso na seleção dos fornecedores com os quais constrói esse tipo de relacionamento.* Ao selecionar os parceiros mais promissores, você precisa considerar o potencial de valor deles (quanto você pode movimentar de WTS), a especificidade dos investimentos (quão incomuns são suas demandas) e a falta de integralidade contratual (quão fácil é colocar suas expectativas por escrito).

PARTE QUATRO

Produtividade

CAPÍTULO 13

Grande pode ser lindo

Sempre que examino os dados de produtividade, mal posso acreditar nas diferenças drásticas entre empresas do mesmo setor.[*] Em média, uma empresa dos Estados Unidos no 90º percentil de produtividade cria o dobro da produção de uma empresa no 10º percentil – com insumos idênticos![1] A dispersão é ainda mais acentuada na China e na Índia, onde frequentemente vemos proporções de 90-10 de 5:1.[2] Essas diferenças também não são passageiras. As lacunas na produtividade tendem a persistir por longos períodos.[3]

Os avanços na produtividade reduzem o custo e a disposição a vender (WTS) ao mesmo tempo (Figura 13.1). Lembre-se de que as réguas de valor são desenhadas para uma unidade de um produto ou um serviço específico. Se uma empresa se torna mais eficiente, ela adquire menos insumos, reduzindo, assim, tanto a WTS como o custo.

Neste e nos próximos capítulos, examinaremos três forças que ajudam a determinar a produtividade: escala (este capítulo), aprendizado (Capítulo 14) e eficácia operacional (Capítulo 15).

---

[*] Na pesquisa, "mesmo setor" significa empresas que compartilham o mesmo código SIC de quatro dígitos. SIC (*Standard Industrial Classification*) é um sistema de classificação de empresas criado pelo governo dos Estados Unidos. Por exemplo, as empresas que produzem móveis de escritório feitos de madeira têm o código 2521. As empresas que produzem móveis de escritório de outros materiais que não madeira têm o código 2522.

Figura 13.1   Produtividade, redução de custos e WTS.

Escala

Em fevereiro de 2007, a Freddie Mac, empresa patrocinada pelo governo dos Estados Unidos que compra hipotecas no mercado secundário, anunciou que não compraria mais as hipotecas *subprime* mais arriscadas. A Grande Recessão de 2007-2009 – que mergulhou a economia global em sua mais profunda crise desde a década de 1930 e destruiu quase 9 milhões de empregos somente nos Estados Unidos – havia começado.[4] Os bancos desempenharam papel central na crise. Para estabilizar a economia, o governo acabou apoiando quase mil instituições financeiras dos Estados Unidos a um custo de quase US$ 600 bilhões.[5] No auge da crise, os contribuintes garantiram US$ 4,4 trilhões em ativos financeiros.[6] Fazendo um retrospecto, o ex-presidente do Federal Reserve, Alan Greenspan, comentou: "Se [os bancos] são grandes demais para falir, eles são grandes demais. Em 1911, desmembramos a Standard Oil – e o que aconteceu? As partes individuais se tornaram mais valiosas do que o todo. Talvez seja isso que precisamos fazer [com os maiores bancos]".[7]

Os formuladores de políticas evitaram desmembrar as instituições financeiras, mas adotaram medidas para tornar os bancos menos arriscados, por exemplo, aumentando as exigências de capital e liquidez.[8] As regulamentações introduzidas após a crise tiveram o efeito desejado. De acordo com muitas medidas, o sistema bancário está bem mais seguro agora.[9] E o que aconteceu com os maiores bancos? Eles ficaram ainda maiores! O

Wells Fargo quadruplicou de tamanho, o JPMorgan Chase dobrou, e o Bank of America (BofA) cresceu dois terços. Entre os maiores bancos, apenas o Citibank encolheu – um pouco.[10]

Por que os bancos estão ficando cada vez maiores? Um motivo importante é que eles se beneficiam das *economias de escala*, ou seja, os custos médios caem à medida que a empresa cresce. A Figura 13.2 mostra o aumento no custo em que os maiores bancos dos Estados Unidos e da Europa incorrem se crescerem 10%.[11] Qualquer valor abaixo de 10% (veja a linha horizontal na parte superior da Figura 13.2) indica *economias de escala*. Qualquer valor superior a 10% é evidência de *deseconomias de escala* – em outras palavras, os custos crescem mais rapidamente do que a empresa.

Em 1986, o BofA se beneficiou de economias de escala modestas; naquela época, seu custo aumentou em 9,3% quando os negócios cresceram 10%. Em 2015, as economias de escala do banco eram muito maiores; um aumento de 10% nos negócios resultou em um aumento de custo de apenas 1,4%. Com exceção do Citibank, que era altamente eficiente mesmo na década de 1980, todos os maiores bancos dos Estados Unidos e da Europa tinham economias de escala mais significativas em 2015 em comparação com 1986.

As economias de escala mostradas na Figura 13.2 refletem a presença de algum tipo de custo fixo. No setor bancário, os investimentos em tecnologia são um exemplo importante de custo fixo. (O setor de serviços financeiros gasta duas vezes mais em TI do que as empresas de saúde e tecnologia e três vezes mais do que o setor de manufatura.)[12] Para ver como os custos fixos criam economias de escala, imagine um pregão com um operador que executa uma única operação por dia. Essa operação é incrivelmente cara, pois todo o custo da infraestrutura de negociação é alocado para essa única transação. À medida que o número de negociações aumenta, o custo fixo é distribuído por mais e mais negociações, levando a um declínio no custo médio (Figura 13.3). O efeito incremental da distribuição desse mesmo custo fixo, entretanto, fica menor à medida que a atividade de negociação aumenta.

Escala mínima eficiente

Você sabe qual é a *escala mínima eficiente* (EME) de sua empresa, o volume de negócios de que você precisa para ser competitivo em termos de

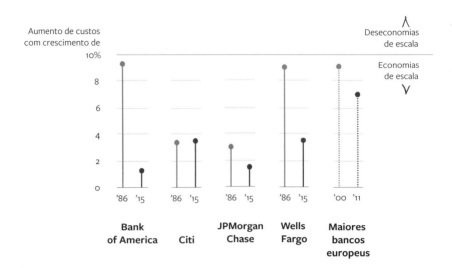

Figura 13.2   Economias de escala no setor bancário.

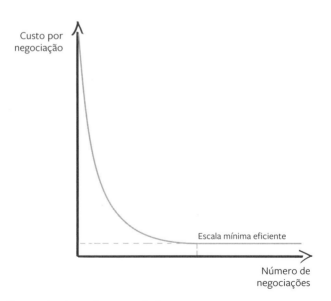

Figura 13.3   Economias de escala no comércio.

custo? É um número que todo empresário deve conhecer.** Se sua empresa for menor do que a EME, você não poderá competir com rivais maiores com base no custo. Por sua vez, quando sua organização atinge a EME, o crescimento contínuo não resulta mais em uma vantagem de custo maior. De fato, para algumas empresas, o custo médio pode aumentar por causa da complexidade de administrar uma organização muito grande.

Os gastos com TI não são o único tipo de custo fixo que resulta em economias de escala significativas. O *marketing* é outro bom exemplo. Quando a Coca-Cola e a Pepsi aumentaram seus gastos com publicidade em meados da década de 1970, os comerciais de refrigerantes se tornaram um elemento regular na televisão norte-americana. A batalha publicitária entre os dois titãs durou décadas. Quem ganhou?

As participações de mercado das empresas contam uma história surpreendente. Ambas saíram vitoriosas. A participação combinada da Coca-Cola e da Pepsi no mercado de refrigerantes aumentou de 54,4% em 1970 para 73,2% em 1995.[13] Ambas cresceram à custa de concorrentes menores, que não conseguiram distribuir os custos fixos de publicidade em um grande volume de negócios. Resignados a uma presença menor nas telas de televisão, muitas das centenas de produtores de refrigerantes concorrentes foram adquiridas por empresas maiores ou encerraram suas atividades.

Geralmente pensamos nos custos fixos como indesejáveis, porque eles forçam grandes decisões de investimento e dificultam o ajuste durante os altos e baixos do ciclo de negócios. No entanto, os custos fixos podem ser uma vantagem se sua empresa for maior do que suas rivais. Ao aumentar seus gastos com *marketing*, a Coca-Cola e a Pepsi, por exemplo, conseguiram crescer à custa dos concorrentes que não atingiram a escala mínima eficiente.[14]

** Apesar de sua importância estratégica, a EME não está incluída nos relatórios financeiros-padrão. Para encontrar o EME de sua empresa, determine como o custo mudaria se a empresa crescesse 10%. Preste muita atenção aos itens de custo que você considera fixos – que não mudarão com o crescimento – e aos que você trata como variáveis. Por fim, compare o custo médio no nível de produção atual e no mais alto. Se o custo médio diminuir à medida que você cresce, sua empresa é pequena demais para ser competitiva em termos de custo com rivais maiores. Se o custo médio permanecer praticamente inalterado, você está na EME ou além dela.

A escala como barreira de entrada

Em sua forma mais poderosa, as economias de escala podem criar mercados completamente incontestáveis. Por muitos anos, o Walmart desfrutou dessa vantagem. A maioria de suas lojas está localizada nos subúrbios e em locais menos densamente povoados. Para atender a esses mercados, a empresa construiu um sistema de grandes centros de distribuição, cada um dos quais abastece cerca de cem lojas satélites localizadas em um raio de cerca de 240 quilômetros.[15]

Essa configuração proporciona ao Walmart três tipos de benefícios. Ao colocar as lojas a uma distância de um dia de carro dos centros de distribuição, a empresa distribui o custo fixo dos armazéns centrais em um grande volume de vendas, criando economias de escala. Como as lojas são relativamente próximas umas das outras, os caminhões de entrega podem abastecê-las rapidamente, criando *economias de densidade*, um tipo especial de economia de escala. Para cada milha que uma loja fica mais próxima de um centro de distribuição, o lucro do Walmart aumenta 3.500 dólares por ano.[16] Com mais de 5 mil lojas somente nos Estados Unidos, as economias de densidade contribuem significativamente para o resultado da empresa. Como as lojas podem ser reabastecidas com rapidez, elas reservam pouco espaço para o estoque; praticamente cada centímetro é dedicado à venda de produtos.[17]

A terceira vantagem do Walmart destaca a ligação entre o tamanho do mercado e os custos fixos. Em um mercado pequeno, o custo fixo não pode ser distribuído em um grande volume de negócios. Como resultado, o Walmart, a empresa com a maior participação, tem uma vantagem de custo importante. Mesmo que uma segunda empresa decidisse competir, fosse capaz de igualar a infraestrutura do Walmart e conseguisse ganhar uma participação significativa, ambas as empresas, cada uma com um custo fixo significativo, sofreriam uma redução na lucratividade. Prevendo esse resultado, os possíveis entrantes relutam em entrar no mercado primeiro. Em muitos dos mercados menores, o Walmart enfrentou pouca concorrência exatamente por esse motivo. Onde estava sozinha, a empresa aumentou os preços em até 6%.[18]

Ao adotar uma estratégia de crescimento em mercados não contestados, o Walmart se tornou a maior empresa do mundo em termos de receita. Mas mesmo o Walmart só pode estender sua vantagem principal (custos baixos que refletem economias de escala) até certo ponto. Agora, ele enfrenta ventos contrários em três frentes. A empresa tem tido pouco sucesso na penetração em mercados urbanos, situação em que enfrenta intensa concorrência em mercadorias em geral (de empresas como a Target) e mantimentos (de concorrentes focados em alimentos, como a Kroger). Em cidades densamente povoadas, a relação entre o custo fixo e o tamanho do mercado é insuficiente para amenizar a concorrência, tornando mais difícil para o Walmart conquistar uma posição de liderança. Enquanto isso, a expansão internacional teve um sucesso misto. A empresa se saiu bem em mercados como o México e o Reino Unido, onde conseguiu adquirir um varejista nacional líder, replicando assim as economias de escala de que desfrutava em seu mercado doméstico. Mas o Walmart fracassou (Coreia do Sul, Alemanha) ou demorou a ganhar força (Argentina, Brasil) em mercados onde tentou construir sua própria rede de lojas ou quando adquiriu redes de varejo fracas (Japão).[19]

Um último desafio é a ascensão do comércio eletrônico. Os varejistas *on-line* entraram com sucesso nos principais mercados do Walmart sem incorrer no custo fixo de uma infraestrutura de loja local.[20] A Amazon, em particular, visou ao segmento de mercadorias gerais do Walmart, que têm margem mais alta. Por sua vez, o negócio de supermercado, com margem mais baixa – 56% das vendas do Walmart nos Estados Unidos –, parece estar mais bem protegido. Isso porque os consumidores dos Estados Unidos preferem comprar mantimentos nas lojas (97% das vendas) ou buscá-los em lojas físicas, uma vantagem para uma empresa como o Walmart, que tem milhares de lojas.[21]

A história do Walmart é especialmente interessante porque as economias de escala explicam tanto onde a empresa é bem-sucedida como onde ela tem dificuldades. Em nossa discussão sobre a disposição a pagar (WTP) no Capítulo 8, vimos como os efeitos de rede podem limitar o número de empresas que pode entrar em um mercado de forma lucrativa. Na extremidade de valor da WTS, as economias de escala têm um efeito semelhante. Dê uma olhada na Figura 13.4, que mostra o número de restaurantes e jornais nas cidades dos Estados Unidos.[22] À medida que as cidades ficam maiores, o número de restaurantes aumenta proporcionalmente. Nas áreas metropolitanas mais populosas, há um número quase inimaginável de estabelecimentos de uma ampla gama de qualidade. Se um restaurante fecha as portas, costuma ser rapidamente substituído por outro. Com os jornais, é diferente. Na Figura 13.4, o tamanho de uma cidade parece não ter quase nenhuma influência sobre o número de jornais. Mesmo

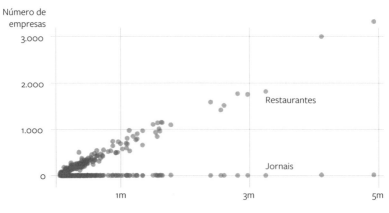

Figura 13.4 Tamanho do mercado e concorrência.

grandes cidades como Nova York têm apenas alguns. Em todos os Estados Unidos, a participação de mercado do principal jornal nunca fica abaixo de 50%, independentemente do tamanho da cidade.

O que faz a diferença? Restaurantes e jornais têm estruturas de custo muito diferentes.[23] A administração de um restaurante envolve muitas atividades de custo variável. Em dias de pouco movimento, os *chefs* compram menos alimentos e os proprietários escalam menos funcionários. Incapaz de usar o custo fixo para impedir a entrada de novos concorrentes, o negócio de restaurantes continua altamente competitivo. Os custos de publicação de um jornal são em grande parte fixos. Nas maiores cidades, os jornais competem aumentando o tamanho de suas redações – o *New York Times*, por exemplo, emprega mais de 1.600 jornalistas – para produzir um jornalismo de alta qualidade que os concorrentes menores não conseguem igualar.

No setor de notícias, a qualidade é um custo fixo. Em restaurantes, ela é variável. Como resultado, a concorrência parece muito diferente.

Na economia pré-digital, eu observaria primeiro o custo fixo para ter uma ideia de quanto um novo mercado será competitivo. Na era da internet, os efeitos de rede costumam ser tão influentes quanto o custo fixo para determinar o número de empresas que podem competir. Mas as economias de escala continuam sendo importantes em muitos setores da economia. Algumas considerações se destacam para mim.

- *Todo estrategista precisa conhecer a escala mínima eficiente de sua empresa.* É irresponsável escolher uma direção estratégica sem saber se a empresa tem a escala necessária para ser competitiva em termos de custo.
- *A escala mínima eficiente muda com o tempo.* Algumas dessas mudanças refletem tendências em tecnologia e os gostos dos consumidores. Outras refletem uma tomada de decisão estratégica inteligente. O aumento dos custos fixos pode ser um meio poderoso de limitar o número de concorrentes.[24]
- *Se sua empresa compete em termos de qualidade, certifique-se de comparar os benefícios de aumentar a WTP com a ajuda de custos fixos ou variáveis.* Mesmo que os dois modos de investimento tenham retornos financeiros semelhantes no curto prazo, eles podem ter implicações diferentes para o número de concorrentes que você enfrentará no futuro.

CAPÍTULO 14

Aprendizado

Quando Henry Ford começou a fabricar o famoso Modelo T em 1909, a produção de cada veículo custava à empresa 1.300 dólares.[1] Em 1926, os salários na Ford haviam triplicado, enquanto o custo de produção de um veículo havia caído para 840 dólares.[2] O segredo de Ford? A curva de aprendizado.[3] À medida que as empresas aumentam o *volume cumulativo de produção*, os custos geralmente diminuem porque os funcionários se familiarizam com o produto e os processos e encontram sempre novas maneiras de melhorar a produtividade (Figura 14.1). Quando a Ford produziu 10 milhões de carros em 1926, o aprendizado por si só já havia reduzido os custos em mais de um terço.

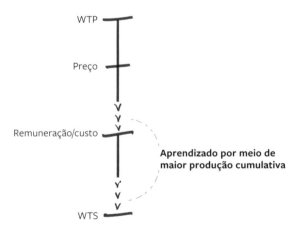

Figura 14.1 O aprendizado por meio de maior produção cumulativa reduz o custo e a WTS.

Nas montadoras modernas, existem efeitos semelhantes. A Figura 14.2 mostra o que aconteceu em uma empresa que mudou da montagem em linha para a produção baseada em equipes.[4] Como você pode ver, não foi fácil para os trabalhadores descobrirem como colaborar. Logo após a mudança, eles levavam mais de quatrocentas horas para montar um veículo. Mas veja o rápido progresso. Depois de apenas dez semanas, o tempo de produção havia caído para menos de cem horas.

Para as empresas que competem com base nos efeitos do aprendizado, uma questão importante é se o aprendizado pode ser transferido de um colaborador para outro, das fábricas existentes para as novas. É possível manter esses avanços? Ou é preciso reaprender os processos toda vez que se expande a capacidade de produção? A Figura 14.2 ilustra um caso em que a transferência de aprendizado funcionou perfeitamente. Quando a empresa acrescentou um segundo turno na oitava semana, as novas equipes incorporaram imediatamente todo o progresso que os pioneiros haviam alcançado.

O aprendizado não apenas melhora a produtividade, mas também aumenta a disposição a pagar (WTP) em muitos contextos. Na área da saúde, por exemplo, as equipes cirúrgicas levam menos tempo para as operações se realizarem frequentemente os mesmos procedimentos. Os grupos hospitalares indianos Apollo Hospitals e Narayana Health exploram as curvas de aprendizado para oferecer cirurgias complexas a preços extremamente baixos, tornando-as mais acessíveis às famílias menos abastadas.[5] Um cirurgião da Narayana Health realiza duzentas cirurgias de coração aberto por ano, o dobro de um médico da Cleveland Clinic. Os

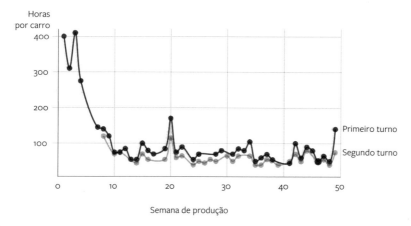

Figura 14.2 Efeitos do aprendizado na montagem automotiva.

altos volumes não apenas reduzem os custos, mas também melhoram a qualidade. Tanto o Apollo como o Narayana Health apresentam taxas de sucesso que rivalizam com as dos melhores hospitais do Ocidente.

Como ilustram os exemplos deste capítulo, o aprendizado assume muitas formas. Os recentes avanços em inteligência artificial (IA) e aprendizado de máquina (*machine learning*), em particular, renovaram o interesse das empresas no aprendizado como uma fonte de vantagem competitiva. Em apenas um dos muitos exemplos, os algoritmos de detecção de anomalias agora ajudam a reduzir custos em uma ampla variedade de aplicações em muitos setores diferentes. No setor de manufatura, a IA impede que peças defeituosas entrem na produção; nos serviços financeiros, os algoritmos ajudam a detectar fraudes; e, no setor de saúde, o aprendizado de máquina identifica leituras fisiológicas anômalas.

Muitas formas de aprendizado estão relacionadas ao volume de dados disponíveis e ao resultado cumulativo. Mas é bom manter a mente aberta. Durante muitos anos, a gerência da Intel valorizou muito a produção de alto volume de produtos de memória por seus benefícios de aprendizado, mas acabou descobrindo que o aprendizado não dependia diretamente do volume geral. Sunlin Chou, que liderou o grupo de desenvolvimento de memória da Intel, explicou:

> Não se aprende mais rápido aumentando o volume por meio de força bruta. É preciso aprender examinando os *wafers*. O aprendizado se baseia no número de *wafers* examinados, analisados, e no número de ações corretivas eficazes praticadas. Mesmo que você tenha processado mil *wafers*, o aprendizado técnico provavelmente só veio dos dez *wafers* que você analisou.[6]

Craig Barrett, então vice-presidente executivo e, mais tarde, CEO da Intel, disse: "Acordamos tarde para o fato de que não precisávamos aumentar o volume para aprender. Há outras maneiras de ser inteligente".[7]

- - - - - - - - - - - - - - - - - -

Ao considerar oportunidades para sua empresa competir com base nos efeitos do aprendizado, tenha em mente o seguinte:

- *Se você tiver uma longa vantagem inicial, os efeitos do aprendizado desestimularão a entrada de empresas rivais em seu mercado. Mas, se sua van-*

Aprendizado

tagem inicial for pequena, os efeitos do aprendizado tornarão seus concorrentes mais agressivos; todos se esforçarão para aumentar a produção o mais rápido possível.[8]

- *Os efeitos do aprendizado são mais poderosos se reduzirem os custos em um ritmo intermediário.* Se os custos diminuírem muito rápido (como no exemplo do automóvel na Figura 14.2) ou muito devagar, haverá pouca vantagem em ter produzido mais do que seus concorrentes.[9]
- *À medida que você observa as empresas de seu setor aprendendo, é tentador cortar os preços para recuperar o atraso.* No entanto, lembre-se de que as empresas aprendem com sua própria experiência e com a observação de outras empresas do setor (como aconteceu com você). Quanto mais fácil for aprender com os outros, mais modesto deverá ser o corte de preços planejado.[10]
- *Esteja ciente de um lado sombrio do aprendizado.* Como você se beneficia da execução do mesmo processo muitas vezes, o aprendizado pode prender sua organização e sufocar a inovação. O Modelo T da Ford é novamente um bom exemplo. No processo de aprender a produzir seus carros a um custo cada vez menor, a empresa criou muitos processos novos (Figura 14.3).[11] Com o tempo, produto e processo ficaram intimamente ligados. No sofisticado sistema de produção da Ford, qualquer mudança no Modelo T teria forçado uma série de mudanças no processo, uma empreitada cara. Foi por esse motivo que a Ford se resignou a trabalhar apenas em pequenos ajustes. A Ford só voltou a inovar em produtos importantes quando lançou o Modelo A.

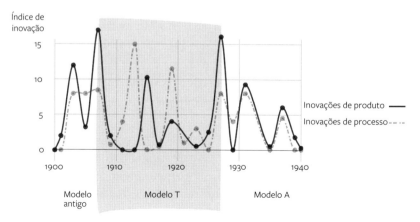

Figura 14.3 Como o aprendizado pode sufocar a inovação.

CAPÍTULO 15

Sem motivo para desprezar

O professor Michael Porter popularizou a distinção entre eficácia operacional e estratégia. As ações estratégicas, explica ele, conferem uma vantagem competitiva duradoura. A eficácia operacional é importante, mas não é suficiente para alcançar o sucesso corporativo.[1] Afinal, todo mundo se esforça para ser operacionalmente eficiente; não há vantagem duradoura na adoção de práticas modernas de gestão, porque todas as empresas usarão essas técnicas se elas se mostrarem eficazes. Movimentos estratégicos inteligentes criam *diferenças* entre as empresas. Investimentos em eficácia operacional reforçam as *semelhanças* (Figura 15.1).

Credita-se a Warren Buffett uma história sobre um desfile que ilustra muito bem a poderosa ideia do professor Porter:

> Um espectador, determinado a ter uma visão melhor, fica na ponta dos pés. Inicialmente isso funciona bem, até que todos os outros façam o mesmo. Então, o esforço extenuante de ficar na ponta dos pés se torna necessário para que se possa ver alguma coisa. Agora não só a vantagem é desperdiçada como também estamos todos piores do que quando começamos.[2]

A história de Buffet se baseia em duas suposições. A primeira é o fato de que ficar na ponta dos pés se espalhará rapidamente; qualquer vantagem inicial é insignificante. A segunda é que o efeito da ponta dos pés é semelhante para todos. Os espectadores estão todos alguns centímetros mais altos, mas as diferenças de altura permanecem praticamente as mesmas. Investir em eficácia operacional é realmente como ficar na ponta dos

Sem motivo para desprezar

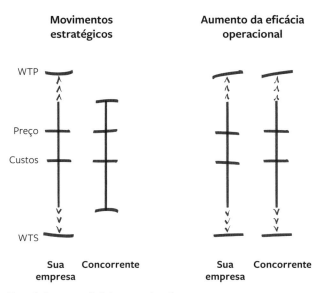

Figura 15.1   Estratégia *versus* eficácia operacional.

pés? Vamos descobrir. Primeiro, discutimos a velocidade com que as práticas de gestão se espalham.

A velocidade da difusão

A opinião de que não é possível obter vantagem duradoura em termos de produtividade adotando técnicas modernas de gestão, ao que parece, é simplista demais.[3] Há mais de uma década, os professores Nicholas Bloom e John Van Reenen reuniram um grupo de pesquisa para estudar sistematicamente a difusão das práticas de gestão. Depois de mais de 12 mil entrevistas em empresas de mais de trinta países, o veredicto foi dado.[4] Minha colega, a professora Raffaella Sadun, importante membro do grupo, explica a principal conclusão:

> Se analisarmos nossos dados, é óbvio que as principais práticas de gestão não podem ser dadas como garantidas. Há enormes diferenças na maneira como os gerentes executam até mesmo tarefas básicas, como definir metas e acompanhar a *performance*. E essas diferenças são importantes: as empresas mais bem gerenciadas estão em vantagem em longo prazo; são mais produtivas, mais rentáveis e crescem em um ritmo mais rápido.[5]

A Figura 15.2 mostra algumas das diferenças na qualidade da gestão.[6] A coluna da esquerda mostra se as empresas acompanham regularmente sua *performance*, em uma escala de 1 (a empresa não tem indicadores-chave de *performance* – KPIs) a 5 (os KPIs são medidos com frequência e bem comunicados em toda a organização).[7] Cerca de 18% das empresas dos Estados Unidos têm classificação 5. No Brasil, apenas 5% das empresas estão no topo do *ranking*. Ainda mais interessante do que essas diferenças internacionais é a grande dispersão dentro de cada país.[8] Na Alemanha, apenas 2% das empresas não têm KPIs, mas 44% têm classificação 3 ou inferior, o que significa que ainda estão muito aquém das melhores práticas de monitoramento de *performance*. No entanto, 18% das empresas alemãs são as melhores da categoria.

Esse padrão – excelência e mediocridade convivendo lado a lado – se repete em dezenas de práticas de gestão. A coluna do meio da Figura 15.2 ilustra a dispersão na definição de metas, e o painel da direita mostra até que ponto as empresas usam avaliações e incentivos para motivar seus fun-

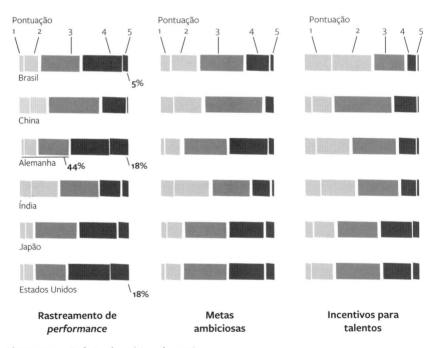

Figura 15.2 Difusão de práticas de gestão.

cionários.* Os resultados são sempre os mesmos. Em contextos competitivos semelhantes, algumas empresas são estelares, enquanto outras são decididamente medianas. Existem diferenças substanciais na adoção de práticas modernas de gestão, mesmo entre fábricas que pertencem à mesma empresa. Nada na difusão de uma boa gestão é automático ou rápido.

Uma questão importante é se essas práticas são aplicáveis em todos os lugares. Será que a eficácia dos incentivos financeiros depende do tipo de trabalho? Será que os incentivos financeiros são mais amplamente aceitos, por exemplo, em culturas anglo-saxônicas? Há pouca dúvida de que as consequências para a *performance* da adoção de práticas modernas de gestão variam de empresa para empresa.[9] Mesmo assim, os efeitos de uma melhor gestão são tão grandes que não são facilmente superados por circunstâncias externas ou culturas da empresa. Considere o seguinte: passar uma empresa dos 10% de empresas com pior gestão para os 10% com melhor gestão aumenta a produtividade em 75%.[10] Esses benefícios de uma melhor gestão são notavelmente semelhantes entre países e culturas. O tamanho da vantagem da produtividade sugere que a grande maioria das empresas se beneficiaria de uma melhor gestão.

Você deve estar se perguntando por que tantas empresas não conseguem adotar as principais práticas de gestão se elas têm benefícios tão significativos.

- *Conhecer sua empresa* – muitos gerentes acham difícil avaliar a qualidade da gestão em suas empresas. O professor Sadun explica: "No final de nossas conversas com cada uma das empresas, sempre pedimos aos gerentes que nos dissessem, em uma escala de 1 a 10, o quanto sua empresa é bem administrada. A classificação média é 7 na escala de 10 pontos, bastante alta, mas as respostas não se correlacionam com a adoção real de práticas de trabalho modernas. Muitos executivos parecem não conhecer a qualidade de sua gestão".[11]
- *Envolvimento gerencial* – alguns executivos preferem um estilo de gestão prático; eles visitam com frequência as fábricas e trabalham in-

---

* A escala "Metas ambiciosas" mede o grau em que a empresa estabelece metas ambiciosas que são adequadamente difíceis de serem atingidas. A escala "Incentivos para talentos" indica se a empresa avalia regularmente a *performance* de seus talentos e apoia altas conquistas com a ajuda de incentivos financeiros e não financeiros. O conjunto completo de perguntas e métricas está disponível em https://worldmanagementsurvey.org/survey-data/methodology/.

dividualmente com colaboradores e fornecedores em tarefas operacionais. Outros se concentram na colaboração na *C-suite* (cargos alta gestão: CEO, CFO, COO etc.). Não há vantagem geral de *performance* na adoção de nenhum dos dois estilos, mas os gerentes mão na massa correm o risco de ver as técnicas de gestão orientadas por processos como um substituto para seu próprio envolvimento pessoal. Como resultado, esses executivos geralmente deixam de adotar algumas das ferramentas mais eficazes, como o controle automatizado da *performance* e os incentivos financeiros.[12]

- *Entender a promessa* – não enxergar as prováveis consequências de uma melhor gestão para a *performance* é um obstáculo final para que as empresas façam os investimentos necessários. Na maioria das empresas, segundo os dados, a execução aprimorada é mais valiosa do que muitos gerentes acreditam. Como resultado, é provável que o abismo entre as empresas mal gerenciadas e as mais bem gerenciadas aumente com o tempo. Os executivos que não acreditam em incentivos, por exemplo, provavelmente não os introduzirão, privando suas empresas de um instrumento essencial para estimular a adoção de técnicas de gestão comprovadas.

Trampolim para a estratégia

Ficar na ponta dos pés em um desfile é contraprodutivo, não apenas porque todos logo imitarão o movimento, mas também porque os resultados não variam muito de um espectador ao próximo. As empresas que investem em eficácia operacional compartilham esse destino? Elas acabarão se parecendo como todas as outras?

A Intel é um exemplo interessante. Líder na produção de *chips* de memória nos primórdios do Vale do Silício, a empresa havia ficado atrás de seus concorrentes japoneses em meados da década de 1980.[13] Os executivos japoneses foram pioneiros em práticas como gestão da qualidade total e melhoria contínua na década de 1970, superando a Intel com maior qualidade e menor custo. Por qualquer métrica de fabricação que se possa considerar – utilização de equipamentos, rendimento, confiabilidade, custo geral e produtividade –, a *performance* da Intel era desanimadora em comparação com a de suas rivais japonesas.

Craig Barrett, o czar de fabricação da Intel na época e futuro CEO, lembra: "Éramos imprevisíveis. Não éramos competitivos em termos de custo. Não éramos competitivos em termos de fabricação e percebemos que precisávamos fazer as coisas de forma diferente".[14]

A Intel pretendia reduzir os custos em 50% em 1985 e em mais 50% no ano seguinte. Para atingir essas metas ambiciosas, a empresa fechou suas instalações de produção menos eficientes e dispensou quase 5 mil funcionários. Os gerentes das instalações restantes foram solicitados a atualizar drasticamente suas práticas de fabricação, muitas vezes copiando o modelo japonês. Assim como seus concorrentes asiáticos, a Intel removeu todas as fontes de contaminação de suas instalações e de sua cadeia de suprimentos, transferiu a responsabilidade pela manutenção dos equipamentos de produção para os fornecedores dos equipamentos e automatizou suas unidades de fabricação (*"fabs"*). A Intel levou quase uma década e bilhões de dólares em investimentos para refazer suas operações. No entanto, no início da década de 1990, a produtividade da empresa quadruplicou em relação aos níveis da década de 1980, a utilização aumentou de 20 para 60% e os rendimentos melhoraram de 50 para mais de 80%. A Intel emergiu como uma produtora altamente eficiente e de baixo custo.[15]

Boa parte das iniciativas da Intel se assemelha a ficar na ponta dos pés. O fechamento de fábricas ineficientes e a cópia de técnicas avançadas de fabricação aumentam a *performance* financeira de uma empresa, claro. Mas, como enfatizam o professor Porter e Buffett, essas iniciativas não criam o tipo de diferenciação que é a base da vantagem competitiva em longo prazo.[16] Para a Intel, entretanto, copiar as práticas japonesas foi apenas o primeiro ato. A empresa se propôs a imitar as práticas modernas de gestão da época e, ao fazê-lo, descobriu maneiras novas de reduzir custos, aumentar a velocidade e elevar a qualidade.

Um dos problemas da Intel era que seus desenvolvedores criavam processos diretamente nas linhas de fabricação, trabalhando lado a lado com a equipe de produção. Essa abordagem resultou em transferências rápidas do desenvolvimento para a fabricação, uma vantagem fundamental para uma empresa como a Intel, que competia para ser a primeira a introduzir *chips* de memória de maior capacidade.[17] Mas os processos de codesenvolvimento também tinham sérias deficiências. A abordagem levou a uma baixa utilização – as equipes de desenvolvimento e produção frequentemente competiam pelo acesso aos equipamentos – e a uma produção imatura e imprevisível.

À medida que a Intel buscava a paridade com seus concorrentes japoneses, ela começou a separar desenvolvimento e produção. O microprocessador 386 de 1 mícron, por exemplo, foi desenvolvido em Portland, mas era produzido em Albuquerque.[18] Com o passar do tempo, a empresa tornou-se referência mundial na transferência de tecnologia do desenvolvimento para a produção e de uma fábrica para outra.[19] Ela foi capaz de aumentar os volumes de produção sem sacrificar a qualidade. Como a empresa poderia explorar essa capacidade?

A Intel tomou duas decisões estratégicas que mudaram o jogo. Cedeu o mercado de *chips* de memória, no qual mantinha uma participação pequena e não lucrativa, para seus concorrentes japoneses. Importante nos primórdios da empresa, em meados da década de 1980, a velocidade contava pouco para os produtos de memória. Em vez disso, a Intel se concentrou nos microprocessadores, um mercado em que seus recursos superiores de *design*, aliados à capacidade de fabricação, eram muito promissores.[20] Para grande descrença de seus clientes, a empresa também decidiu ser fornecedora única de seus microprocessadores, começando com o 386 em 1985.[21] Isso era inédito no setor de semicondutores. As empresas sempre licenciaram seus projetos para empresas rivais, de modo a reassegurar aos clientes que poderiam atender à demanda. A decisão da Intel de ser a única fonte de seus produtos dependia fundamentalmente de suas práticas aprimoradas de fabricação. Barrett lembra: "A Intel chegou a um ponto em que podia gerar confiança suficiente nos clientes para realizar [essa prática]. […] Nosso impulso de qualidade do início dos anos 1980 começou a dar frutos em termos de maior consistência na linha de fabricação e melhor qualidade geral do produto".

Ao buscar a eficácia operacional, a Intel acabou ganhando oportunidades estratégicas valiosas, sendo a estratégia de ser fornecedora única uma delas. A empresa é típica nesse aspecto. Os programas para aumentar a eficácia operacional geralmente fornecem os pilares para a renovação estratégica.[22] É como se os espectadores do desfile tivessem se levantado e vislumbrado algo novo. Eles adquiriram uma perspectiva diferente e começaram a mudar sua posição em reação a isso. Depois de totalmente amadurecida, a estratégia de transferência de tecnologia da Intel, que acabou sendo apelidada de *Copy EXACTLY!* (Copie EXATAMENTE!), não era mais fácil de replicar, pois exigia ajustes organizacionais e culturais significativos. Com a *Copy EXACTLY!* (Copie EXATAMENTE!), os engenheiros de produção da empresa perderam grande parte de sua autonomia. Eugene Meieran, da Intel, lembra: "Foi uma questão cultural enorme. Os engenheiros diziam: 'Eu sou engenheiro. Quero fazer mudanças no processo. Por que eu deveria passar por esse atoleiro burocrático [de ter as menores mudanças aprovadas pelos gerentes seniores]?'".[23] Não é de surpreender que alguns engenheiros tenham ficado tão insatisfeitos que pediram demissão.[24]

Conforme as organizações investem em eficácia operacional, é possível, é claro, que acabem realizando exatamente o mesmo conjunto de atividades que seus concorrentes. Mas é improvável. Mesmo que duas empresas adotem a mesma abordagem de gestão – por exemplo, melhoria contínua ou incentivos muito potentes –, suas implementações variarão e elas descobrirão caminhos diferentes para aumentar a disposição a pagar (WTP) ou diminuir a disposição a vender (WTS). Como resultado, a eficácia operacional pode servir como poderoso trampolim para a renovação estratégica.

Pensando no papel da eficácia operacional para explicar as diferenças de produtividade entre as empresas, obtive alguns *insights*.

- *As boas práticas de gestão e a eficácia operacional ajudam a criar uma diferenciação significativa entre as empresas.* Elas são difíceis de obter, têm difusão lenta e podem servir como base para uma vantagem competitiva em longo prazo.
- *Como mostra a experiência da Intel, a eficácia operacional e a estratégia estão interligadas.* Minha recomendação é não dar muita atenção a essa distinção. Não descarte uma iniciativa simplesmente porque ela parece ser um investimento em eficácia operacional. É bem possível que ela se torne o catalisador de uma renovação estratégica.
- *Em vez de perguntar se os projetos se enquadram na "estratégia" ou na "eficácia operacional", considere seu potencial para aumentar a WTP ou diminuir a WTS.* Se uma iniciativa for implementada com sucesso, o quanto será fácil seus concorrentes a imitarem? Se um projeto for bem-sucedido e difícil de ser replicado, ele melhorará a posição competitiva de sua empresa e aumentará a lucratividade, independentemente de o projeto ser ou não uma jogada estratégica inteligente ou uma tentativa de melhorar a eficácia operacional.

- *Não há dúvida de que melhorar a qualidade da gestão pode criar valor substancial.* Entretanto, lembre que uma melhor execução *não substitui* uma estratégia sólida. Máximas como "a execução sempre supera a estratégia" e "a cultura come estratégia no café da manhã" não fazem sentido. A implementação impecável de uma iniciativa que não altere a WTP ou a WTS não conseguirá criar valor.

PARTE CINCO

Implementação

CAPÍTULO 16

Perguntando como

Depois de decidir como criar valor – aumentar a disposição a pagar (WTP) ou diminuir a disposição a vender (WTS) –, é hora de dar vida à sua estratégia. O que poderia ser mais empolgante? Nesta etapa, haverá muitas perguntas. Como as atividades terão de mudar? Como ajustar os padrões de investimento? Que projetos você priorizará? Nesta parte final do livro, veremos como as empresas passam da formulação para a implementação da estratégia.

Antes de assumir qualquer compromisso com iniciativas e projetos, é fundamental que você entenda, com alguns detalhes, *como* eles movimentariam a WTP ou a WTS. As empresas geralmente se baseiam em ideias estratégicas amplas, muitas das quais vêm na forma de receitas simples – ser a número um ou a número dois em seu mercado, criar uma marca poderosa, investir em negócios adjacentes, construir escala global. Quando estudo essas receitas, invariavelmente descubro que elas funcionam para algumas empresas, mas não para outras. Para ser mais específico, considere a ideia de que uma marca proeminente conferirá uma vantagem competitiva duradoura. Todos os anos, a Kantar, uma empresa de consultoria em estratégia de marca, publica uma lista das cem marcas globais mais valiosas. Como você pode imaginar, empresas como Apple e Google geralmente estão no topo da lista. Mas a classificação também inclui empresas menos conhecidas, como o Bank Central Asia (BAC), da Indonésia. Das marcas líderes, 57 são norte-americanas e 14 são chinesas.

A classificação é particularmente digna de nota pela amplitude dos dados que reflete. Entre muitas outras variáveis, a Kantar considera a participação de mercado e o preço *premium* de uma marca, sua projeção (a rapidez com que ela vem à mente), sua distinção e seu significado (se ela atende às necessidades do cliente de maneira relevante).[1] Para elaborar a classificação, a empresa entrevista um número surpreendente de 3,6 milhões de consumidores em mais de cinquenta mercados. Claramente, as marcas que obtêm alta pontuação nessa métrica são de grande valor. De acordo com a contabilidade da Kantar, as cem principais marcas globais valem 4,4 trilhões de dólares, mais do que o PIB da Alemanha.

Imagine minha surpresa quando procurei saber o quanto as marcas mais valiosas do mundo contribuem para o sucesso financeiro geral de suas organizações. A resposta: em média, nem um pouco. A Figura 16.1 compara as mudanças na força da marca, conforme medida pela Kantar, com as mudanças na *performance* financeira durante o período de 2013-2018.[2] Como você pode ver, às vezes o mundo funciona como esperamos. A Home Depot, por exemplo, aumentou o valor de sua marca em quase 29 bilhões de dólares, e seu retorno sobre o capital investido (Roic) subiu 18 pontos percentuais, chegando a 34,7%. A história da IBM é exatamente o oposto: sua marca foi prejudicada, assim como seus resultados financeiros. Também não é difícil entender a Hewlett-Packard (HP). A empresa aumentou drasticamente sua lucratividade, mas fez isso por outros meios que não a construção da marca. Os dados de empresas como Visa e Google, entretanto, são intrigantes. Ambas testemunharam aumento significativo no valor de sua marca — no caso do Google, de notáveis 188 bilhões de dólares. No entanto, esse aumento no valor aparentemen-

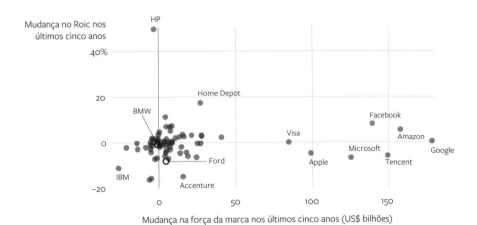

Figura 16.1 Valor da marca e sucesso financeiro.

te não teve influência sobre a lucratividade dessas empresas. A Accenture é uma surpresa ainda maior. A empresa aumentou o valor de sua marca, mas a lucratividade diminuiu! Para nossa amostra de 75 empresas (os dados financeiros não estão disponíveis para todas as cem principais marcas), a correlação entre as mudanças no valor da marca e as mudanças no Roic é de 0,0353. Vamos chamar isso de zero.

A esta altura, sua mente deve estar acelerada. Como é possível explicar os padrões nos dados? Há algo especial nas empresas de tecnologia? Há retornos decrescentes para marcas mais fortes? A Accenture teria se saído ainda pior se não tivesse aumentado a força de sua marca? Com base apenas na Figura 16.1, é difícil dizer. O que é óbvio, entretanto, é que a relação entre a força da marca e a lucratividade financeira – um ponto de partida aparentemente plausível para a implementação de uma estratégia focada na marca – é menos direta do que se poderia esperar.

Ou considere a noção de que uma maior escala levará a uma maior produtividade e melhores margens, uma ideia que exploramos no Capítulo 13. A Figura 16.2 mostra essa associação para os escritórios de advocacia norte-americanos.

Não há nenhuma ligação óbvia entre o tamanho dos escritórios de advocacia (medido aqui pelo número de advogados) e suas margens de lucro.* Claro, o Kirkland & Ellis é grande e financeiramente muito bem-sucedido. Mas o K&L Gates tem tamanho semelhante e, ainda assim, está no quintil inferior da lucratividade.

Antes de se comprometer com um curso estratégico e iniciar a implementação, esses exemplos mostram que é útil perguntar: quais são as *circunstâncias* em que [insira sua receita favorita para o sucesso estratégico] aumentará a WTP ou reduzirá a WTS? Essa pergunta é poderosa, pois faz você ser específico sobre os mecanismos pelos quais uma iniciativa proposta mudará a WTP ou a WTS. Muitas vezes, é só quando observamos os mecanismos subjacentes que começamos a entender por que um conselho estratégico geralmente sólido pode não se aplicar às circunstâncias de uma empresa específica. Examinar como uma iniciativa aumenta a WTP ou diminui a WTS também permite que você reconheça os recur-

---

* O gráfico da Figura 16.2 exclui algumas das maiores empresas porque elas são organizadas como associações. Essas empresas apresentam margens baixas em média, mas suas finanças não são diretamente comparáveis às das parcerias mostradas no gráfico.

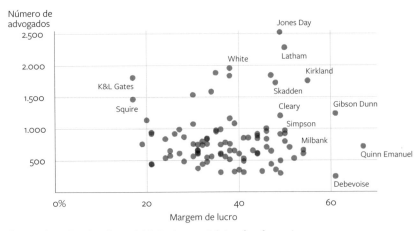

Figura 16.2 Escala e lucratividade dos escritórios de advocacia.

sos e as capacidades de que sua empresa precisa para dar vida à estratégia. A Figura 16.3 ilustra essa ligação entre mecanismos e recursos.

Perguntar como uma iniciativa estratégica cria valor costuma produzir *insights* surpreendentes. O que parecia ser uma estratégia, uma receita para o sucesso, geralmente é um conjunto de estratégias diferentes que exigem capacidades e recursos distintos.[3] Uma marca mais forte, por exemplo, pode aumentar a WTP conferindo *status*, reduzindo a incerteza e estabelecendo gostos e normas. Dependendo do mecanismo que empregam, as marcas encantam os clientes de maneiras radicalmente diferentes. Vou ilustrar cada um desses mecanismos para destacar como eles são diferentes.

Conferindo identidade

A ideia de que a marca de um produto ajuda os clientes a comunicar quem eles são é intuitiva. As técnicas que as marcas usam para fazer isso são su-

Figura 16.3 Diferentes mecanismos para aumentar a WTP.

tis e fascinantes. A Mercedes-Benz, por exemplo, afixa sua famosa estrela no capô ou na grade da maioria de seus modelos. O tamanho da estrela varia, indo de menos de 8 a quase 20 centímetros. As estrelas maiores são reservadas para os modelos mais baratos. Em média, os clientes pagam um adicional de 5 mil dólares para cada *redução* de 1 centímetro no tamanho da estrela.[4] Os gerentes de marca da Mercedes entendem que seus clientes menos abastados têm uma WTP maior para diferenciação social por meio de marcadores de marca proeminentes. Por sua vez, a clientela mais rica da marca prefere sinais mais sutis, daí a estrela menor.

É possível observar padrões semelhantes em outros mercados de luxo. Quando a professora Young Jee Han e seus coautores estudaram o mercado de bolsas, por exemplo, descobriram que as marcas aumentam a WTP de três grupos distintos de clientes.[5] Para os mais abastados – pense em dinheiro antigo (*old money*) –, as marcas sinalizam a participação nesse grupo. Para os novos-ricos, as marcas servem como meio para os compradores se desassociarem de outros que não são tão ricos quanto eles. Por fim, as bolsas de luxo sinalizam aspirações de pertencimento para consumidores menos abastados que almejam *status* social. Veja como a Gucci aumenta a WTP para cada um desses grupos (Figura 16.4).[6]

A bolsa Sylvie com alça superior (31 mil dólares) apresenta um *design* discreto que exige que os clientes reconheçam o padrão de listras verdes e vermelhas da Gucci e notem o brilho distinto do verdadeiro couro de crocodilo. É uma bolsa para clientes que já estão acostumados com o dinheiro antigo e que valorizam a modéstia como um sinal de pertencimento ao grupo. A Gucci esconde sua marca para que apenas aqueles que estão por dentro do assunto se reconheçam. O *design* mais arrojado – a bolsa Marmont com uma exibição proeminente do logotipo da Gucci (2.790 dólares) – é popular entre os novos-ricos, que valorizam demarcações sociais claras. A professora Han mostra que esse grupo não compraria a Sylvie, porque não a reconhece como uma bolsa da Gucci.[7] Como resultado das táticas de *branding* da Gucci, os clientes de dinheiro antigo da empresa estão a salvo dos novos-ricos impostores. A maior demanda por produtos falsificados vem de grupos de baixa renda com uma necessidade substancial de *status* social. Como esse grupo prefere sinais inconfundíveis, uma Sylvie falsa é mais barata (319 dólares) do que uma Marmont falsa (359 dólares).[8]

Figura 16.4 Bolsas Gucci – a Sylvie (à esquerda) e a Marmont (à direita).

Reduzindo a incerteza

Como aumentar a WTP a ponto de poder cobrar um preço *premium* de 200% por um produto com muitos substitutos? Pergunte à Bayer. A empresa farmacêutica criou a aspirina em 1897, e o sucesso do medicamento continua mais de um século depois. O que é notável é que a aspirina não é protegida por nenhuma patente, e há muitos produtos concorrentes com exatamente o mesmo ingrediente ativo (ácido acetilsalicílico), a mesma dosagem e ampla disponibilidade, a um preço muito mais baixo. Sua drogaria pode até colocar um pequeno aviso "compare com" nas prateleiras que contêm a versão genérica para lembrá-lo de que você está prestes a comprar um produto substancialmente mais caro se escolher a aspirina da Bayer. Como a Bayer defende sua posição?

Marcas como a Bayer são valiosas porque reduzem um traço de incerteza sobre a *performance* dos produtos. A versão genérica é realmente tão boa como o medicamento "verdadeiro"? Será que a Bayer talvez seja um fabricante mais confiável em comparação com outros que produzem o mesmo medicamento? Com o fim da incerteza, essas marcas perdem valor. Consumidores mais bem informados – por exemplo, aqueles que sabem o nome do ingrediente ativo da aspirina – têm muito mais probabilidade de deixar a versão de marca na prateleira. Um estudo sobre produtos de marca com substitutos próximos estima que a participação de mercado da aspirina cairia em mais de 50% se todos fossem tão bem informados como os farmacêuticos.[9]

A aspirina não é exceção. *Chefs* amadores compram duas vezes mais sal e açúcar de marca em comparação com os profissionais. Em todas as categorias de produtos, os consumidores norte-americanos gastam 166 bilhões de dólares por ano em produtos para os quais há uma alternativa de marca própria de qualidade semelhante prontamente disponível.[10] Em todos esses casos, as marcas criam valor ao inspirar confiança, assegurando aos consumidores que eles estão comprando produtos com a qualidade esperada. Não é de surpreender, portanto, que esse prêmio de marca seja maior em países com produtos de qualidade mais variável. Na China, por exemplo, os medicamentos genéricos são, em geral, vendidos a preços internacionais.[11] Os medicamentos de marca, entretanto, podem ser seis vezes mais caros. Os escândalos de segurança de medicamentos e a consequente ansiedade do consumidor são parcialmente responsáveis por esse surpreendente prêmio de marca.[12]

Definição de padrões de performance

Em alguns casos, as marcas aumentam a WTP ensinando-nos como devem ser a aparência, a sensação e até o gosto de experiências e produtos. Com uma participação de mercado de 25%, a Folgers é a marca de café número um dos Estados Unidos.[13] (Caso você esteja se perguntando, a Starbucks tem 12% de participação no mercado.) Mas a Folgers tem pouco sucesso na cidade de Nova York, onde a Maxwell House domina. A vantagem da Maxwell House não é segredo: foi a marca que ensinou aos nova-iorquinos o gosto do café. A empresa entrou na cidade muito antes da Folgers, e os nova-iorquinos adquiriram o gosto pela Maxwell. Agora, eles a preferem a qualquer outra marca.

Quando o professor Bart Bronnenberg e seus colegas analisaram as participações de mercado, descobriram que essa história se repete nos Estados Unidos como um todo.[14] A marca de café que entra primeiro acaba ganhando a maior parte do mercado. A Folgers, fundada em São Francisco em 1872, é a marca líder no oeste dos Estados Unidos. A Maxwell House, lançada em Nashville em 1892, lidera no leste e sudeste dos Estados Unidos. Quando os consumidores provam diferentes marcas de café lado a lado, suas papilas gustativas dizem que eles gostam mais da marca com a qual estão acostumados, a marca que entrou primeiro no mercado.

A fidelidade baseada no sabor é significativa para muitos bens de consumo embalados (*consumer packaged goods* – CPGs). Se você cresceu na Índia, imagino que a Amul seja sua manteiga favorita; no México, a Pan Bimbo é sua opção de pão.[15] As primeiras impressões são decisivas. A Bud Light é a cerveja mais popular dos Estados Unidos, mas fica em segundo plano em Chicago, onde a Miller entrou muito antes de sua rival. Los Angeles prefere a maionese Hellmann's, enquanto Denver prefere a Kraft, um padrão que reflete a ordem de entrada no mercado. Ao crescer, os consumidores desenvolvem um gosto pelo "seu" produto: "Isto sim é gosto de maionese". A fidelidade baseada no gosto é uma das razões pelas quais os produtos alimentícios da Godrej têm uma *performance* excepcional na Índia e a marca de pasta de dente Colgate é muito lucrativa nos Estados Unidos.

A fidelidade baseada no sabor é apenas um exemplo de como as marcas estabelecem padrões difíceis de serem superados. A Amazon ensinou aos norte-americanos como funciona a compra com um clique. O WeChat mostrou aos consumidores chineses como usar um aplicativo de mensagens para pagar por praticamente tudo. O Airbnb definiu nossas expectativas em relação às formas de encontrar acomodações particulares. Às vezes, o nome de uma marca se torna sinônimo de atividade; pesquisamos informações dando um Google, limpamos o rosto com lenços de papel Kleenex e assistimos a vídeos engraçados entrando no TikTok. Em todos esses casos, as marcas que vêm depois enfrentam uma escolha difícil: elas correm o risco de decepcionar os consumidores quando oferecem experiências que ficam aquém do padrão. E são vistas como indistintas quando o imitam.

A Figura 16.5 resume as três principais maneiras pelas quais as marcas fortes aumentam a WTP.

É útil perguntar como uma estratégia proposta aumentará a WTP, pois a resposta geralmente indica as circunstâncias em que é improvável que a

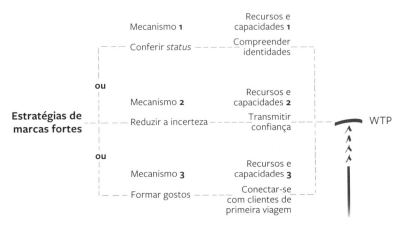

Figura 16.5 Três mecanismos para as marcas aumentarem a WTP.

estratégia melhore a *performance* financeira. A força da marca aumenta a WTP para a BMW. Dirigir o modelo i8 totalmente elétrico, sem dúvida, confere *status*. Mas você investiria na força da marca do Ford Focus ou do Chevrolet Impala?

Vamos considerar os três mecanismos mostrados na Figura 16.5. No mercado de carros, o *status* parece estar reservado para veículos de luxo e caminhonetes. Parece improvável que nosso primeiro mecanismo – conferir *status* – seja eficaz para um sedã médio, como o Ford Focus ou o Chevrolet Impala. Quanto à redução da incerteza, a qualidade dos carros costumava ser uma grande preocupação. Os carros quebravam com frequência, e era difícil para os compradores obterem informações sobre a *performance* provável de determinado modelo. Nesse ambiente, uma marca forte era algo muito valioso. Como as coisas mudaram! Os carros atuais são muito mais confiáveis, e agora temos a nosso alcance bibliotecas de informações estatísticas sobre a *performance* em longo prazo de modelos específicos. Como consequência, é improvável que o uso de marcas para reduzir a incerteza crie muito valor no mercado de carros. O terceiro mecanismo, a formação de gostos, sugere que as primeiras experiências com um produto podem criar uma fidelidade em longo prazo à marca. No segmento de sedãs médios, por exemplo, muitos clientes fazem compras repetidas da mesma marca, mas apenas uma pequena minoria sente verdadeira lealdade.[16] Há poucas evidências de que as primeiras experiências de direção aumentem permanentemente a WTP de uma marca.

Considerando os três mecanismos, é provável que investir na marca Ford ou Chevrolet seja um desperdício. Na verdade, mesmo em nível corporativo, não encontrei nenhuma evidência de que a força da marca Ford ou GM esteja relacionada à *performance* financeira dessas empresas.

- - - - - - - - - - - - - - - - -

Embora a discussão aqui tenha se concentrado na estratégia da marca, os pontos principais são válidos de forma mais geral.

- *As receitas para o sucesso estratégico geralmente ocultam diferentes mecanismos que conectam a WTP ou a WTS à performance financeira.* Escala, por exemplo, pode significar economias de escala (menor custo e WTS), aprendizado (menor custo e WTS), efeitos de rede (maior WTP) e incentivos para investir em produtos complementares (maior WTP), para citar apenas alguns.

- *Dependendo de qual desses mecanismos você emprega, diferentes recursos e capacidades tornam-se essenciais.* Lembra-se do fracasso do Friendster no Capítulo 9? Para o Friendster, a escala representava efeitos de rede; ir atrás de usuários na América do Norte e na Indonésia foi um erro. Se a escala tivesse representado economias de escala (por exemplo, o custo fixo de investir em uma plataforma de tecnologia global), a busca de vários mercados não teria sido uma estratégia irracional.

- *Ao ser específico em relação aos mecanismos que conectam a consultoria estratégica e a WTP ou a WTS – perguntando como –, você obtém uma compreensão mais profunda das prováveis implicações financeiras das ideias estratégicas.* Se você se deparar com estratégias que não forneçam nenhuma indicação de como mudarão a WTP ou a WTS, é provável que as execute de forma brilhante sem obter um impacto financeiro duradouro.

CAPÍTULO 17

Ser ruim a serviço do bem

Poucas carreiras empresariais ilustram tão claramente o papel dos acidentes afortunados (e das fortunas acidentais) quanto a de Stewart Butterfield, cofundador do Flickr e do Slack. A primeira *startup* de Butterfield criou um jogo *on-line* para vários jogadores cujo objetivo principal era "botar para quebrar". Em grande parte, não conseguiu, mas as ferramentas criadas para o desenvolvimento do jogo forneceram os blocos de construção para o Flickr, um *site* de compartilhamento de fotos que Butterfield acabou vendendo para o Yahoo! Mais tarde, ele voltou aos jogos para produzir o Glitch, outro fracasso – e mais um exemplo em que o *software* escrito para um projeto que fracassou provou ser útil em geral: assim nasceu o Slack. A plataforma de comunicação no local de trabalho tornou-se pública em 2019. Um ano depois, foi avaliada em 15 bilhões de dólares.

Em muitos sentidos, o Slack exemplifica a mentalidade que exploramos ao longo deste livro. A empresa é obcecada pela disposição a pagar (WTP) dos clientes e pela disposição a vender (WTS) dos talentos. O Slack se esforça muito para escapar de uma mentalidade estreita de produto. Em um memorando agora clássico intitulado "We Don't Sell Saddles Here" [Não vendemos selas aqui], Butterfield explica como o foco na WTP abre oportunidades de negócios:

> Considere a hipotética Acme Saddle Company. Eles poderiam apenas vender selas e, se fizessem isso, provavelmente estariam vendendo com base em coisas como a qualidade do couro que usam ou os adornos sofisticados que suas selas incluem… Ou poderiam vender passeios a cavalo. Ser bem-suce-

dido na venda de passeios a cavalo significa aumentar o mercado para seu produto e, ao mesmo tempo, proporcionar o contexto perfeito para falar sobre suas selas.[1]

Como a empresa adota uma noção ampla de criação de valor, o Slack parece novo e exclusivo para muitos de seus clientes, o que é interessante, justamente porque não é. Existiam produtos semelhantes antes do Slack, mas o Yammer, o HipChat e o Campfire não conseguiram se popularizar porque os clientes achavam difícil ver como as mensagens em grupo criariam valor. Butterfield descreve o processo de desenvolvimento de uma compreensão profunda da WTP do cliente:

> Assim como nosso trabalho é criar algo genuinamente útil, algo que realmente torne a vida profissional das pessoas mais simples, mais agradável e mais produtiva, nosso trabalho também é entender o que as pessoas acham que querem e, em seguida, traduzir o valor do Slack nos termos delas. [...] Colocar-se na mente de alguém que está chegando ao Slack pela primeira vez – especialmente alguém de verdade, que está sendo obrigado pelo chefe a experimentar essa coisa, que já está com um pouco de fome porque não teve tempo de tomar café da manhã e que está ansioso para terminar um projeto antes de sair para o fim de semana prolongado – significa olhar para o Slack da mesma forma que você olha para um *software* aleatório no qual não tem nenhum investimento nem interesse especial.[2]

Para uma empresa tão obcecada com a WTP quanto o Slack, Butterfield e sua equipe tomaram uma decisão contraintuitiva ao desenvolver a plataforma de comunicação. Em vez de criar um produto que funcionasse bem em todos os aspectos, eles gastaram toda a sua energia em apenas três recursos – pesquisa, sincronização entre dispositivos e compartilhamento de arquivos – em detrimento de muitas outras funções desejáveis. Por que uma empresa que se preocupa genuinamente com a WTP do cliente adotaria um atalho? Por que não fazer a coisa direito? Por que não fazer tudo? A noção de que o foco na WTP (ou WTS) implica fazer tudo, melhorar em todas as medidas concebíveis, talvez seja o maior risco de adotar uma estratégia totalmente centrada na criação de valor. Invariavelmente, as empresas que tentam fazer tudo não conseguem criar um valor significativo, porque cada proposta de valor reflete um conjunto de compensações, uma mistura de coisas a fazer e a não fazer, uma mistura de promessas e decepções.

A decisão do Slack de se concentrar em apenas três recursos é um exemplo desse tipo de troca. O Slack é o que minha colega, a professora Youngme Moon, em seu elegante livro sobre diferenciação, chama de marca com *posicionamento reverso*.[3] Essas marcas optam por ser simples em muitos aspectos, mas nos surpreendem com extravagância em outros. A Ikea, a JetBlue, o antigo Toyota Corolla e o Slack assumiram posições reversas.

As restrições de recursos são a principal razão pela qual as empresas assumem posições reversas. Para ser excelente em uma dimensão específica – pesquisa, por exemplo –, o Slack teve de negligenciar muitas outras. Esse princípio é válido não apenas para *startups*, nas quais as restrições de recursos são particularmente graves. A excelência invariavelmente requer recursos escassos: tempo, capital, atenção gerencial. Investir esses recursos em um único lugar (para se destacar) significa que eles não estarão disponíveis em outro. As empresas que distribuem seus recursos em muitos atributos de produtos e inúmeros recursos de serviços acabam sendo medíocres, pois não têm os meios para serem realmente excelentes. Como escreveram minhas colegas professoras Frances Frei e Anne Morriss em sua análise de empresas que oferecem serviços de qualidade incomum: "Você precisa ser ruim a serviço do bem".[4]

A lógica das compensações é impecável e não é difícil de entender. "Tivemos muitas conversas sobre como escolher as três coisas em que tentaríamos ser extremamente, surpreendentemente bons", diz Butterfield.

E, por fim, desenvolvemos o Slack com base na valorização dessas três coisas. Pode parecer simples, mas restringir o campo pode fazer com que grandes desafios e grandes ganhos para sua empresa pareçam gerenciáveis. De repente, você está à frente do jogo porque é o melhor nas coisas que realmente afetam seus usuários.

Tornar visíveis as compensações

Em muitos cursos de educação executiva da Harvard Business School, realizamos o que chamamos exercício de *mapa de valores*. De todas as tarefas práticas nas quais envolvemos os participantes de nossos cursos, essa é uma das mais impactantes. Devemos ter realizado esse exercício com centenas de empresas. Todas as vezes, ele deixa uma impressão profunda.

Você começa a criar um mapa de valores selecionando um grupo de clientes – ou um grupo de colaboradores, caso crie um mapa para talentos. Em seguida, você compila uma lista de critérios que são importantes para esses clientes quando eles fazem uma compra. Esses critérios são chamados *direcionadores de valor* (Figura 17.1). Pense neles como os atributos do produto e do serviço que determinam a WTP (ou WTS).

Em seguida, você classifica os fatores de valor do mais importante para o menos importante. Por exemplo, seus clientes podem valorizar a velocidade do serviço acima de tudo. Nesse caso, "velocidade" é o fator de valor número um. Se os clientes não se importam muito com o preço do serviço, o "preço" vai para o final da lista. Lembre-se de que é a perspectiva do cliente, não a sua. Em uma etapa final, indique, para cada direcionador de valor, o quanto sua empresa é boa em atender a essa demanda. Por exemplo, a "velocidade" pode ser importante para seus clientes, mas sua empresa pode ser medíocre em fornecer um serviço rápido.[5]

Os mapas de valor permitem que você veja, em um relance, sua posição competitiva e suas oportunidades estratégicas.[6] A Figura 17.2 mostra um exemplo de uma consultoria global, uma das chamadas Big Four, as quatro maiores. Esse mapa de valor se baseia em entrevistas realizadas pela Source Global Research, uma empresa sediada em Londres. Para estabelecer a lista de fatores de valor e classificá-los, a Source conversa anual-

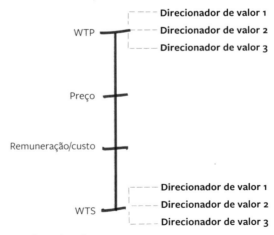

Figura 17.1 Direcionadores de valor.

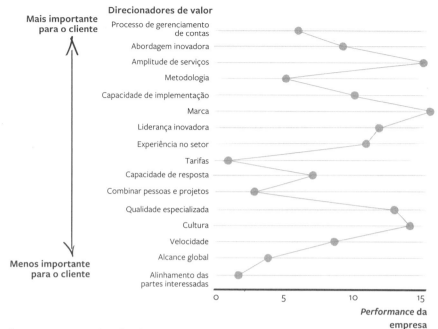

Figura 17.2 Mapa de valor de uma empresa de consultoria global.

mente com mais de 3 mil executivos sobre suas experiências recentes com contratos de consultoria.

Como você pode ver na Figura 17.2, os clientes da empresa se preocupam mais com o gerenciamento de suas contas e com os recursos de inovação da empresa. Esses são os dois principais direcionadores de valor. Alcance global e gerenciamento das partes interessadas são menos importantes. A figura também mostra que a proposta de valor da empresa não está particularmente bem alinhada com a WTP dos clientes. A empresa tem uma *performance* inferior em alguns atributos de serviço importantes (por exemplo, inovação) e supera as expectativas em áreas de pouca importância para os clientes (por exemplo, cultura). Fiona Czerniawska, cofundadora e diretora administrativa conjunta da Source, não ficou surpresa com esses resultados.

A maioria dos consultores tem um senso muito forte de atendimento ao cliente; eles estão genuinamente tentando fazer o que os clientes querem. Mas não sabem de verdade o que seus clientes querem. E sua tendência é entregar o que *eles* acham que o cliente precisa. Eles não são treinados para ter uma boa conversa sobre isso na prática. Quando um cliente pede uma proposta, os consultores falam sobre o trabalho *deles*, mas não dizem: "Então, por que estamos aqui? Por que vocês mesmos não fazem isso? O que devemos trazer de valor para vocês?". E isso significa que não está incorporado na proposta, o que significa que as pessoas que trabalham no projeto não entendem de fato por que estão lá.[7]

O setor de consultoria não é exceção. Muitos mapas de valor se assemelham ao mostrado aqui. Se os direcionadores de valor fossem ordenados adequadamente do mais importante para o menos importante, uma *curva de valor* ideal — a linha que conecta os níveis de *performance* de cada direcionador de valor — tenderia a se inclinar do canto superior direito para o canto inferior esquerdo. As empresas superam as expectativas onde é importante e sustentam a excelência desviando recursos dos direcionadores de valor de classificação inferior. Por que não ser excelente em todas as dimensões? Compensações. A curva de valor inclinada reflete as compensações necessárias para oferecer serviços excepcionais.

A ambição executiva e as compensações

Quando conduzo esse exercício na Harvard Business School, discutimos a importância das compensações antes de os executivos criarem mapas de valor para suas próprias empresas. Geralmente é uma conversa breve. Todos concordam que as empresas não podem ser boas em tudo; a verdadeira excelência exige que transfiram recursos dos direcionadores de valor de menor importância para as preocupações críticas dos clientes que impulsionam a WTP.

Quando os participantes do curso concluem seus mapas, peço que usem setas para indicar como gostariam de evoluir a proposta de valor de sua empresa ao longo do tempo (Figura 17.3). Você consegue adivinhar os resultados?

Todas as setas apontam para a direita! Uma boa hora depois de termos concordado com a importância das compensações para o sucesso dos negócios, geralmente há poucas delas à vista. Executivos inteligentes e ambiciosos querem se tornar melhores em tudo. Isso o faz lembrar de sua empresa? Você participa de reuniões em que faz longas listas de produtos e processos a serem aprimorados? A triste notícia é que, obviamente, qualquer tentativa de se tornar melhor em tudo praticamente garante a me-

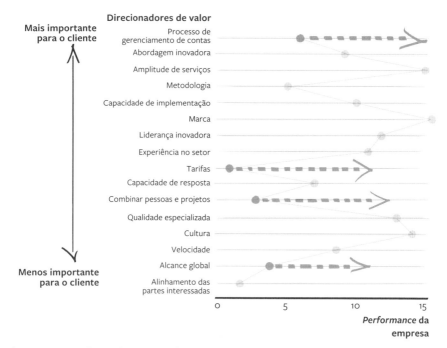

Figura 17.3 Melhoria da proposta de valor da empresa de consultoria global.

diocridade – uma mediocridade exausta, além do mais. Ao distribuir recursos escassos entre muitos geradores de valor, você impossibilita que sua organização alcance a verdadeira excelência.

Estive pensando sobre por que é tão difícil fazer concessões. Por que é desafiador decidir o que não fazer? Onde não investir? Onde ter uma *performance* inferior? Aqui está uma conjectura: a ideia de compensações se aplica menos a pessoas incrivelmente talentosas e superinteligentes, do tipo que encontro nas *C-suites* e nos programas de educação executiva da HBS. Essas pessoas conseguem ser boas em quase tudo. E, se sacrificarem um pouco o sono, são capazes de realizar grandes quantidades de trabalho, na hora certa e com uma qualidade fabulosa. O perigo é pegar esse modelo de sucesso pessoal e aplicá-lo às organizações. (Algumas) pessoas podem ser boas em quase tudo, mas empresas não. Empresas precisam escolher onde querem chegar à excelência para não serem condenadas a permanecer na segunda categoria.

As lições aqui são diretas.

- *Os mapas de valor são uma ferramenta simples que fornece grande quantidade de informações.* Eles revelam os atributos do produto e do serviço que determinam a WTP do cliente; mostram onde você tem uma vantagem na criação de encantamento do cliente e onde você fica para trás; e, talvez o mais importante, indicam se a sua empresa está fazendo as compensações adequadas. Você se destaca onde é importante?
- *É empolgante decidir onde se destacar e descobrir como progredir.* No entanto, é muito mais difícil determinar onde não investir, onde ter uma *performance* inferior. A verdadeira excelência é construída com base em compensações. Nenhuma empresa pode ser boa em tudo.
- *Na próxima vez que você e sua equipe se sentarem em uma reunião de estratégia e começarem a fazer uma longa lista de problemas a serem resolvidos, projetos a serem concluídos e serviços a serem aprimorados, lembre-se de perguntar: "O que vamos parar de fazer?".*

CAPÍTULO 18

Guiando investimentos

Os mapas de valor não são apenas uma maneira poderosa de visualizar as compensações, mas também ajudam a orientar os investimentos e a conectar a estratégia com as operações. Neste capítulo, veremos como as empresas usam mapas de valor para vincular escolhas estratégicas a atividades e orçamentos.

Escolhendo uma proposta de valor

Você deve se lembrar (do Capítulo 3) que a capacidade de uma empresa capturar parte do valor que ela cria depende inteiramente das diferenças na disposição a pagar (WTP) ou na disposição a vender (WTS). Ao comparar a curva de valor de sua empresa com as propostas de valor de seus concorrentes, você pode identificar as diferenças relevantes e planejar maneiras de aumentá-las. Vamos dar uma olhada em um exemplo.

Quando a agência de viagens *on-line* Expedia decidiu criar seu mapa de valor, começou perguntando aos clientes como eles escolhiam os *sites* de viagens. Iniciou com conversas pessoais, abertas e grupos focais; ambas as técnicas são adequadas para identificar os direcionadores críticos de valor. Com uma lista das principais preocupações em mãos, a Expedia fez uma pesquisa com mais de 13 mil viajantes para saber mais sobre a importância dos vários fatores de valor. A empresa também perguntou aos viajantes se a Expedia atende bem às suas necessidades e, em seguida, comparou sua própria *performance* com o da concorrência. O resultado da pesquisa é mostrado na Figura 18.1.[1]

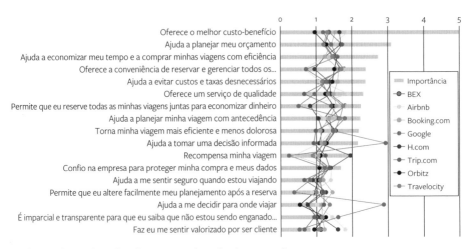

Figura 18.1 Mapa de valor para serviços de viagem *on-line*.

Os direcionadores de valor na Figura 18.1 estão ordenados do mais importante ("Oferece o melhor custo-benefício") ao menos importante ("Faz eu me sentir valorizado por ser cliente"). As barras cinza indicam a relevância de cada item. Como se pode ver, a *performance* das seis empresas é bem agrupada em muitas dimensões. Esse é um setor extremamente competitivo. Para capturar os padrões de diferenciação, a equipe da Expedia agrupou os direcionadores de valor em oito temas amplos, conforme mostrado na Figura 18.2.[2]

Dá para ver que o Airbnb lidera o setor em termos de custo-benefício. A Expedia ganha pontos por ajudar a economizar tempo e dinheiro. O Google fez as trocas mais claras de compensações; ele domina o estágio de planejamento da viagem, mas carece de muitos outros serviços de que os viajantes precisam. A Booking.com e a Hotels.com são essencialmente indiferenciadas.

O agrupamento de direcionadores de valor é útil porque proporciona um senso de personalidade da marca. Ike Anand, vice-presidente de estratégia da Expedia, liderou o projeto de mapa de valor da empresa; ele explica:

> Quando analisamos nossos concorrentes, percebemos que eles geralmente se saem bem em direcionadores de valor que tentam atingir objetivos semelhantes. Para se destacar na mente dos consumidores, você não pode se sair bem em um único direcionador de valor. É preciso ir atrás de um tema.[3]

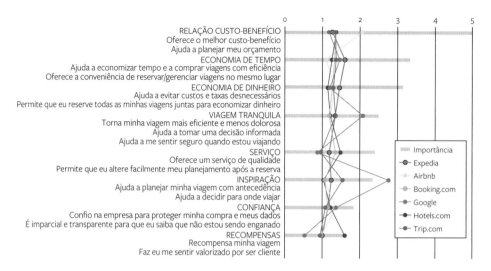

Figura 18.2 Grupos de direcionadores de valor e *performance* da empresa.

Embora o desenvolvimento de temas seja fundamental para entender como os clientes fazem suas escolhas, Anand ainda recomenda iniciar a pesquisa com direcionadores de valor específicos: "Se você perguntar aos consumidores de forma temática, perderá a especificidade necessária para agir".

Uma análise cuidadosa como a da Expedia permite que sua empresa selecione uma posição competitiva favorável, que incluirá pontos significativos de diferenciação – um conjunto de direcionadores de valor que garantirá que você se destaque da concorrência. Para superar seus rivais nessas dimensões, você terá de desviar recursos de outros direcionadores de valor, áreas em que você não se destaca. Essas são as compensações associadas à sua posição competitiva.

Vamos dar uma olhada em um exemplo hipotético. Suponha que a Expedia considere as três mudanças em sua proposta de valor mostradas na Figura 18.3.[4] Que critérios você aplicaria para selecionar uma proposta? Aqui estão as principais considerações.

- *Qual é o retorno sobre o investimento?* Para cada proposta, você pode calcular o retorno esperado do investimento. A proposta 1 – melhorar a maneira como você ajuda os viajantes a administrar seus orçamentos – pode ser muito eficaz para aumentar a WTP, mas de-

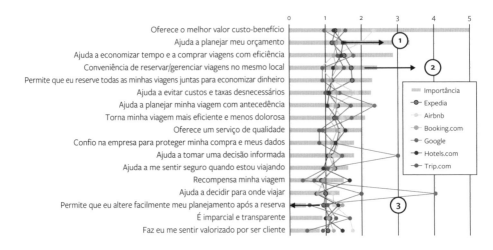

Figura 18.3 Evolução de sua proposta de valor.

senvolvê-la e implementá-la pode ser caro e, portanto, reduzir o retorno financeiro. Para cada mudança em um direcionador de valor, você deverá determinar o impacto na WTP e os recursos e as capacidades necessários para criar mais valor.

- *Qual é a importância do direcionador de valor?* Como você busca retornos excepcionais para mudanças em sua proposta de valor, as iniciativas mais atraentes melhoram os direcionadores de valor que estão próximos ao topo do gráfico. Você deve ser cético quanto aos méritos dos investimentos em direcionadores de valor com classificação inferior.
- *O direcionador de valor faz parte de um tema?* Grupos de direcionadores de valor que servem a um propósito semelhante geralmente são oportunidades de investimento atraentes. Como Anand apontou, os temas ajudam sua empresa a se destacar na mente dos consumidores.
- *Você está correndo atrás ou saindo na frente?* Escolher entre projetos que compensam deficiências (proposta 1) e iniciativas que aprofundam uma vantagem competitiva atual (proposta 2) pode ser difícil, especialmente quando eles geram retornos financeiros semelhantes. Nessas situações, é importante lembrar o que você espera alcançar: você quer aumentar a WTP – ambos os projetos fazem isso – enquanto mantém ou aumenta a diferenciação. Somente a segunda proposta alcança o último objetivo. Uma melhor ajuda com o orçamento tornaria a Expedia mais atraente, mas também mais se-

melhante ao Airbnb, forçando as duas empresas a competir mais fortemente em termos de preço. Como regra geral, aprofundar uma vantagem competitiva existente é uma ideia melhor do que tentar alcançar seus rivais.

- *Onde você investe pouco?* Identificar oportunidades de fazer menos é tão importante quanto pensar em maneiras de aumentar a WTP. A proposta 3 pode ser um alvo atraente de subinvestimento, pois remove opções (caras) que são de menor importância para os viajantes. Na Expedia, como na maioria das empresas, foi um desafio decidir onde não investir. Anand lembra: "A parte da priorização da conversa foi mais fácil; despriorizar é que foi difícil. Da primeira vez que desenhamos as curvas de valor, não terminamos exatamente onde eu queria que estivéssemos. Mas a discussão foi muito útil, porque ficou claro para todos que não estávamos dispostos a cortar muito. Se você mantiver o processo em andamento – reunir-se a cada trimestre e fazer essa discussão, atualizar os mapas de valor uma vez por ano e ter a conversa novamente –, isso se tornará um hábito, de modo que as pessoas se sentirão muito mais à vontade para tomar essas decisões de despriorizar".

Levando em conta todas essas considerações, é provável que você tenha uma curva de valor que se incline do canto superior direito para o canto inferior esquerdo, conforme discutimos no Capítulo 17: você se destaca nas dimensões que são importantes para a WTP de seus clientes e desprivilegia os direcionadores de valor que têm menos impacto na criação de valor.[5] Ao mesmo tempo, o formato de sua curva de valor também precisará refletir as preocupações com a concorrência. Mesmo a alocação mais inteligente de recursos proporcionará pouca vantagem competitiva se você escolher uma proposta de valor que se assemelhe muito a uma proposta adotada por seus rivais.

Segmentos de clientes

A Expedia usou seu mapa de valor para aprimorar o perfil competitivo geral da empresa. Você também pode usar mapas de valor para tomar decisões de investimento mais específicas. A segmentação de clientes é um exemplo. A maioria das empresas atende a mais de um segmento, e as ini ciativas que beneficiam um deles podem ou não criar uma vantagem para os outros. As Figuras 18.4a e 18.4b mostram os direcionadores de valor do Tatra banka, o primeiro banco privado pós-comunista da Eslováquia. Fundado em 1990, o Tatra rapidamente liderou o setor bancário europeu na adoção da tecnologia digital. Ofereceu serviços bancários móveis pela primeira vez em 2009, introduziu a biometria por voz em 2013 e o reconhecimento facial em 2018, recebendo mais de cem prêmios por seus serviços inovadores.

No final de 2019, a Tatra decidiu atualizar sua estratégia. O CEO Michal Liday explica a motivação: "A ideia era pegar o que tínhamos aprendido com nossa estratégia existente e atualizá-la para um novo nível, que levasse em conta para onde o mundo está indo e como os clientes mudaram".[6] O Tatra usou mapas de valor para ter uma noção das oportunidades estratégicas do banco. "Isso remete à nossa crença mais profunda de que a diferenciação é a única maneira de ter sucesso em um ambiente difícil", diz Liday.

> Sempre nos esforçamos para sermos diferentes. Os mapas de valor desempenham papel importante, pois não basta dizer: "Queremos ser diferentes". Você precisa entender como os clientes percebem o mercado e quais fatores eles valorizam. Em seguida, você se concentra nesses fatores para fazer a diferenciação funcionar.

Quando a equipe de liderança da Tatra estudou os mapas de valor atualizados, os resultados para os clientes de renda *premium* e de mercado de massa diferiram substancialmente (Figuras 18.4a e 18.4b).[7]

Os dois segmentos compartilham alguns fatores de valor. Por exemplo, ambos os grupos de clientes são sensíveis a tarifas. Entretanto, o que mais chama a atenção são as muitas diferenças. Para os clientes com renda superior, um excelente aplicativo bancário móvel é a principal preocupação. Os clientes do mercado de massa apreciam o excelente aplicativo móvel do Tatra – sua classificação está 6% acima da média do mercado –, mas a qualidade dos aplicativos móveis não é tão importante para eles quanto a estabilidade financeira do banco e a sensação de que a instituição cumprirá suas promessas.

As diferenças nos direcionadores de valor entre os segmentos têm implicações importantes para a estratégia. No exemplo do Tatra, os investimentos em tecnologia móvel não produzem o benefício que a empresa

Guiando investimentos

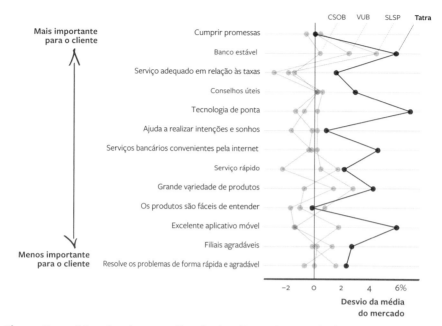

Figura 18.4a Mapa de valor para o Tatra banka, clientes do mercado de massa.

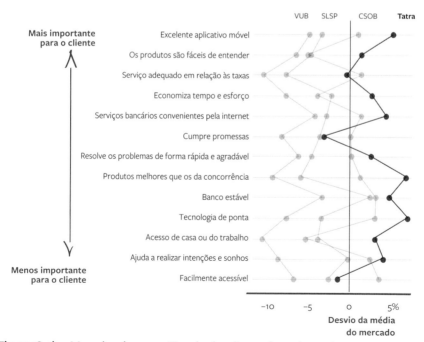

Figura 18.4b Mapa de valor para o Tatra banka, clientes de renda *premium*.

obteria se os dois segmentos fossem mais semelhantes. Em um extremo (pense em segmentos com motivadores de valor completamente diferentes), a análise mostrará que é impossível atender a todos os segmentos com sucesso, portanto você pode decidir se concentrar em um subconjunto específico de grupos de clientes. Ao destacar os pontos em comum e as diferenças, os mapas de valor fornecem percepções importantes para questões de escopo corporativo e informam as decisões sobre quem atender e quais produtos oferecer.

Minha recomendação é começar suas análises de curva de valor empregando uma segmentação de clientes detalhada. Crie curvas de valor separadas para muitos grupos diferentes de clientes. Se os dados mostrarem que dois segmentos têm direcionadores de valor quase idênticos, você poderá tratar os dois grupos como um único segmento. No entanto, se você começar com um agrupamento amplo, as diferenças sutis que podem influenciar sua estratégia permanecerão ocultas.

Jornadas do cliente

Os dados da curva de valor também podem ser empregados para orientar os clientes de forma mais eficaz no processo de compra. A Figura 18.5 mostra o funil de *marketing* do Tatra para clientes do mercado de massa. Cerca de 90% deles conhecem o Tatra banka, mas apenas 19% usam de fato os serviços do banco.

Como a empresa pode incentivar uma adoção mais ampla? As curvas de valor lhe mostrarão quais fatores são particularmente eficazes para mover os clientes de um local do funil para o outro. A Figura 18.5 lista os direcionadores de valor relevantes em ordem de importância. Por exemplo, o aplicativo móvel do Tatra é particularmente bem-sucedido em incentivar os clientes que consideram fazer transações bancárias com o banco a realmente abrir uma conta. Mas o aplicativo é menos relevante para a decisão de tornar o Tatra o banco principal do cliente. Esse fato, explica Liday,

reflete uma deficiência de nossa estratégia anterior. Nosso foco estava na inovação tecnológica e nos recursos e não na experiência do cliente. No entanto, é a experiência do cliente que influencia a profundidade de seu relacionamento conosco, portanto agora estamos mudando o foco. Vamos usar a tecnologia, mas vamos usá-la de forma que aumente o envolvimento do cliente.

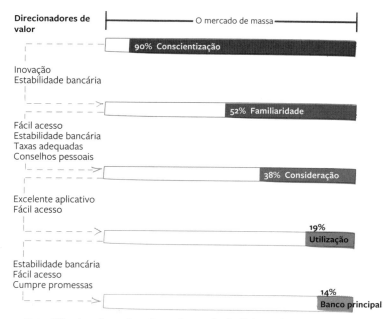

Figura 18.5 Direcionadores de valor ao longo do funil de *marketing* do Tatra.

Dos mapas de valor à implementação da estratégia

Depois que você decidir quais direcionadores de valor devem ser fortalecidos e quais devem ser reduzidos, a implementação da estratégia segue naturalmente. As principais etapas são gerar ideias que tenham o potencial de mover os direcionadores de valor na direção desejada; essa é uma chance de deixar sua criatividade brilhar – e, em seguida, atribuir a responsabilidade pela implementação.[8] A Figura 18.6 ilustra o processo, usando os eletrodomésticos KitchenAid como exemplo. A Whirlpool, empresa proprietária da marca, concentrou seus investimentos em quatro direcionadores de valor: versatilidade, *performance*, estilo e qualidade de fabricação. Para cada um, a empresa desenvolveu um *slogan* que descreve o benefício do ponto de vista do cliente. A versatilidade visa proporcionar "cozimento/aquecimento 'como eu preciso... onde eu preciso'", e qualidade de fabricação significa "ajuste, toque e acabamento duráveis e que nunca falham". Os engenheiros usaram os *slogans* para identificar cadeias de projetos de inovação. A Whirlpool chama essas cadeias *caminhos de migração*. Cada caminho promete aumentar a WTP em uma das quatro dimensões. Os retângulos na Figura 18.6 representam os projetos de inovação planejados.[9]

Guia estratégico para alta *performance*

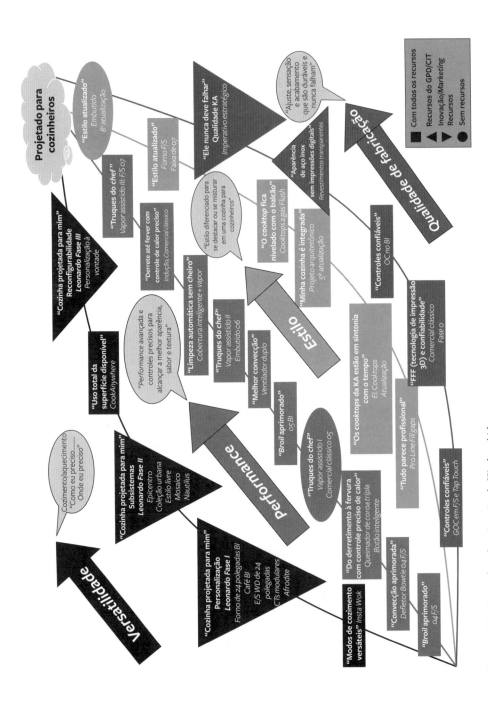

Figura 18.6 Caminhos de migração da KitchenAid.

O que acho particularmente interessante nos caminhos de migração da Whirlpool é que eles incluem projetos para os quais as unidades operacionais atualmente carecem de recursos. Colocar esses projetos nos caminhos é valioso, pois mostra oportunidades de realocação de talentos e capital com o objetivo de aumentar a WTP do cliente de forma ainda mais eficiente.

Ao ver os quatro caminhos de migração (representados pelas setas grandes), você talvez conclua que a Whirlpool decidiu competir em inovação. Mas essa impressão é falsa. A inovação é simplesmente uma ferramenta; a estratégia é fortalecer os quatro direcionadores de valor. David Whitwam, então CEO da Whirlpool, disse: "Não sei quantas vezes tive de enfatizar isso. Nossa estratégia não é inovação. Nossa estratégia é a criação de valor com foco na marca. [...] A inovação é um facilitador essencial da estratégia".[10] Ao implementar a estratégia mapeada nos caminhos de migração, a equipe da KitchenAid conseguiu expandir consideravelmente seus negócios e aumentar os preços em mais de 3% nos primeiros cinco anos de criação de valor com foco na marca. Um feito e tanto, considerando que, em todo o setor, os preços caíram 7,7%.

O Tatra banka ilustra a conexão entre as atividades de criação de valor, as responsabilidades e a *performance* com a ajuda de um mapa. O mapa é exibido com destaque em todas as suas agências e filiais (Figura 18.7).[11] Liday explica: "Descrevemos nossa estratégia no que chamamos O *livro do banco*. É um bom documento, mas percebemos que não havia conexão direta entre o enredo do livro e as descrições de cargo de nossos 4 mil colaboradores, seu trabalho diário". O Tatra usa o roteiro para alinhar sua estratégia com as atividades do banco.

A Figura 18.8 mostra a seção do roteiro que diz respeito aos clientes do mercado de massa.

As "atividades" representam os processos e as iniciativas que ajudam a Tatra a mover os direcionadores de valor na direção desejada. Na parte superior, o roteiro exibe os KPIs. Por exemplo, em 2020, o Tatra queria ser o principal banco para 57% de seus clientes do mercado de massa. Os círculos numerados indicam a parte da organização que é responsável pela atividade e, em última análise, por sua *performance*. Os sorrisos e as carinhas tristes indicam o quanto a organização está atingindo suas metas (Figura 18.7). "A cada trimestre, analisamos todas as atividades e temos longas conversas sobre os indicadores de carinha triste. Por que não estamos no caminho certo?", diz Liday. "Se uma atividade fica aquém do es-

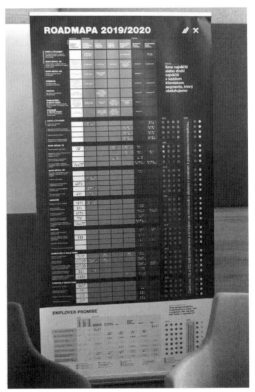

Figura 18.7   Roteiro (*road map*) do Tatra banka.

perado por três trimestres, nos reunimos com todos os chefes de divisão e líderes regionais, cerca de sessenta gerentes. Em um mergulho profundo, o proprietário da atividade explica os problemas e nós buscamos soluções." Rindo, ele acrescenta: "É uma reunião que todos querem evitar". Liday atribui ao roteiro o fornecimento de um senso de direção estratégica para quase todos: "O que mais me deixa feliz é que, nas pesquisas de envolvimento dos colaboradores, quase 90% dos colaboradores do Tatra nos dizem que entendem a estratégia do banco e sabem como contribuem para sua execução".

Proposta de valor para os colaboradores

Tão importante quanto uma proposta de valor diferenciada para os clientes são as vantagens da WTS. "Para nós, foi um processo", diz Liday.

ATIVIDADES	Intensidade do negócio	Aquisição para o segmento PRÓPRIO	Aquisição para o segmento PREMIUM	Aquisição para o segmento MASSA	Banco principal/ Relacionamento primário	Satisfação e retenção de cliente	Maximizador de inovação de imagem
Manuseio eficaz do potencial de vendas	3 4 9 10 14			3 4 9 10 14	3 4 9 10 14	3 4 9 10 14	
Gerenciamento sistemático do relacionamento bancário primário e aumento do uso de inovações					3 4 9 10 13	3 4 9 10 13	3 4 9 10 13
Busca proativa e eliminação dos motivos de insatisfação do cliente				8 9 10 11 13 15		8 9 10 11 13 15	
Aumentar a participação nas vendas e nas transações de autoatendimento por meio de vendas digitais e *chatbot*	3 4 5 7 8 9 10 13 14 16 19					3 4 5 7 8 9 10 13 14 16 19	3 4 5 7 8 9 10 13 14 16 19

3 Canais de distribuição eletrônica
4 *Marketing*
5 RH
7 Gerenciamento de projetos
8 Gerenciamento de processos
9 Produtos de varejo
10 Rede de distribuição e segmentos de varejo
11 Operações
13 Legal
14 Gestão de risco de crédito no varejo
15 P&D
16 TI
19 Aquisição

Figura 18.8 Roteiro (*road map*) do Tatra banka – ligado às atividades e aos indicadores-chave de *performance* (KPIs).

Nós sabíamos que precisávamos ter uma estratégia de negócios, é claro. Mas levou algum tempo para chegarmos à conclusão de que precisávamos ter a mesma visão dos clientes *e* dos colaboradores. Fizemos um exercício intensivo, tentando entender o que é importante para nossos colaboradores, como eles encontram significado em seu trabalho.

Para identificar e aumentar as diferenças na WTS, você pode usar exatamente o mesmo processo descrito anteriormente. A Figura 18.9 ilustra como o Tatra compete por pessoas que poderiam pensar em trabalhar como caixas de banco.

Na Eslováquia, a Amazon é o colaborador preferido desse grupo de trabalhadores. A varejista se destaca em todos os critérios que mais importam: um ambiente de trabalho envolvente ("pensamento criativo"), remuneração generosa e flexibilidade. O McDonald's, por sua vez, tem dificuldades: aproxima-se da média do mercado em apenas dois fatores de valor (satisfação do cliente e qualidade da liderança da empresa) e não lidera em nenhuma dimensão. Os dados também mostram que o Tatra enfrenta um ambiente competitivo difícil no mercado para esse tipo de

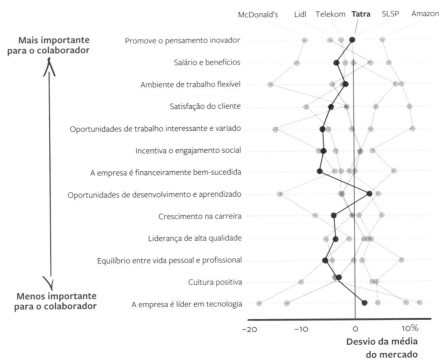

Figura 18.9 Concorrência por caixas de banco na Eslováquia.

talento. As oportunidades mais promissoras da empresa são enfatizar que o Tatra banka promove o pensamento inovador e oferece grandes oportunidades de aprendizado e desenvolvimento.

Lembre-se de que qualquer medida de WTS (ou WTP, nesse caso) é subjetiva. Os valores na Figura 18.9 refletem as percepções dos *possíveis* colaboradores. Esses valores podem ou não corresponder às diferenças reais entre os seis concorrentes. No entanto, as percepções são importantes, pois determinam quais empregos os colaboradores consideram ao procurar trabalho. Se você achar que em seu *pool* de talentos faltam grupos específicos de indivíduos para os quais você poderia oferecer um trabalho atraente, considere examinar mais de perto seu funil de talentos. As curvas de valor podem ajudá-lo a entender como os candidatos pensam sobre a perspectiva de trabalhar em sua empresa. Os resultados da análise são úteis no desenvolvimento de iniciativas de marca do empregador e na orientação dos esforços de recrutamento.

Um plano estratégico abrangente inclui propostas de valor para clientes e talentos. Se sua empresa depende de fornecedores críticos ou trabalha em estreita colaboração com importantes produtos complementares, você também deverá desenvolver mapas de valor para esses relacionamentos.

Em conjunto, os mapas e os roteiros apontarão inúmeras oportunidades de criação de valor. Como todas as iniciativas que resultam desse processo são direcionadas para aumentar a WTP ou diminuir a WTS, as atividades na organização permanecem estreitamente alinhadas e você evita uma situação em que centenas de iniciativas puxariam a organização em direções diferentes.

- - - - - - - - - - - - - - - - - -

Os mapas de valor são uma ferramenta poderosa que facilita a transição da formulação da estratégia (como você planeja mover WTP e WTS) para a implementação (as atividades e iniciativas específicas que tornam reais as propostas de mudanças na WTP e na WTS). Em minha experiência, a ferramenta fornece várias vantagens importantes.

- *WTP e WTS são estatísticas resumidas.* O entendimento da WTP de seu cliente informa os movimentos competitivos e as decisões de preço, mas não diz muito sobre os motivos dessa avaliação. A compreensão dos direcionadores de valor completa o quadro. "A perspectiva de que você é apenas mediano é muito assustadora", diz Liday. "Sabemos que precisamos ser diferentes. Mas precisamos saber *como*. Os mapas de valor são uma ferramenta perfeita para nos ajudar a navegar por esse mundo complicado."

- *Os mapas de valor são orientados por dados.* É tentador confiar em sua intuição e em anedotas para ter uma noção da WTP do cliente e da WTS dos talentos. Mas, quando vejo empresas realizarem uma análise séria da curva de valor, quase sempre há uma surpresa – um direcionador de valor que se revela menos crítico do que se supõe normalmente ou um nível inesperado de *performance* em alguma dimensão. "O método é contínuo e baseado em pesquisas", diz Anand da Expedia. "Dá para realmente medir seu progresso. É muito mais detalhado e mais confiável porque é baseado em dados."[12]

- *Ver sua organização pelas lentes dos mapas de valor é um exercício radicalmente centrado no cliente, no talento e no fornecedor.* Lembre-se de que a verdadeira *performance* de sua organização é importante apenas na medida em que influencia as percepções desses três grupos.

- *A maioria das empresas coleta dados abrangentes sobre as percepções dos clientes sobre a organização e o envolvimento dos colaboradores.* As análises da curva de valor o incentivam a ver *a concorrência* também pelos olhos de seus clientes e de seus talentos. "Traçar o gráfico de todos os seus concorrentes juntos é muito interessante", explica Anand. "Muitas vezes as empresas fazem pesquisas apenas sobre si mesmas, mas [a análise da curva de valor] realmente analisa todo o seu setor, o que é muito útil."

- *Os direcionadores de valor ficam no meio do caminho entre as noções bastante abstratas de WTP e WTS e os atributos específicos que descrevem seu produto ou serviço atual.* Isso tem duas vantagens. Por um lado, os direcionadores de valor são suficientemente específicos para serem acionáveis. É uma tarefa simples vinculá-los a modelos operacionais e KPIs. Por outro, os direcionadores de valor não especificam em detalhes como você atenderá a determinada necessidade do cliente. Eles o ajudam a explorar novas maneiras de satisfazê-lo. Concentrando-se nos direcionadores de valor, é menos provável que você caia na armadilha de adotar uma mentalidade estreita que equipara o sucesso dos negócios a vender mais do que já é oferecido.

PARTE SEIS

Valor

CAPÍTULO 19

Ligando os pontos

Para obter uma *performance* excepcional, os estrategistas empregam duas alavancas: a disposição a pagar (WTP) e a disposição a vender (WTS). Nos capítulos anteriores, discutimos os principais mecanismos que aumentam a WTP ou diminuem a WTS. Também vimos que os mapas de valor nos ajudam a identificar oportunidades de diferenciação na WTP ou na WTS. O foco em uma única alavanca (ou seja, WTP ou WTS) é útil para descrever os mecanismos que criam valor.

Na prática, entretanto, é improvável que uma ação estratégica influencie apenas uma das duas alavancas. A maioria das iniciativas estratégicas do mundo real afeta ambas as extremidades do valor, portanto é essencial que você pense em todas as mudanças – WTP, preço, custo e WTS – antes de embarcar em um novo curso estratégico. Isso é ainda mais importante porque os quatro elementos costumam estar interconectados. No melhor dos mundos, um aumento na WTP reduz a WTS, criando o que os estrategistas chamam de *vantagem dupla*. Em outros casos, entretanto, um aumento na WTP eleva a WTS e reduz o excedente do fornecedor, forçando as empresas a decidir quem defender: clientes ou fornecedores.

Neste capítulo, exploraremos as maneiras pelas quais os diferentes modos de criação de valor estão conectados. Para fazer um balanço das consequências de uma iniciativa estratégica específica, consideraremos todos os geradores de valor e suas conexões. Vamos começar com um exemplo prático: a decisão da Tommy Hilfiger de entrar no mercado de roupas adaptáveis.

Tommy Adaptive

"Mãe, quero usar *jeans* na escola amanhã – todos os meus amigos vão usar." Para a maioria dos pais, esse tipo de pedido não representa um desafio. Não é o caso de Mindy Scheier. Seu filho Oliver, que tinha 8 anos na época, sofre de uma forma rara de distrofia muscular. Scheier explica:

> Desde cedo, percebemos que a tarefa cotidiana de se vestir era muito difícil para ele. Ele não conseguia colocar um botão no buraco da camisa. Tinha dificuldade em colocar a calça por cima das órteses ortopédicas das pernas. Então, decidimos que ele usaria calça de moletom para ir à escola todos os dias, porque era a única maneira de ir ao banheiro com segurança.[1]

Quando Oliver fez seu pedido, Scheier, que é estilista, respirou fundo: "Olhei para ele e disse: 'É claro que você vai usar *jeans* amanhã!'".

Naquela noite, Scheier comprou uma calça *jeans*, retirou o zíper, cortou as partes laterais da calça e colocou tiras de velcro para encaixar as órteses ortopédicas de Oliver sob a calça. "Parecia um projeto de artesanato. Qualquer estilista de verdade teria ficado horrorizado com o que eu fiz", lembra Scheier.

> Mas a experiência abriu meus olhos. Usar calças de moletom todos os dias fazia Oliver sentir que estava se vestindo como um deficiente. Nem eu – mergulhada no setor de moda – tinha percebido como suas roupas falavam com ele, como ele estava perdendo a confiança que elas poderiam trazer.

Desde aquela noite, Scheier está em uma missão para levar roupas adaptáveis aos 40 milhões de norte-americanos que têm dificuldade para se vestir.[2] Ela estava particularmente esperançosa no dia de uma reunião com Gary Sheinbaum, CEO da Tommy Hilfiger Americas. Para convencê-lo de que as roupas poderiam ser facilmente adaptadas às necessidades dos clientes com deficiência, Scheier havia comprado duas peças de cada item de toda a coleção infantil da Tommy Hilfiger. "Quando chegou o dia da reunião, preparei a sala como um *showroom* simulado, uma espécie de antes e depois", diz ela. "Mostrei as peças originais e as versões modificadas; pareciam idênticas. Mas todas eram ajustáveis, fáceis de colocar e tirar, e tinham ímãs atrás dos botões, um sistema de fechamento muito melhor."

Sheinbaum aproveitou a oportunidade na mesma hora. Scheier lembra: "Só cinco minutos após o início da reunião, Gary bateu as mãos na mesa e disse: 'Estamos dentro. Não acredito que ninguém tenha feito isso. Isso é incrível!'". Scheier ficou encantada – e surpresa:

> A Tommy Hilfiger foi realmente a primeira marca que entendeu – ela percebeu a oportunidade de negócio, entendeu que é a coisa certa a fazer. Em muitas de minhas conversas com outras marcas, ouvi comentários do tipo: "Se ninguém fez isso antes, deve haver um motivo".

Por sua vez, Sheinbaum explica: "Foi um ajuste natural para nós. A Tommy Hilfiger sempre valorizou a inclusão, e estávamos prontos para abraçar a diversidade de nossos clientes".[3]

A Tommy Hilfiger lançou uma linha de roupas para crianças com deficiência em parceria com Scheier em 2016. No ano seguinte, a empresa lançou a Tommy Adaptive, que incluía uma coleção para adultos (Figura 19.1).[4]

Em 2020, a marca expandiu o alcance geográfico da Tommy Adaptive, disponibilizando os produtos no Japão, na Europa e na Austrália. Camisas, vestidos e calças da Adaptive pareciam idênticos às roupas tradicionais da Tommy Hilfiger, mas a coleção oferecia fechos fáceis (ímãs e zíperes para usar com uma só mão, por exemplo), partes inferiores otimizadas para sentar-se em uma cadeira de rodas (calças com a parte frontal

Figura 19.1   Tommy Adaptive.

mais baixa para reduzir o acúmulo de tecido pesado e costas sem costuras para eliminar pontos de pressão), peças que se ajustam sobre próteses (ímãs ocultos na bainha acomodam aparelhos para as pernas e órteses) e facilidade de movimento (vestidos com aberturas nos ombros ou nas costas, calças com fechos deslizantes que podem ser ajustados com uma só mão). A Tommy Hilfiger apresentou os produtos Adaptive juntamente com a coleção principal da marca em seu *site*. A Zappos, a Macy's e a Amazon passaram a oferecer a Tommy Adaptive em suas lojas *on-line*.

Pensamento estratégico integrado

Ao criar o negócio Adaptive, a equipe da Tommy Hilfiger demonstrou uma mentalidade que admiro em muitos estrategistas bem-sucedidos. Ela se concentrou na criação de valor, desenvolveu profunda empatia com seus clientes-alvo e se destacou por pensar cuidadosamente nas muitas consequências de competir no mercado adaptativo. A Figura 19.2 mostra como a Tommy Adaptive cria e captura valor.

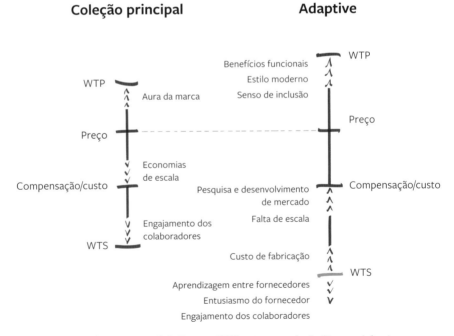

Figura 19.2   Coleção principal da Tommy Hilfiger *versus* coleção Tommy Adaptive.

WTP e preço

A pesquisa inicial da marca mostrou que uma coleção adaptável elevaria a WTP de três maneiras. Os clientes com deficiência estavam dispostos a pagar 10% a mais por modificações funcionais em seu guarda-roupa. Cada cliente gastava mais de 500 dólares por ano em roupas adaptáveis, criando um mercado de cerca de 6 bilhões de dólares somente nos Estados Unidos. A marca Tommy Hilfiger e seu estilo diferenciado aumentaram ainda mais a WTP. Um mapa de valor de 2016 indicou que as roupas adaptáveis disponíveis não tinham uma marca proeminente, ofereciam opções limitadas e sofriam com percepção social ruim (Figura 19.3). Um participante de um grupo focal explicou: "O 'adaptável' que está disponível no momento se inclina para a parte da acessibilidade. É algo que grita 'médico'".[5] Stephanie Thomas, uma estilista de Los Angeles que atende clientes com deficiência, disse: "A verdade incômoda é que você encontra mais linhas de moda para animais de estimação do que para pessoas com deficiência".[6]

Para ser competitiva, concluíram Sheinbaum e sua equipe, a Tommy Adaptive precisava se equiparar às roupas existentes em termos de conforto e ajuste. A empresa superaria suas rivais, no entanto enfatizando o estilo e a percepção social, fontes tradicionais de vantagem da marca.

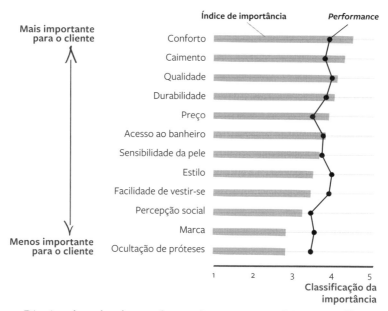

Figura 19.3 Direcionadores de valor e *performance* dos concorrentes da Tommy Hilfiger.

A equipe descobriu que um terceiro fator de valor era o senso de respeito e inclusão. Jeannine D'Onofrio, vice-presidente executiva da Tommy Hilfiger, explicou:

> Rapidamente, percebemos como seria difícil. Mesmo em grupos focais você tem muito medo de errar, de insultar alguém. Se eu fizer a pergunta errada, vou ofendê-los? Acho que esse é um dos motivos pelos quais nenhuma outra grande marca havia entrado nesse mercado. Você também tem a sensação de que não quer decepcionar esses clientes. Eles já têm tantos desafios. As empresas não querem ser rejeitadas, então parece mais seguro ficar longe.[7]

Para criar um senso de respeito e inclusão, a marca tomou uma série de decisões críticas. Uma delas foi renunciar a um preço *premium* para os produtos da Tommy Adaptive. D'Onofrio explicou: "Tínhamos de ser autênticos em nosso desejo de atender a essa comunidade e não podíamos permitir que as pessoas sentissem que estávamos tirando vantagem delas – por exemplo, cobrando a mais por roupas que elas nunca tiveram, mas que agora queriam". A equipe também abandonou uma ideia inicial de criar um *site* separado para os clientes da Tommy Adaptive e decidiu apresentar a coleção em seu *site* principal, Tommy.com. Nos grupos focais, muitos participantes pediram à equipe que não os fizesse se sentir separados: "Eu gostaria que as roupas fossem descritas da mesma forma que as outras são descritas. Não quero me sentir isolado", disse um participante. Outro acrescentou: "Assim como existe a seção para pessoas altas e a seção *petit*, é só dizer: 'Aqui está a seção adaptável'".[8]

Depois de mais de um ano de extensa pesquisa e mais de 1.500 entrevistas aprofundadas, Sheinbaum e sua equipe criaram uma jornada do cliente que refletia os três principais motivadores da WTP: roupas adaptáveis com várias modificações funcionais, todas projetadas em estreita consulta a pessoas com deficiência (etapas 1-6 na Figura 19.4); preocupações com a moda (etapas 7 e 8); e um senso de inclusão e pertencimento (etapas 9-13).[9]

O lançamento da Tommy Adaptive não decepcionou. "O impacto foi fantástico", diz Sheinbaum. "No primeiro trimestre, dois de nossos cinco estilos mais vendidos no *site* Tommy.com eram dessa coleção. E 20% do nosso negócio infantil foi impulsionado pela Adaptive."[10]

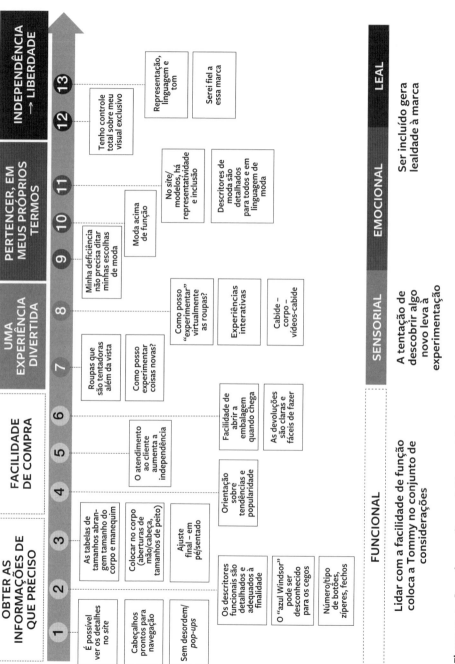

Figura 19.4 Jornada para clientes do Tommy Adaptive.

WTS e custo

A produção da coleção Tommy Adaptive é cerca de 20% mais cara do que as roupas comuns da Tommy Hilfiger. O aumento do custo reflete os materiais adicionais — cada ímã custa cerca de 1 dólar, por exemplo — e o tempo extra necessário para produzir as modificações. A Tommy Hilfiger pediu a seus fornecedores que absorvessem o custo extra de fabricação. D'Onofrio relembrou:

> Quando mostramos a eles nosso vídeo de clientes com deficiência usando roupas da Tommy Adaptive, a reação dos fornecedores foi incrível. Alguns ficaram com lágrimas nos olhos. Todos perguntaram como poderiam ajudar. E nós dissemos: "Cobrem o que normalmente cobrariam de nós. É assim que vocês podem ajudar".

Quando os fornecedores começaram a dominar os novos processos — evitar que os ímãs grudassem nas máquinas de costura era apenas um dos muitos desafios —, compartilharam suas percepções uns com os outros. "Em geral, cada um tem sua própria maneira de criar eficiência em sua fábrica", disse D'Onofrio. "Mas, nesse cenário, há uma abertura incomum; os fornecedores estão dispostos a compartilhar suas percepções. Todos querem que a Adaptive seja bem-sucedida." Embora a complexidade adicional da fabricação tenha aumentado a WTS do fornecedor e reduzido sua margem, a mudança foi atenuada pelo aprendizado entre fornecedores e pelo entusiasmo em contribuir para o bem-estar das pessoas com deficiência, o que reduziu a WTS e aumentou o excedente do fornecedor.

A equipe da Adaptive encontrou uma paixão semelhante entre os colaboradores da Tommy Hilfiger. Sarah Horton, diretora sênior de *marketing*, tinha muitos exemplos:

> As pessoas iam até seus gerentes e perguntavam: "Como posso fazer parte disso?". Nossa equipe de publicidade estava totalmente sobrecarregada quando os abordamos pela primeira vez. Eles tinham realmente pouco tempo, mas foram até o chefe do departamento e pediram para assumir o trabalho extra. Fiquei impressionado de ver quantas equipes fizeram algo assim.[11]

D'Onofrio acrescentou:

A Adaptive toca muitas pessoas na organização. Por exemplo, a equipe de nosso *call center*. Ela ouve principalmente reclamações – alguns clientes gritam, outros desligam em sua cara. A Adaptive é diferente. Um terço de todas as chamadas é de clientes que entram em contato apenas para agradecer.

Transbordamentos e captura de valor

A Tommy Adaptive não apenas aumentou a WTP e reduziu a WTS para os colaboradores (e talvez para os fornecedores participantes), mas a coleção também influenciou os principais negócios da marca. "Não há dúvida de que a linha criou repercussões positivas e um efeito de aura", diz Sheinbaum. "Cerca de 85% dos clientes da moda adaptável são novos na Tommy Hilfiger, e 44% dos visitantes que vêm para a coleção de moda adaptável compram outros produtos também".[12] Quando a equipe da Tommy Adaptive modelou os efeitos financeiros da entrada no mercado de roupas adaptáveis, ela previu que as margens da Tommy Adaptive seriam iguais às margens da coleção regular quando o negócio atingisse escala.[13]

Vantagens duplas

Fazer um balanço de todos os direcionadores de valor de sua empresa permite que você veja como eles dependem uns dos outros. Para a Tommy Adaptive, todas as vantagens dependem, em última análise, do encantamento do cliente. Se a marca fosse menos generosa com seus clientes-alvo, o envolvimento dos colaboradores e o entusiasmo dos fornecedores com o projeto seriam prejudicados. Os clientes também estariam menos propensos a comprar produtos adaptáveis e regulares. Sheinbaum e sua equipe estão bem cientes dessas conexões. Ele explica: "A Tommy Adaptive tem tudo a ver com a criação de uma vida melhor para crianças e adultos com deficiências. Melhorar a vida deles anima tudo o que fazemos". A ligação entre encantamento do cliente e WTS cria uma troca importante para a Tommy Hilfiger. Para manter um nível excepcional de engajamento dos colaboradores e entusiasmo dos fornecedores, a marca não deve adotar uma estratégia de preços agressiva.

A dupla vantagem da Tommy Adaptive – maior WTP *e* menor WTS – pode ser uma surpresa para alguns estrategistas. Muitos acreditam que é desafiador, talvez até impossível, aumentar a WTP e diminuir a WTS ao mesmo tempo. Na opinião deles, os recursos e as capacidades da empresa normalmente se prestam a melhorar o encantamento do cliente ou o excedente do fornecedor, mas não ambos. A mentalidade das organizações que descobrem maneiras sempre novas de agradar seus clientes, diz o argumento, é muito diferente da mentalidade que é implacável na redução de custos e no aumento da produtividade. Na visão desses executivos, tentar obter uma vantagem dupla é correr o risco de não conseguir nenhuma, ficando "preso no meio". Como explica o professor Michael Porter:

> Ficar preso no meio do caminho é geralmente uma manifestação da falta de vontade da empresa de fazer escolhas sobre como competir. Ela tenta obter vantagem competitiva por todos os meios e não consegue, porque alcançar diferentes tipos de vantagem competitiva geralmente exige ações inconsistentes.[14]

As inconsistências destacadas pelo professor Porter não têm papel algum, no entanto, se os direcionadores de valor estiverem conectados naturalmente. A Tommy Adaptive criou um valor excepcional para um grupo de clientes em desvantagem, e o entusiasmo dos colaboradores pelo projeto surgiu facilmente. Vimos esses tipos de conexões ao longo deste livro. Quando a Quest Diagnostics criou condições de trabalho mais atraentes para os colaboradores de seu *call center* (WTS↓), a qualidade das chamadas melhorou (WTP↑). Os *shoppings* dão à Apple uma redução de preço (WTS↓), porque a empresa atrai um grande número de compradores (WTP↑). Os médicos da Narayana Health realizam muitas cirurgias, o que aumenta sua produtividade (WTS↓) e melhora a qualidade (WTP↑). Quando a Intel (e outras empresas de semicondutores bem-sucedidas como a Samsung) aumenta o rendimento da fabricação – a fração de *wafers* sem defeitos –, a qualidade do produto aumenta (WTP↑) e os custos caem (WTS↓).[15] O modelo *fast-fashion* da Zara reduz o estoque (WTS↓) e oferece aos clientes as últimas tendências em cortes e cores (WTP↑).[16] A frota de veículos de emergência da Progressive permite que a seguradora cuide melhor dos clientes que sofreram um acidente (WTP↑) e reduz as fraudes e as despesas administrativas (WTS↓).[17] Você faz *check-in on-line* para seus voos porque gosta de escolher seu assento? Você é um cliente mais feliz (WTP↑) e também ajuda a reduzir os custos de pessoal da companhia aérea (WTS↓).

As vantagens duplas não são incomuns, como mostram esses exemplos. Frequentemente as encontramos em serviços, nos quais a satisfação do colaborador e a experiência do cliente estão inextricavelmente ligadas. Para criar uma vantagem dupla, preste muita atenção às conexões que levam de um conjunto de direcionadores de valor a outros. Quanto mais fortes forem esses vínculos, maior será a vantagem geral que sua empresa terá.

Iniciando a conversa

Quando visito empresas, tenho o hábito de perguntar aos executivos por que sua empresa atinge o nível atual de sucesso. Muitas vezes descubro que meus anfitriões têm visões muito diferentes. No entanto, sem um entendimento compartilhado do sucesso, orientar os investimentos e garantir uma vantagem competitiva em longo prazo é desafiador, talvez até impossível. A estratégia baseada em valor, como defendo ao longo deste livro, é ideal para desenvolver uma visão comum da *performance* e identificar oportunidades de retornos aprimorados.

Para iniciar essa conversa em sua empresa, pegue uma folha de papel, desenhe uma régua de valor e faça três perguntas simples. O que fazemos para mudar a WTP? Como alteramos a WTS? Quais são as conexões entre nossos direcionadores de valor, preços e custos? Os capítulos anteriores fornecem a você todas as ideias e considerações essenciais para conduzir essa conversa com sucesso. Aqui estão alguns dos benefícios que você pode esperar.

- *Reconhecimento do valor* – a maioria das empresas usa análises financeiras para decidir quais iniciativas devem ser adotadas. Essas análises refletem a capacidade da empresa de capturar valor, mas geralmente não mostram o valor que está sendo criado. Ao estudar o modelo financeiro do negócio da Tommy Adaptive, por exemplo, você veria margens firmes e retornos sobre o investimento. Mas a satisfação do cliente, a boa vontade substancial com a comunidade de pessoas com deficiência, não aparece facilmente nas planilhas. No entanto, é o encantamento do cliente que impulsiona todas as vantagens de que a Tommy Hilfiger desfruta nesse mercado. Se você está orientando sua organização sem reconhecer o valor que cria, está voando às cegas.

- *Identificação dos direcionadores de valor* – é bom saber que sua empresa tem uma vantagem em termos de WTP ou WTS, mas é ainda mais importante entender de onde vem essa vantagem. Como vimos no Capítulo 18, os mapas de valor são ideais para identificar os direcionadores de valor críticos. Mas mesmo uma primeira conversa casual pode ajudar a alinhar sua equipe.
- *Ver as conexões* – algumas iniciativas estratégicas criam uma vantagem dupla, enquanto muitas outras têm efeitos mais mistos. Considere, por exemplo, a posição competitiva das empresas que decidem fabricar computadores pessoais compatíveis com a IBM. Ao adotar o padrão dominante do setor, essas empresas se beneficiam dos efeitos de rede que oferecem a seus clientes uma grande variedade de *softwares* úteis e ampla compatibilidade entre vários dispositivos (WTP↑). Mas competir no mercado compatível com a IBM também expõe os fabricantes a dois fornecedores poderosos: Intel e Microsoft (custo↑). Essas duas empresas juntas obtiveram 51% de todos os lucros do setor em 1990, 72% em 1995 e 80% nos anos 2020, deixando apenas uma pequena quantidade de dinheiro para todos os outros.[18] Nesse exemplo, como em muitos outros, o aumento da WTP leva a um custo mais alto, tornando a estratégia muito menos atraente. Ligar os pontos – ver as conexões entre seus direcionadores de valor, preços e custos (sejam eles positivos, neutros ou negativos) – é uma etapa importante para avaliar a verdadeira atratividade de uma ação estratégica.
- *Coordenação de investimentos e alinhamento de atividades* – as empresas que têm apenas uma compreensão superficial de como criam e capturam valor são forçadas a distribuir seus investimentos em muitos domínios e atividades. Quem sabe? Uma única iniciativa pode salvar tudo; uma única tecnologia, se perdida, pode prejudicar o sucesso futuro da empresa. Nessas empresas, orientar o investimento e alinhar as atividades é um enorme desafio. Algumas equipes fazem investimentos para aumentar a WTP, adicionando custos. Outras reduzem a qualidade do produto para se tornarem mais competitivas em termos de preço. Antes que você perceba, a empresa é uma colmeia de atividades inconsistentes, presa no meio, sem uma vantagem competitiva perceptível. Reconhecer como você cria e captura valor permite orientar os investimentos na direção certa, coordenar as atividades e fortalecer sua vantagem competitiva atual.

Ligando os pontos

Espero que este livro tenha incentivado você a colocar a caneta no papel, desenhar aquela régua de valor e iniciar a conversa. A pesquisa está a seu lado. Você tem excelentes motivos para ser otimista quanto ao potencial de sua organização, quanto à sua capacidade de melhorar e ter uma *performance* de alto nível. Ao mesmo tempo, não ficarei surpreso se você encontrar discordâncias nas primeiras conversas sobre o valor de sua empresa. Não fique alarmado nem desanimado. Sua experiência é comum, e expor essas diferenças é informativo e útil. Ao trabalhar para chegar a um entendimento compartilhado sobre o sucesso atual e as oportunidades futuras de sua empresa — usando dados concretos para confirmar algumas conjecturas, coletando exemplos importantes para dar destaque a outros —, sinta-se confiante de que está contribuindo para o objetivo maior de sua empresa: criar valor para clientes, colaboradores, fornecedores e acionistas.

CAPÍTULO 20

Valor para a sociedade

A notícia foi inesperada. Em meados de 2019, a Business Roundtable, uma associação de 188 CEOs que lideram as maiores empresas dos Estados Unidos, rompeu com uma tradição de vinte anos de defesa do capitalismo de acionistas (*shareholders*). A primazia do acionista, argumentaram os CEOs, estava fora de moda. No futuro, as empresas precisavam agregar valor a todos as suas partes interessadas (*stakeholders*): clientes, colaboradores, fornecedores e comunidades, além dos acionistas. O CEO do JPMorgan Chase, Jamie Dimon, presidente do grupo, explicou: "[O novo propósito] reflete com mais precisão como nossos CEOs e suas empresas realmente operam. Ele ajudará a estabelecer um novo padrão para a liderança corporativa".[1]

Você não ficará surpreso ao saber que o anúncio teve reações mistas. "É uma excelente notícia, pois é mais importante do que nunca que as empresas do século XXI estejam focadas na geração de valor em longo prazo para todas as partes interessadas", disse Darren Walker, presidente da Fundação Ford.[2] Tricia Griffith, CEO da Progressive, concordou: "Os CEOs trabalham para gerar lucros e retornar valor aos acionistas, mas as empresas mais bem gerenciadas fazem mais do que isso. Elas colocam o cliente em primeiro lugar e investem em seus colaboradores e comunidades".[3] Na extremidade mais cínica do espectro de respostas, James Mackintosh, escrevendo no *Wall Street Journal*, previu que pouca coisa mudaria na prática: "Espere a solução de sempre: as empresas falarão sobre seu compromisso com a última moda corporativa enquanto fazem o que fariam de qualquer maneira. O retorno aos acionistas continuará sendo a preocupação número 1. E a número 2 e a número 3".[4]

Quanto os CEOs estão levando a sério o capitalismo de *stakeholders*? Alguns sinais são animadores. O Drucker Institute, por exemplo, relata que os CEOs da Business Roundtable lideram empresas com *performance* acima da média em muitas dimensões que são fundamentais para o capitalismo de *stakeholders*.[5] Os professores Aneesh Raghunandan e Shiva Rajgopal são mais céticos, apontando que as empresas da Business Roundtable têm maior probabilidade de violar as regulamentações trabalhistas e ambientais do que outras empresas de seu porte e do mesmo setor.[6]

Neste momento, é cedo para julgar o compromisso em longo prazo da Roundtable com o capitalismo de *stakeholders*, e, infelizmente, não tenho bola de cristal. No entanto, é possível identificar comportamentos de referência, elaborar uma lista de decisões e ações que as diretorias corporativas e os CEOs tomariam se valorizassem genuinamente o bem-estar de todas as partes interessadas. A estratégia baseada em valor está em uma posição única para ajudar a criar essa lista porque a estrutura fornece uma definição precisa de valor e um meio preciso pelo qual podemos determinar como o valor é compartilhado.

Eis minha lista de expectativas.

1. *As corporações com foco em* stakeholders *não receberão crédito pelo aumento da disposição a pagar dos clientes* – criar valor para os clientes é a essência dos negócios. Aumentar a disposição a pagar (WTP) é simplesmente boa prática de gestão. Mesmo as empresas que se concentram exclusivamente na criação de valor para os acionistas buscarão oportunidades para aumentar a WTP.*

2. *As corporações focadas em* stakeholders *não receberão crédito pela redução da disposição de vender de colaboradores e fornecedores* – o mesmo argu-

---

* Eu sei que é uma expectativa rigorosa. Para uma empresa com foco nos *stakeholders*, o encantamento do cliente tem valor intrínseco. Como resultado, a empresa fará investimentos em WTP que uma empresa focada no acionista deixaria de fazer. Como muitos desses investimentos ainda contribuem para a lucratividade da empresa com foco nos *stakeholders*, na prática será um desafio distinguir entre (a) aumentos na WTP motivados apenas por retornos financeiros e (b) aumentos na WTP que refletem uma combinação de preocupações dos acionistas e dos clientes. Gosto de definir uma expectativa tão alta porque isso desestimula as empresas a reivindicar muito crédito por suas ações.

mento se aplica à extremidade inferior da régua de valor. Criar valor para colaboradores e fornecedores é a forma como as empresas contribuem para o bem-estar de seus colaboradores e para a lucratividade de seus fornecedores. Mas a maioria dessas ações é totalmente consistente com um foco exclusivo em retornos financeiros.

3. *As empresas com foco nos* stakeholders *compartilharão o valor que criam de forma mais generosa do que as preocupações com a concorrência nos levariam a esperar* — as empresas com foco no lucro maximizarão os retornos para os acionistas, os proprietários da empresa. As corporações que equilibram os interesses de vários *stakeholders* são mais generosas com clientes, colaboradores e fornecedores. A Figura 20.1 ilustra a diferença.

Para atrair clientes, colaboradores e fornecedores, a organização com foco em *stakeholders* precisa oferecer pelo menos tanto valor (encantamento do cliente, satisfação do colaborador e excedente do fornecedor) quanto sua rival que maximiza o lucro. A Figura 20.1 mostra essa situação. No $Preço_p$ e $Custo_p$, a empresa com foco em *stakeholders* ainda não está fazendo jus a seu nome. Ela fornece o valor exigido pela concorrência aos clientes e aos colaboradores; qualquer valor extra que ela crie flui para os acionistas. Em outras palavras, a empresa maximiza os lucros. Se os conselhos de administração e os CEOs levassem a sério o equilíbrio dos interesses de todas as partes *de uma forma inovadora*, eles seriam mais generosos com os clientes (cobrando preços mais baixos), colaboradores (oferecendo remuneração mais generosa) e fornecedores (pagando mais por produtos e serviços intermediários).**

4. *As corporações focadas em* stakeholders *levarão em conta o verdadeiro custo da atividade econômica e apoiarão políticas que ajustem os preços quando for necessário* — as réguas de valor deturpam o valor que as empresas criam se os preços não refletirem o verdadeiro custo dos recursos. O exemplo mais importante atualmente é o aquecimento global.

** Observe que o $Preço_p$ e o $Custo_p$ já refletem as conexões entre os direcionadores de valor discutidos no Capítulo 19. Por exemplo, uma empresa pode pagar uma remuneração mais generosa porque entende que uma equipe satisfeita prestará um serviço melhor e aumentará a WTP, permitindo que a empresa cobre preços mais altos ou faça mais negócios. Isso é simplesmente uma prática comercial inteligente, e não o foco em *stakeholders*.

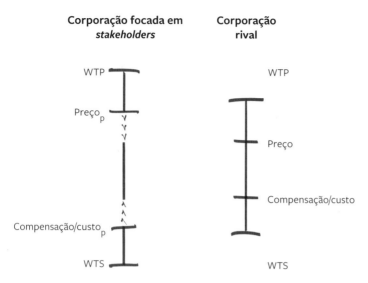

Figura 20.1 Empresa focada em *stakeholders versus* empresa rival.

Como o preço do carbono não reflete o custo da liberação de gases de efeito estufa, queimamos muito combustível fóssil, causando sérios danos à vida no planeta. As organizações focadas em *stakeholders* tentarão corrigir o preço incorreto por conta própria – elas comprarão compensações de carbono para voos, por exemplo – e apoiarão políticas públicas que corrijam os preços. Ao contrário das empresas com foco exclusivo no retorno para os acionistas, muitas das quais lutam contra a precificação do carbono atualmente, as empresas com foco em *stakeholders* não farão *lobby* contra impostos bem elaborados sobre emissão de carbono.[7]

5. *As corporações focadas em* stakeholders *não usarão a influência política para diminuir a concorrência* – a concorrência força as empresas a compartilhar valor com clientes e colaboradores. Fazer *lobby* para proteção comercial e outras medidas que aumentem as barreiras à entrada é inconsistente com o fornecimento de valor a todos os *stakeholders*. Limitar a concorrência aumenta o retorno financeiro para os acionistas (e possivelmente para os colaboradores) à custa dos clientes.

Aplicando uma lente de valor ao capitalismo de *stakeholders*, duas ideias me parecem particularmente importantes. Primeiro, as empresas criam um valor substancial para clientes, colaboradores e fornecedores mesmo que seu único objetivo seja maximizar os retornos financeiros. Pense em todas as histórias deste livro – Best Buy, Apple, Michelin, Quest, Intel, Tommy Hilfiger e muitas outras. Cada uma delas é um testemunho da capacidade das empresas de criar uma satisfação significativa para os clientes, para os colaboradores e para os fornecedores. A concorrência é nossa melhor garantia de que as empresas continuarão a inovar para atender a esse capitalismo de *stakeholders*.

Em segundo lugar, o capitalismo de acionistas (*shareholders*) é mais instável se os preços não refletirem o verdadeiro custo da atividade econômica. As empresas que exercem influência política para manter os preços distorcidos e limitar a concorrência fazem maravilhas para enfraquecer a defesa de qualquer forma de capitalismo, seja ele de acionistas, seja de *stakeholders*. Para piorar a situação, a desigualdade de renda e riqueza aumenta a capacidade (e a tentação) dos líderes corporativos de minar, por meios políticos, uma distribuição justa de valor.[8] As consequências não são difíceis de detectar. Nas economias desenvolvidas, 50% da população agora concorda que "o capitalismo, tal como existe hoje, faz mais mal do que bem ao mundo".[9]

– – – – – – – – – – – – – – – –

Estou profundamente convencido de que podemos melhorar. A chave para o progresso é um foco incansável na criação de valor, não na captura de valor. Felizmente, não há contradição. O sucesso financeiro, como já vimos várias vezes, seguirá a verdadeira criação de valor.[10] Em nível de política, isso significa que os líderes corporativos precisam prestar muita atenção aos marcos de referência número quatro e número cinco. Minar os mercados certamente nos deixará mais pobres – e mais divididos! O trabalho mais importante, no entanto, ocorre nas empresas. Não importa que posição você ocupe em sua organização, se trabalha sozinho, em equipe ou lidera uma grande corporação: posso pedir que nunca se canse de buscar novas maneiras de aumentar a WTP e diminuir a WTS? Posso convencê-lo de que seu papel é vital e nobre? Quer maneira melhor de levar a vida que não seja se preocupando em criar valor para os outros, em tocar a vida dos outros – muito ou pouco?

Notas

Prefácio

1. O artigo pioneiro é de Adam M. Brandenburger e Harborne W. Stuart, "Value-based business strategy", *Journal of Economics & Management Strategy*, mar. 1996, 5(1): p. 5-24. Estratégia como combinação de movimentos cooperativos e não cooperativos é analisada em Adam M. Brandenburger e Harborne W. Stuart, "Biform games". *Management Science*, abr. 2007, 53, n. 4: p. 537-549. Para leitores interessados em um livro que aborda vários aspectos da estratégia baseada em valor, recomendo Adam M. Brandenburger e Barry J. Nalebuff, *Co-opetition* (Nova York: Doubleday, 1996).
2. Frances Frei e Felix Oberholzer-Gee, "Better, simpler strategy". Boston: Harvard Business School, 2017. Disponível em: https://secure.touchnet.net/C20832_ustores/web/classic/product_detail.jsp?PRODUCTID=41&SINGLESTORE=true.

Capítulo 1: Mais simples e melhor

1. Roger L. Martin, "The big lie of strategic planning", *Harvard Business Review*, jan.-fev. 2014, https://hbr.org/2014/01/the-big-lie-of-strategic-planning.
2. Michael Porter, "What is strategy?", *Harvard Business Review*, nov.-dez. 1996, https://hbr.org/1996/11/what-is-strategy.

3. Rose Hollister e Michael D. Watkins, "Too many projects", *Harvard Business Review*, set.-out. 2018, https://hbr.org/2018/09/too-many-projects.

4. Jean-Michel Cousineau, Robert Lacroix e Anne-Marie Girard, "Occupational hazard and wage compensating differentials", *Review of Economics and Statistics* 74, n. 1 (fev. 1992): p. 166-169. Jonathan M. Lee e Laura O. Taylor, "Randomized safety inspections and risk exposure on the Job: quasi-experimental estimates of the value of a statistical life", *American Economic Journal: Economic Policy* 11, n. 4 (nov. 2019): p. 350-374.

5. Adam M. Brandenburger e Harborne W. Stuart, "Value-based business strategy", *Journal of Economics & Management Strategy* 5, n. 1 (mar. 1996): p. 5-24; Glenn MacDonald e Michael D. Ryall, "How do value creation and competition determine whether a firm appropriates value?", *Management Science* 50, n. 10 (out. 2004): p. 1319-1333; Adam M. Brandenburger e Harborne W. Stuart, "Biform games", *Management Science* 53, n. 4 (abr. 2007): p. 537-549; e Stuart W. Harborne, Jr., "Value gaps and profitability", *Strategy Science* 1, n. 1 (mar. 2016): p. 56-70.

6. Roger L. Martin, "There are still only two ways to compete", *Harvard Business Review*, 21 abr. 2015, https://hbr.org/2015/04/there-are-still-only-two-ways-to-compete.

7. Morningstar, "Best buy Co Inc: morningstar rating", http://financials.morningstar.com/ratios/r.html?t=BBY.

8. Sharon McCollam, "Best buy earnings call", *Thomson Reuters Street Events*, transcrição editada, 20 nov. 2014.

9. Kinshuk Jerath e Z. John Zhang, "Store within a store", *Journal of Marketing Research* (ago. 2010): p. 748-763.

10. Susan Berfield e Matthew Boyle, "Best Buy should be dead, but it's thriving in the age of Amazon", *Bloomberg Businessweek*, 19 jul. 2018, https://www.bloomberg.com/news/features/2018-07-19/best-buy-should-be-dead-but-it-sthriving-in-the-age-of-amazon.

11. John R. Wells e Gabriel Ellsworth, "Reinventing Best Buy", Caso 716-455 (Boston: Harvard Business School, 2018), 8, https://store.hbr.org/product/reinventing-best-buy/716455.

12. Hubert Joly, "Best buy earnings call", *Thomson Reuters Street Events,* transcrição editada, 20 nov. 2014.

Notas

13. Hubert Joly, "Best buy earnings call", *Thomson Reuters Street Events*, transcrição editada, 19 nov. 2013.
14. Bin Jiang e Timothy Koller, "A long-term look at ROIC". *McKinsey Quarterly*, 1º fev. 2006, https://www.mckinsey.com/business-functions/strategy-and-corporate-finance/our-insights/a-long-term-look-at-roic.
15. Hubert Joly, "Sanford C. Bernstein strategic decisions conference", *Thomson Reuters Street Events,* transcrição editada, 29 maio 2013.
16. Joly, "Best Buy earnings call", 20 nov. 2014.
17. Berfield e Boyle, "Best Buy should be dead, but it's thriving in the age of Amazon".
18. Paul Buchheit, "If your product is great, it doesn't need to be good", 9 fev. 2010, http://paulbuchheit.blogspot.com/2010/02/if-your-product-is-great-it-doesnt-need.html.
19. Ghassan Khoury e Steve Crabtree, "Are businesses worldwide suffering from a trust crisis?". *Gallup*, 6 fev. 2019, https://www.gallup.com/workplace/246194/businesses-worldwide-suffering-trust-crisis.aspx.
20. Edelman, "Trust barometer 2020", 19 jan. 2020, https://www.edelman.com/trustbarometer.

Capítulo 2: Um mar de oportunidades

1. Roic é calculado como
$$\frac{lucro\ operacional\ líquido\ menos\ impostos}{valor\ contábil\ patrimonial\ +\ valor\ patrimonial\ +\ valor\ da\ dívida}.$$

2. Os dados da figura são provenientes da Compustat. A amostra inclui empresas que estavam na S&P 500 em 2009 e permaneceram no índice nos dez anos seguintes. O Roic é calculado para cada empresa e ano, usando a média da soma do capital investido atual e defasado como denominador. Excluí as empresas cujo desvio-padrão do Roic está acima do 95º percentil dos desvios-padrão da amostra. A distribuição mostrada na figura reflete as médias no nível de empresa para o período de 2009 a 2018, com winsorização de 1 e 99%.
3. A fonte dos dados do WACC é a Bloomberg.
4. A Worldscope é a fonte desses dados. A amostra são as 500 maiores empresas por capitalização de mercado em cada mercado em 2009

que permaneceram nesse grupo nos dez anos seguintes. O Roic é calculado seguindo o procedimento para os dados dos Estados Unidos. Como antes, excluí as empresas cujo desvio-padrão do Roic é maior do que o 95° percentil dos desvios-padrão da amostra. Os dados da China excluem as empresas listadas em Hong Kong.

5. Josie Novak e Sridhar Manyem, "Risk, return, and diversification affect cost of capital through the cycle", *Financial Review*, 22 maio 2019.

6. Os dados da figura são provenientes da Compustat. Incluem todas as empresas com pelo menos sete anos de dados entre 2009 e 2018. As definições de setor seguem o Global Industry Classification Standard, um sistema desenvolvido pela MSCI e pela Standard & Poor's. O Roic é calculado como na Figura 2.1.

7. Para calcular o ganho de *performance* em um setor, classifico os setores por intervalo interquartil no Roic e seleciono o setor mediano, alimentos e bebidas, que tem um intervalo interquartil de 0,108. Para calcular as diferenças de *performance* entre os setores, analiso a distribuição do Roic mediano no nível de setor e comparo o 25° percentil (0,055) e o 75° percentil (0,089). Esses cálculos são obviamente sensíveis às definições do setor. Para testar a robustez, comparo o cálculo no texto com um cálculo para uma classificação mais refinada com setenta setores. Para essa amostra, o intervalo interquartil dentro do setor é de 0,109. Entre os setores, a faixa interquartil do Roic médio é de 0,045. Pelo menos para essas duas amostras, a definição de setor não altera a conclusão de que as diferenças de *performance* dentro do setor são muito maiores que as diferenças entre os setores.

8. Se você não se importar com uma música excessivamente dramática, um vídeo divertido é "Top 10 most valuable companies in the world (1997-2019)", 28 abr. 2019, https://www.youtube.com/watch?v=8WVoJ6JNLO8.

9. Rita Gunther McGrath, "Transient advantage", *Harvard Business Review*, 91, n. 6 (jun. 2013): p. 62-70.

10. Gerry McNamara, Paul M. Vaaler e Cynthia Devers, "Same as it ever was: the search for evidence of increasing hypercompetition", *Strategic Management Journal*, 24, n. 3 (mar. 2003): p. 261-278.

Capítulo 3: Pense em valor, não em lucro

1. Suzanne Kapner, "Apple gets sweet deals from mall operators", *Wall Street Journal,* 10 mar. 2015, https://www.wsj.com/articles/apple-gets-sweet-deals-from-mall-operators-1426007804.
2. Grace Dobush, "Uber joins Lyft in giving free rides to the polls on Election Day", *Fortune,* 5 out. 2018, http://fortune.com/2018/10/05/uber-lyft-freerides-polls-election-day.

Capítulo 4: Aplausos e salves – criando encantamento para o consumidor

1. AP, "It took a brilliant marketing campaign to create the best-selling drug of all time", *Business Insider,* 28 dez. 2011, https://www.businessinsider.com/lipitor-the-best-selling-drug-in-the-history-of-pharmaceuticals-2011-12.
2. Chris Kohler, "Nintendo's new games sound great, just don't expect them anytime soon", *WIRED,* 10 jun. 2014, https://www.wired.com/2014/06/nintendo-e3-direct/.
3. "How Super Mario became a global cultural icon", *Economist,* 24 dez. 2016, https://www.economist.com/christmas-specials/2016/12/24/how-super-mario-became-a-global-cultural-icon.
4. Deborah Arthurs, "Lady Gaga's fragrance to smell like 'an expensive hooker'... and will it be called monster?", *Daily Mail,* 18 nov. 2011, https://www.dailymail.co.uk/femail/article-2063262/Lady-Gagas-monstrous-fragrance-smell-like-expensive-hooker.html.
5. Lisa Beilfuss, "The fiduciary rule is dead. What's an investor to do now?", *Wall Street Journal,* 9 set. 2018, https://www.wsj.com/articles/the-fiduciary-rule-is-dead-whats-an-investor-to-do-now-1536548266.
6. "John C. Bogle: a look back at the life of vanguard's founder", *Vanguard,* 16 jan. 2019, https://about.vanguard.com/who-we-are/a-remarkable-history/founder-Jack-Bogle-tribute/.
7. Amy Whyte, "Passive investing rises still higher, Morningstar says", *Institutional Investor,* 21 maio 2018, https://www.institutionalinvestor.com/article/b189f5r8g9xvhc/passive-investing-rises-still-higher,-morningstar-says.

8. Kathryn Zickuhr e Lee Rainie, "E-reading rises as device ownership jumps", *Pew Research Center*, 16 jan. 2014, https://www.pewresearch.org/internet/2014/01/16/e-reading-rises-as-device-ownership-jumps/.
9. David B. Yoffie e Barbara Mack, "E Ink in 2005", Caso 705-506 (Boston: Harvard Business School, 2 mar. 2006), https://store.hbr.org/product/e-ink-in-2005/705506.
10. "Why Sony's reader lost to Kindle, and how it plans to fight back", *Business Insider*, 24 ago. 2009, https://www.businessinsider.com/why-sonys-readerfailed-and-how-it-plans-to-fight-the-kindle-2009-8.
11. Pew Research Center, "What kind of e-reading device do you own?", *Statista*, 10 abr. 2012, https://www.statista.com/statistics/223101/e-readerownership-in-the-us-by-device-type/.
12. Michael Kozlowski, "The evolution of the Sony e-reader – in pictures", *Good e-Reader*, 15 jun. 2014, https://goodereader.com/blog/electronic-readers/theevolution-of-the-sony-e-reader-in-pictures.
13. Michael Kozlowski, "The evolution of the Kindle e-reader – in pictures", *Good e-Reader,* 11 maio 2014, https://goodereader.com/blog/electronic-readers/the-evolution-of-the-kindle-e-reader-in-pictures.
14. Imagem fornecida pela Bigbelly, usada com permissão.
15. Brenda Pike, "Big Belly update", *Pragmatic Environmentalism* (blog), 3 fev. 2010, https://pragmaticenvironmentalism.wordpress.com/category/trash/.
16. Chris Herdt, "Big Belly trash cans and usability", *Accidental Developer* (blog), 29 jul. 2012, https://osric.com/chris/accidental-developer/2012/07/big-belly-trash-cans-and-usability/.
17. Stu Bykofsky, "'BigBelly' high-tech trash cans in Philly didn't work out as planned", *Government Technology*, 26 jun. 2017, http://www.govtech.com/fs/perspectives/BigBelly-High-Tech-Trash-Cans-in-Philly-Didnt-Work-Out-As-Planned.html.
18. Imagem fornecida pela Bigbelly, usada com permissão.
19. A história de Brin e Page se reunindo com Bell é contada em Steven Levy, *In the Plex: how Google thinks, works, and shapes our lives* (Nova York: Simon and Schuster, 2011).

Notas

20. Michael E. Porter, Mark R. Kramer e Aldo Sesia, "Discovery limited", Caso 715-423 (Boston: Harvard Business School, 30 ago. 2018), https://store.hbr.org/product/discovery-limited/715423.

21. Adrian Gore, "How discovery keeps innovating", *McKinsey Quarterly*, 1º maio 2015, https://www.mckinsey.com/industries/healthcare-systems-and-services/our-insights/how-discovery-keeps-innovating#.

22. Victoria Ivashina e Esel Cekin, "Kaspi.kz IPO", Caso 220-007 (Boston: Harvard Business School, 3 out. 2019), https://store.hbr.org/product/kaspi-kz-ipo/220007.

23. John Koetsier, "Why every Amazon meeting has at least 1 empty chair", *Inc.*, 5 abr. 2018, https:// www.inc.com/john-koetsier/why-every-amazon-meeting-has-at-least-one-empty-chair.html.

24. Brad Stone, *The everything store: Jeff Bezos and the age of Amazon* (Nova York: Little, Brown, 2013), p. 21-23.

25. Hiten Shah, "How Amazon Web Services (AWS) achieved an $11.5B run rate by working backwards", *Hitenism* (blog), acesso em 17 nov. 2020, https://hitenism.com/amazon-working-backwards/.

26. Leslie Hook, "Person of the year: Amazon Web Services' Andy Jassy", *Financial Times*, 17 mar. 2016, https:// www.ft.com/content/a515eb7a-d0ef-11e5-831d-09f7778e7377.

27. Stone, *The everything store*, 221.

28. Ian McAllister, "What is Amazon's approach to product development and product management?", *Quora*, 18 maio 2012, https://www.quora.com/What-is-Amazons-approach-to-product-development-and-product-management.

29. Imagens da Wikimedia Commons.

30. Clayton M. Christensen, Thomas Craig e Stuart Hart, "The great disruption", *Foreign Affairs*, mar./abr. 2001, https://www.foreignaffairs.com/articles/united-states/2001-03-01/great-disruption.

31. Rachel Green e Gregory Magana, "Banking briefing", *Business Insider Intelligence*, 30 set. 2020, https://intelligence.businessinsider.com/post/nubank-reportedly-plans-to-launch-in-colombia.

32. Yuri Dantas, "Nubank's culture: the key to keeping customer focus", *Nubank*, 23 out. 2019, https://blog.nubank.com.br/nubanks-culture-the-key-to-keeping-customer-focus/.

Capítulo 5: Debaixo do próprio nariz – quase clientes

1. Lloyd Vries, "eBay expects great things of China", *CBS News*, 13 abr. 2004, https://www.cbsnews.com/news/ebay-expects-great-things-of-china/.
2. Felix Oberholzer-Gee e Julie Wulf, "Alibaba's Taobao (A)", Caso 709-456 (Boston: Harvard Business School, 6 jan. 2009), https://store.hbr.org/product/alibaba-s-taobao-a/709456.
3. Oberholzer-Gee e Wulf, "Alibaba's Taobao (A)".
4. Amostra de Vivek Agrawal, Guillaume de Gantès e Peter Walker, "The Life Journey US: Winning in the Life-Insurance Market", *McKinsey*, 1º mar. 2014, https://www.mckinsey.com/industries/financial-services/our-insights/life-journey-winning-in-the-life-insurance-market. Copyright 2020 McKinsey & Company. Todos os direitos reservados. Impresso com permissão.
5. James Scanlon, Maggie Leyes e Karen Terry, "2018 Insurance Barometer", *LL Global Inc.*, https://www.gpagency.com/wp-content/uploads/2018-Insurance-Barometer-Study.pdf.
6. "Primary Reason for Digital Shoppers in the United States to Abandon Their Carts as of November 2018", *Forter*, 18 jan. 2019, https://www.statista.com/statistics/379508/primary-reason-for-digital-shoppers-to-abandon-carts.
7. Resenha da Haier HVFO60ABL 60-Bottle Wine Cellar, "It vibrates", 19 jul. 2005, https://www.amazon.com/Haier-HVFO60ABL-60-Bottle-Cellar-Slide-Out/product-reviews/B00006LABQ.
8. Groupe EuroCave, "The French SME that became world leader", 2016, https://en.eurocave.com/img/cms/Presse2/CP/EN/EuroCave-Press-Kit-2016.pdf.
9. Lee Jussim et al., "Stereotype accuracy: one of the largest and most replicable effects in all of social psychology", in *Handbook of prejudice, stereotyping, and discrimination*, ed. Todd D. Nelson (Nova York: Psychology Press, 2015), capítulo 2.
10. Patrick Spenner e Karen Freeman, "To keep your customers, keep it simple", *Harvard Business Review*, maio 2012, https://hbr.org/2012/05/to-keep-your-customers-keep-it-simple.

Notas

Capítulo 6: Procuram-se ajudantes – vencendo com elogios

1. A história da empresa é contada em Herbert R. Lottman, *The Michelin men: driving an empire* (Londres: I.B.Tauris, 2003).
2. Lottman, *The Michelin men: driving an empire*, 24.
3. Gérard-Michel Thermeau, "André et Édouard Michelin: des patrons gonflés...", *Contrepoints*, 11 set. 2016, https:// www.contrepoints. org/2016/09/11/265324-andre-edouard-michelin-patrons-gonfles.
4. *Revue du Sport Vélocipedique* (Paris) 457, 458, 10 e 17 jun. 1892, reimpresso em *Michelin Magazine* 584, jun.-jul. 1989 (*Rubrique d'un siècle* n. 2).
5. Lottman, *The Michelin men: driving an empire*, 45.
6. Alex Mayyasi, "Why does a tire company publish the Michelin guide?", *Priceonomics*, 23 jun. 2016, https://priceonomics.com/why-does-a-tire-company-publish-the-michelin-guide/.
7. Bryce Gaton, "Can non-Tesla electric cars use Tesla EV chargers?", *Driven*, 3 abr. 2019, https://thedriven.io/2019/04/03/can-non-tesla-electric-cars-use-tesla-ev-chargers.
8. C.A.Jegede,"Effects of automated teller machine on the performance of Nigerian banks", *American Journal of Applied Mathematics and Statistics* 2, n. 1 (2014): 40-46.
9. Eriko Ishikawa, Christine Ribeiro et al.,"Being the change: inspiring the next generation of inclusive business entrepreneurs impacting the base of the pyramid", *International Finance Corporation*, 2012, https://www.ifc.org/wps/wcm/connect/fa1c489b-7f4b-4527-a4f7-957fcaa01b9/CIB+Inclusive+Business_Being_the_Change. pdf?MOD=AJPERES&CVID=lKbIc6v.
10. Mike Bowers, comunicação pessoal, 24 fev. 2020.
11. Berkeley Lab,"Tracking the sun", https://emp.lbl.gov/tracking-the-sun, disponibiliza dados sobre instalação. A análise desta seção usa o conjunto de dados de Berkeley.
12. *Copyright* das Figuras 6.2 e 6.3: 2019 The Regents of the University of California, por meio do Lawrence Berkeley National Laboratory. Todos os direitos reservados.
13. Goksin Kavlak, James McNerney e Jessika E. Trancika, "Evaluating the causes of cost reduction in photovoltaic modules", *Energy Policy*, dez. 2018, p. 700-710.

14. Elaine Ulrich, "Soft costs 101: the key to achieving cheaper solar energy", Office of Energy Efficiency & Renewable Energy, 25 fev. 2016, https://www.energy.gov/eere/articles/soft-costs-101-key-achieving-cheaper-solar-energy.

15. Barry Friedman, Kristen Ardani, David Feldman, Ryan Citron e Robert Margolis, "Benchmarking non-hardware balance-of-system (soft) costs for U.S. Photovoltaic systems, using a bottom-up approach and installer survey", National Renewable Energy Laboratory, Relatório Técnico NREL/TP-6A20-60412, out. 2013.

16. Alan Krueger, "The economics of real superstars: the market for concerts in the material world", *Journal of Labor Economics* 23, n. 1 (2005): p. 1-30.

17. Harley Brown, "Spotify's secret genius songwriters pen letter to Daniel Ek Over CRB rate appeal: 'you have used us'", *Billboard*, 9 abr. 2019, https://www.billboard.com/articles/business/8506466/spotify-secret-genius-songwriters-letter-daniel-crb-rate-appeal.

18. "Spotify announces nominees for 2018 Secret Genius Awards", *Spotify*, 22 ago. 2018, https://newsroom.spotify.com/2018-08-22/spotify-announces-nominees-for-2018-secret-genius-awards/.

19. Oliver Gürtler, "On Pricing and Protection of Complementary Products", *Review of Management Science* 3 (2009): p. 209-223.

20. Ben Gilbert, "Despite the High Price, Microsoft Isn't Turning a Profit on the New Xbox", *Business Insider*, 14 jun. 2017, https://www.businessinsider.com/xbox-one-x-price-explanation-phil-spencer-e3-2017-6.

21. David Yoffie e Michael Slind, "Apple Inc. 2008", Caso 708-480 (Boston: *Harvard Business School*, 8 set. 2008), https://store.hbr.org/product/apple-inc-2008/708480.

22. Horace Dediu generosamente compartilhou dados sobre as receitas de serviços da Apple. Sua escrita inteligente pode ser vista em http://www.asymco.com/author/asymco/. Informações adicionais sobre a margem dos serviços vêm de Kulbinder Garcha (Philip Elmer DeWitt, "Credit Suisse: Wall Street has Apple's profit margins all wrong", *Philip Elmer DeWitt's Apple 3.0*, podcast, 4 abr. 2016, https://www.ped30.com/2016/04/04/apple-services-margin-shocker/) e das declarações financeiras da Apple.

23. Chaim Gartenberg, "Spotify, Epic, Tile, Match, and more are rallying developers against Apple's App Store policies", *Verge*, 24 set. 2020, https://www.theverge.com/2020/9/24/21453745/spotify-epic-

tile-match-coalition-for-app-fairnessapple-app-store-policies-protest.

24. Jon Mundy, "Samsung Galaxy S10 Vs iPhone XS: The Complete Verdict", *Trusted Reviews,* 30 abr. 2019, https://www.trustedreviews.com/news/samsung-galaxy-s10-vs-iphone-xs-3662621.

25. Mais exemplos são debatidos em Orit Gadiesh e James L. Gilbert, "Profit pools: a fresh look at strategy", *Harvard Business Review,* maio-jun. 1998, https://hbr.org/1998/05/profit-pools-a-fresh-look-at-strategy.

Capítulo 7: Amigo ou inimigo?

1. John Jong-Hyun Kim e Rachna Tahilyani, "BYJU'S the learning app", Caso 317-048 (Boston: *Harvard Business School,* 28 fev. 2017), https://store.hbr.org/product/byju-s-the-learning-app/317048.

2. Em reação a aumentos nas taxas de licenciamento da ASCAP, emissoras de rádio tinham estabelecido uma organização de licenciamento rival, a Broadcast Music, Inc. (BMI). Títulos da BMI podiam ser tocados durante o boicote. Christopher H. Sterling e John Michael Kittross, *Stay tuned: a history of American broadcasting* (Abingdon: Routledge, 2001).

3. "The office of the future", *Businessweek,* 26 maio 2008.

4. Os números dizem respeito ao papel de escritório consumido nos Estados Unidos. United States Environmental Protection Agency, *Advancing Sustainable Materials Management: Facts and Figures Report* (Washington D.C., jul. 2018), https://www.epa.gov/facts-and-figures-about-materials-waste-and-recycling/advancing-sustainable-materials-management.

5. Morgan O'Mara, "How much paper is used in one day?", *Record Nations,* 11 fev. 2016, atualizado 3 jan. 2020, https://www.recordnations.com/2016/02/how-much-paper-is-used-in-one-day.

6. Gordon Kelly, "The paperless office: why it never happened", *ITProPortal,* 9 mar. 2012, https://www.itproportal.com/2012/03/09/paperless-officewhy-it-never-happened.

7. "Technological comebacks: not dead, just resting", *Economist,* 9 out. 2008, https://www.economist.com/leaders/2008/10/09/not-dead-just-resting.

8. Bernardo Bátiz-Lazo, "A brief history of the ATM", *Atlantic*, 26 mar. 2015, https://www.theatlantic.com/technology/archive/2015/03/a-brief-history-ofthe-atm/388547.

9. Ben Craig, "Where have all the tellers gone?", *Federal Reserve Bank of Cleveland*, 15 abr. 1997, https://www.clevelandfed.org/en/newsroom-and-events/publications/economic-commentary/economic-commentary-archives/1997-economiccommentaries/ec-19970415-where-have-all-the-tellers-gone.aspx.

10. Jim Bessen generosamente compartilhou esses dados. Foram adaptados de James Bessen, *Learning by doing: the real connection between innovation, wages, and wealth* (New Haven: Yale University Press, abr. 2015).

11. Kathleen Bolter, "What bank tellers can teach us about how automation will impact jobs", *Kentuckiana Works*, 3 abr. 2019, https://www.kentuckianaworks.org/news/2019/4/3/what-bank-tellers-can-teach-us-about-how-automation-will-impact-jobs.

12. Amos Tversky e Daniel Kahneman, "Prospect theory: an analysis of decision under risk", *Econometrica* 47, n. 4 (1979): p. 263-291.

13. Matthew Gentzkow, "Valuing new goods in a model with complementarity: online newspapers", *American Economic Review* 97, n. 3 (jun. 2007): p. 713-744.

14. Dados de circulação de "Newspapers fact sheet", *Pew Research Center*, 9 jul. 2019, https://www.journalism.org/fact-sheet/newspapers. Valores de 2019 e 2020 são extrapolados da série temporal. O número de domicílios norte-americanos é do censo, Department of Commerce, https://www.census.gov. Dados de circulação similares para outros países estão disponíveis em "Sixty years of daily newspaper circulation trends", *Communications Management*, 6 maio 2011, http://media-cmi.com/downloads/Sixty_Years_Daily_Newspaper_Circulation_Trends_050611.pdf.

15. Hasan Bakhshi e David Throsby, "Digital complements or substitutes? A quasi-field experiment from the Royal National Theatre", *Journal of Cultural Economics* 38 (2014): p. 1-8.

Capítulo 8: Pontos de virada

1. Harvey Morris, "China's march to be the world's first cashless society", *Straits Times*, 8 abr. 2019, https://www.straitstimes.com/asia/east-

asia/chinas-march-to-be-the-worlds-first-cashless-society-china-daily-contributor; e Data Center of China Internet, "Use of mobile value-added services by mobile internet users in China in 2011", *Statista*, 12 maio 2011, https://www.statista.com/statistics/236293/use-of-mobile-value-added-services-by-mobile-internet-users-in-china.

2. Hiroshi Murayama, "In China, cash is no longer king", *Nikkei Asia,* 7 jan. 2019, https://asia.nikkei.com/Business/Business-trends/In-China-cash-is-no-longer-king.

3. "Social media stats worldwide", *StatCounter*, set. 2020, https://gs.statcounter.com/social-media-stats.

4. Audrey Schomer e Daniel Carnahan, "The Digital Trust Report 2020", *Business Insider*, 24 set. 2020.

5. Laura Forman, "Facebook stays out of the corner", *Wall Street Journal*, 24 jul. 2019, https://www.wsj.com/articles/facebook-stays-out-of-the-corner-11564006434; e Daniel Sparks, "6 Metrics Behind Facebook's 54 Percent Gain in 2019", *Motley Fool*, 2 jan. 2020, https://www.fool.com/investing/2020/01/02/6-metrics-behind-facebooks-54-gain-in-2019.aspx.

6. Michael Grothaus, "More than 60 percent of Americans don't trust Facebook with their personal information", *Fast Company*, 8 abr. 2019, https://www.fastcompany.com/90331377/more-than-60-of-americans-dont-trust-facebook-with-their-personal-information.

7. Liron Hakim Bobrov, "Mobile messaging app map – February 2018", *Similar-Web* (blog), 5 fev. 2018, https://www.similarweb.com/blog/mobile-messaging-app-map-2018.

8. Estimativas do valor do tempo em um contexto de carro compartilhado foram fornecidas por Nicholas Buchholz et al., "The value of time: evidence from auctioned cab rides", *National Bureau of Economic Research Working Paper* 27087, maio 2020, https://www.nber.org/papers/w27087.

9. Charles Wolf e Bob Hiler, "Apple computer", *Credit Suisse First Boston Equity Research*, 7 jan. 1997.

10. Mary Meeker e Gillian Munson, "Apple Computer (AAPL): Steve brings in the surgeons for the board", *Morgan Stanley Dean Witter*, 11 ago. 1997.

11. Imagem usada com permissão da Bloomberg L.P. Copyright 2020. Todos os direitos reservados.

12. Steve Jobs, "Macworld Boston 1997 – The Microsoft Deal", YouTube, s/d, https://www.youtube.com/watch?v=WxOp5mBY9IY.
13. David Yoffie e Renee Kim, "Apple Inc. in 2010", Caso 710-467 (Boston: Harvard Business School, 21 mar. 2011), https://store.hbr.org/product/apple-inc-in-2010/710467.
14. John Markoff, "Why Apple sees next as a match made in heaven", *New York Times*, 23 dez. 1996, https://www.nytimes.com/1996/12/23/business/why-apple-sees-next-as-a-match-made-in-heaven.html.
15. Wolf e Hiler, "Apple computer".
16. Peter Burrows, "The fall of an American icon", *Bloomberg*, 5 fev. 1996, https://www.bloomberg.com/news/articles/1996-02-04/the-fall-of-an-american-icon.
17. Amber Israelson, "Transcript: Bill Gates and Steve Jobs at D5", *All Things D*, 31 maio 2007, http://allthingsd.com/20070531/d5-gates-jobs-transcript.
18. "Mobile operating systems' market share worldwide from January 2012 to July 2020", *StatCounter*, ago. 2020, https://gs.statcounter.com/os-market-share/mobile/worldwide/#monthly-201901-201912.
19. Adriana Neagu, "Figuring the costs of custom mobile business app development", *Formotus*, 23 jun. 2017, https://www.formotus.com/blog/figuring-the-costs-of-custom-mobile-business-app-development.
20. Emil Protalinski, "Hey Microsoft, how many apps are in the Windows Store?", *VentureBeat*, 30 mar. 2016, https://venturebeat.com/2016/03/30/hey-microsoft-how-many-apps-are-in-the-windows-store/.
21. Whitney Filloon, "The quest to topple OpenTable", *Eater*, 24 set. 2018, https://www.eater.com/2018/9/24/17883688/opentable-resy-online-reservations-app-danny-meyer.
22. Stephanie Resendes, "The average restaurant profit margin and how to increase yours", *Upserve*, 23 set. 2020, https://upserve.com/restaurant-insider/profit-margins/. Meu cálculo supõe uma conta de cinquenta dólares por reserva. Para agências de viagem on-line, há números aproximados disponíveis em "Everything you ever wanted to know about Booking.com", *DPO*, 26 nov. 2018, https://blog.directpay.online/booking-com/ e Elliot Mest, "Hotel Profit Per Room Peaks in October", *Hotel Management*, 9 dez. 2018, https://

www.hotelmanagement.net/operate/hotel-profit-per-room-peaks-october.

23. Filloon, "The Quest to Topple OpenTable".
24. Marco Iansiti e Karim R. Lakhani, "Managing Our Hub Economy", *Harvard Business Review,* set.-out. 2017, https://hbr.org/2017/09/managing-our-hub-economy.

Capítulo 9: Estratégias para azarões

1. Para uma aplicação desse argumento à Apple, ver Joel West, "The fall of a Silicon Valley Icon: was Apple really Betamax redux?", *Strategy in transition*, ed. Richard A. Bettis (Nova York: John Wiley & Sons, 2009).
2. Elizabeth Weise, "Amazon launches its etsy killer: handmade at Amazon", *USA Today*, 8 out. 2015, https://www.usatoday.com/story/tech/2015/10/08/amazon-etsy-handmade-marketplace-store/73527482/.
3. Catherine Clifford, "Amazon launches a maker marketplace that will compete with Etsy", *Entrepreneur*, 8 out. 2015, https://www.entrepreneur.com/article/251507.
4. Kaitlyn Tiffany, "Was Etsy too good to be true?", *Vox*, 4 set. 2019, https://www.vox.com/the-goods/2019/9/4/20841475/etsy-free-shipping-amazon-handmade-josh-silverman.
5. Lela Barker, "The problem with selling on handmade at Amazon", *Lucky Break Consulting* (blog), 2016, https://www.luckybreakconsulting.com/the-problem-with-selling-on-handmade-at-amazon/.
6. Roni Jacobson, "How Etsy dodged destruction at the hands of Amazon", *Wired*, 7 out. 2016, https://www.wired.com/2016/10/how-etsy-dodged-destruction-at-the-hands-of-amazon/.
7. Jooyoung Kwaka, Yue Zhang e Jiang Yu, "Legitimacy building and ecommerce platform development in China: the experience of Alibaba", *Technological Forecasting & Social Change* 139 (fev. 2019): p. 115-124.
8. Diferenças entre plataformas são mais fáceis de sustentar se houver uma competição dura entre vendedores, porque a preferência dos vendedores é estar em plataformas diferentes. Ver Heiko Karle, Martin Peitz e Markus Reisinger, "Segmentation versus agglomeration:

competition between platforms with competitive sellers," *Journal of Political Economy* 128, n. 6 (jun. 2020): p. 2329-2374.

9. "Top 15 most popular dating websites", *eBizMBA*, set. 2019, http://www.ebizmba.com/articles/dating- websites.

10. Mikolaj Jan Piskorski, Hanna Halaburda e Troy Smith, "eHarmony", Caso 709-424 (Boston: Harvard Business School, jul. 2008), https://store.hbr.org/product/eharmony/709424.

11. Um modelo formal que ilustra essa estratégia é Hanna Halaburda, Mikołaj Jan Piskorski e Pınar Yıldırım, "Competing by Restricting Choice: The Case of Matching Platforms", *Management Science* 64, n. 8 (ago. 2018): p. 3574-3594.

12. Angela G., "I love eHarmony", *Sitejabber*, 23 ago. 2015, https://www.sitejabber.com/reviews/eharmony.com.

13. Seth Fiegerman, "Friendster founder tells his side of the story, 10 years after Facebook", *Mashable*, 3 fev. 2014, https://mashable.com/2014/02/03/jonathan-abrams-friendster-facebook/.

14. Sanghamitra Kar e Aditi Shrivastava, "ShareChat to Stay Focused on Users, Unique Content", *Economic Times*, 25 fev. 2020, https://economictimes.india-times.com/small-biz/startups/newsbuzz/sharechat-to-stay-focused-on-users-unique-content/articleshow/74201280.cms.

15. Manish Singh, "Twitter-Backed Indian social network ShareChat raises $40 million", *TechCrunch*, 24 set. 2020, https://techcrunch.com/2020/09/24/indias-sharechat-raises-40-million-says-its-short-video-platform-moj-now-reaches-80-million-uses/.

16. Reid Hoffman e Chris Yeh, *Blitzscaling: the lightning-fast path to building massively valuable companies* (Nova York: Currency, 2018).

Capítulo 10: Sentindo-se ouvido – valor para colaboradores

1. Lorri Freifeld, "Training top 125 best practice: BayCare Health system's journey to extraordinary", *Training Magazine*, 15 jan. 2019, https://trainingmag.com/training-top-125-best-practice-baycare-health-system%E2%80%99s-journey-extraordinary/.

2. Jonathan V. Hall e Alan B. Krueger, "An analysis of the labor market for Uber's driver-partners in the United States", *ILR Review* 71, n. 3 (maio 2018): p. 705-732.

Notas

3. Claudio Fernández-Aráoz, *It's not the how or the what but the who: succeed by surrounding yourself with the best* (Boston: Harvard Business Review Press, 2014); e Michael Mankins, Alan Bird e James Root, "Making star teams out of star players", *Harvard Business Review*, jan.-fev. 2013, https://hbr.org/2013/01/making-star-teams-out-of-star-players.

4. Thomas Straubhaar,"Hier macht die Deutsche Bahn einmal alles richtig", *Welt*, 18 dez. 2018, https://www.welt.de/wirtschaft/article 185696420/ Arbeitsvertraege-Beschaeftigte-sollten-zwischen-Geld-und-Freizeit-waehlen-koennen.html; e DPA, "Geld oder Freizeit? Bahn-Mitarbeiter wählten mehr Urlaub", *Focus*, 8 out. 2018, https://www.focus.de/ finanzen/boerse/wirtschaftsticker/unternehmen-geld-oder-freizeit-bahn-mitarbeiter-waehlten-mehr-urlaub_id_9723268.html.

5. Russell Smyth, Qingguo Zhai e Xiaoxu Li,"Determinants of turnover intentions among Chinese off farm migrants", *Economic Change and Restructuring* 42, n. 3 (2009): p. 189-209.

6. Esta seção desdobra dois excelentes estudos de caso. Zeynep Ton, Cate Reavis e Sarah Kalloch, "Quest diagnostics (A): improving performance at the call centers", Caso 17-177 (Cambridge, MA: MIT Sloan School of Management, 9 maio 2017); e Zeynep Ton e Cate Reavis, "Quest diagnostics (B): transformation at the call centers", Caso 17-178 (Cambridge, MA: MIT Sloan School of Management, 9 maio 2017).

7. Há muito mais exemplos em Zeynep Ton, *The good jobs strategy: how the smartest companies invest in employees to lower costs and boost profits* (San Francisco: New Harvest, 2014).

8. Ton e Reavis,"Quest diagnostics (B): transformation at the call centers", 3.

9. Ton e Reavis,"Quest diagnostics (B): transformation at the call centers", 3.

10. Ton e Reavis,"Quest diagnostics (B): transformation at the call centers", 5.

11. Ton e Reavis,"Quest diagnostics (B): transformation at the call centers", 8.

12. Ton e Reavis,"Quest diagnostics (B): transformation at the call centers", 7.

13. Zeynep Ton, comunicação pessoal, 28 abr. 2020.

14. Ton e Reavis,"Quest diagnostics (B): transformation at the call centers", 11.

15. Saravanan Kesavan, Susan J. Lambert e Joan C. Williams,"Less is more: improving store performance by reducing labor flexibility at the Gap, Inc.", documento de trabalho, Kenan-Flagler Business School, University of North Carolina at Chapel Hill, 21 nov. 2019.

16. Joan C. Williams et al., "Stable scheduling increases productivity and sales", University of California, Hastings College of the Law, s/d, https://worklifelaw.org/projects/stable-scheduling-study/report/.

17. Kesavan et al., "Less is more: improving store performance by reducing labor flexibility at the Gap, Inc.".

18. Kesavan et al., "less is more: improving store performance by reducing labor flexibility at the Gap, Inc.".

19. Joan C. Williams et al., "Stable scheduling study: health outcomes report", University of California, Hastings College of the Law, s/d, https://worklifelaw.org/projects/stable-scheduling-study/stable-scheduling-health-outcomes/.

20. Adaptado de Matthew Dey e Jay Stewart, "How persistent are establishment wage differentials?", documento de trabalho do Bureau of Labor Statistics dos Estados Unidos, out. 2016.

21. Rafael Lopes de Melo, "Firm wage differentials and labor market sorting: reconciling theory and evidence", *Journal of Political Economy* 126, n. 1 (2018): p. 313-346. A tabela 1 do artigo dá um resumo útil de estudos anteriores.

22. Hayley Peterson, "Bernie Sanders accuses Walmart of paying 'starvation wages,' attacks the CEO's pay, and praises Amazon", *Business Insider*, 5 jun. 2019, https://www.businessinsider.com/walmart-shareholders-bernie-sanders-wages-amazon-2019-6?r=US&IR=T.

23. Owl Labs, "State of remote work 2019", set. 2019, https://www.owl-labs.com/state-of-remote-work/2019.

24. Peter Cappelli, "Why do employers pay for college?", National Bureau of Economic Research Working Paper 9225, set. 2002, https://www.nber.org/papers/w9225.

25. Google employees against Dragonfly [Funcionários do Google contra o Dragonfly], "We are Google employees. Google must drop Dragonfly", *Medium*, 27 nov. 2018, https://medium.com/@googlersagainstdragonfly/we-are-google-employees-google-must-drop-dragonfly-4c8a30c5e5eb.

Capítulo 11: *Jobs* e paixões

1. Jeremy Reynolds e Ashleigh Elain McKinzie, "Riding the waves of work and life: explaining long-term experiences with work hour mismatches", *Social Forces* 98, n. 1 (set. 2019): p. 427-460.

Notas

2. Enfatizo o valor da flexibilidade, mas tem uma lista maior de condições a serem cumpridas para os trabalhadores autônomos prosperarem. Ver Gianpiero Petriglieri, Susan J. Ashford e Amy Wrzesniewski, "Thriving in the Gig economy", *Harvard Business Review*, mar.-abr. 2018, https://hbr.org/2018/03/thriving-in-the-gig-economy.

3. Diana Farrell e Fiona Greig, "Paychecks, paydays, and the online platform economy: big data on income volatility", *JPMorgan Chase Institute*, fev. 2016, https://www.jpmorganchase.com/corporate/institute/document/jpmc-institute-volatility-2-report.pdf; e Harry Campbell, "The Rideshare Guy 2018 Reader Survey", Rideshare Guy, s/d, https://docs.google.com/document/d/1g8pz00OnCb2m Fj_97548nJAj4HfluExUEgVb45HwDrE/edit.

4. M. Keith Chen, Peter E. Rossi, Judith A. Chevalier e Emily Oehlsen, "The value of flexible work: evidence from Uber drivers", *Journal of Political Economy* 127, n. 6 (2019): p. 2735-2794.

5. De Chen, Rossi, Chevalier e Oehlsen, "The value of flexible work: evidence from Uber drivers".

6. Chen et al., "The value of flexible work: evidence from Uber drivers".

7. Annie Dean e Anna Auerbach, "96% of U.S. professionals say they need flexibility, but only 47% have it", *Harvard Business Review*, 5 jun. 2018, https://hbr.org/2018/06/96-of-u-s-professionals-say-they-need-flexibility-but-only-47-have-it; e Cathy Benko e Anne Weisberg, "Mass career customization: building the corporate lattice organization", *Deloitte Insights*, 1° ago. 2008, https://www2.deloitte.com/us/en/insights/deloitte-review/issue-3/mass-career-customization-building-the-corporate-lattice-organization.html.

8. "Modern Workplace Report 2019", *Condeco*, 24 jul. 2019, https://www.condecosoftware.com/resources-hub/resource/modern-workplace-research-2019-20/.

9. Dean e Auerbach, "96% of U.S. professionals say they need flexibility, but only 47% have it".

10. Alison Wynn e Aliya Hamid Rao, "The stigma that keeps consultants from using flex time", *Harvard Business Review*, 2 maio 2019, https://hbr.org/2019/05/the-stigma-that-keeps-consultants-from-using-flex-time.

11. Mary Blair-Loy e Amy S. Wharton, "Employees' use of work-family policies and the workplace social context", *Social Forces* 80, n. 3 (mar. 2002): p. 813-845.

12. David Burkus, "Everyone likes flex time, but we punish women who use it", *Harvard Business Review*, 20 fev. 2017, https://hbr.org/2017/02/everyone-likes-flex-time-but-we-punish-women-who-use-it.

13. Blair-Loy e Wharton, "employees' use of work-family policies and the workplace social context"; e Christin L. Munsch, Cecilia L. Ridgeway e Joan C. Williams, "Pluralistic ignorance and the flexibility bias: understanding and mitigating flextime and flexplace bias at work", *Work and Occupations* 41, n. 1 (fev. 2014): p. 40-62.

14. Munsch et al., "Pluralistic ignorance and the flexibility bias: understanding and mitigating flextime and flexplace bias at work".

15. Joy Burnford, "Flexible working: Moneysupermarket group strives to 'be brilliant together'", *Forbes*, 22 maio 2019, https://www.forbes.com/sites/joyburnford/2019/05/22/flexible-working-moneysupermarket-group-strives-to-be-brilliant-together/ #4bf047ee4495.

16. Fbalestra, "FOOD52 Makes every food enthusiast feel like Emeril", 31 out. 2015, https://digital.hbs.edu/platform-digit/submission/food52-makes-every-food-enthusiast-feel-like-emeril/.

17. Imagem da Wikimedia Commons.

18. InnoCentive, "Open innovation for all: the general fusion experience", set. 2019, https://www.innocentive.com/wp-content/uploads/2019/09/General-Fusion-Open-Innovation-2.1.pdf.

19. A InnoCentive fez 2 mil desafios, recebeu 162 mil soluções propostas e pagou 20 milhões de dólares. Estatísticas em https://www.innocentive.com/about-us/.

20. Daniel P. Gross, "Performance feedback in competitive product development", *RAND Journal of Economics* 48, n. 2 (verão 2017): p. 438-466.

21. Figura 11.5, *copyright* 2017, The RAND Corporation, John Wiley and Sons. Todos os direitos reservados. Reimpresso com permissão.

22. Cody Cook, Rebecca Diamond, Jonathan Hall, John List e Paul Oyer, "The gender earnings gap in the gig economy: evidence from over a million rideshare drivers", Documento de trabalho da Stanford University, 8 mar. 2019, https://codyfcook.github.io/papers/uberpaygap.pdf.

23. Lydia Polgreen, "Introducing Huff Post opinion and Huff post personal", *HuffPost*, 18 jan. 2018, https://www.huffpost.com/entry/huffpost-opinion-huffpost-personal_n_5a5f6a29e4b096ecfca98edb.

24. Randall Lane, "Why Forbes is investing big money in its contributor network", *Forbes*, 14 fev. 2018, https://www.forbes.com/sites/randalllane/2018/02/14/why-forbes-is-investing-big-money-in-its-contributor-network/#28a623c12a3e.

25. Max Willens, "RIP contributor networks as a publishing shortcut to scale", *Digiday*, 3 mar. 2017, https://digiday.com/media/rip-contributor-networks/.

26. Cerca de 1% da mão de obra norte-americana atualmente está envolvida em trabalho eletronicamente mediado, mas arranjos de trabalho alternativos são bem mais comuns. Eileen Appelbaum, Arne Kalleberg e Hye Jin Rho, "Nonstandard work arrangements and older Americans, 2005-2017", Center for Economic and Policy Research, Economic Policy Institute, 28 fev. 2019, https://www.epi.org/publication/nonstandard-work-arrangements-and-older-americans-2005-2017/.

Capítulo 12: Cadeias de suprimentos também são gente

1. Michael Verfürden, "VW verklagt Zulieferer Prevent wegen Lieferstopps", *Handelsblatt*, 7 jan. 2020, https://www.handelsblatt.com/unternehmen/industrie/millionenschaden-vw-verklagt-zulieferer-prevent-wegen-lieferstopps/25395032.html?ticket=ST-1779675-9cZChhEd2UyQ75kcAXoI-ap2; e Geoffrey Smith, "VW's battle with contractors gets unusually messy", *Fortune*, 22 ago. 2016, https://fortune.com/2016/08/22/vw-supplier-dispute-production/.

2. "Amazon Cash Conversion Cycle", *Marketplace Pulse*, 2020, https://www.marketplacepulse.com/stats/amazon/amazon-cash-conversion-cycle-96.

3. Paul B. Ellickson, Pianpian Kong e Mitchell J. Lovett, "Private labels and retailer profitability: bilateral bargaining in the grocery channel", Simon Business School, University of Rochester, document de trabalho 21 ago. 2018, http://paulellickson.com/RetailBargaining.pdf; e Fiona Scott Morton e Florian Zettelmeyer, "The strategic positioning of store brands in retailer–manufacturer negotiations", *Review of Industrial Organization* 24 (2004): p. 161-194.

4. Note que esse argumento muda a lógica normal, que enfatiza a facilidade com que compradores conseguem fazer compras. Eric Almquist, Jamie Cleghorn e Lori Sherer, "The B2B Elements of Value", *Harvard Business Review*, mar.-abr. 2018, https://hbr.org/2018/03/the-b2b-elements-of-value.

5. Scott Duke Kominers, Masahiro Kotosaka, Nobuo Sato e Akiko Kanno, "Raksul", Caso 819-115 (Boston: Harvard Business School, 1º abr. 2019), https://store.hbr.org/product/raksul/819115.

6. Greg Distelhorst, Jens Hainmueller e Richard M. Locke, "Does lean improve labor standards? Management and social performance in the Nike supply chain", *Management Science* (mar. 2017): p. 707-728.

7. Não é incomum técnicas bem-sucedidas de gestão se espalharem devagar. Ver Nicholas Bloom e John Van Reenen, "Measuring and explaining management practices across firms and countries", *Quarterly Journal of Economics* 122, n. 4 (2007): p. 1351-1408.

8. Nien-hê Hsieh, Michael W. Toffel e Olivia Hull, "Global sourcing at Nike", Caso 619-008 (Boston: Harvard Business School, 11 jun. 2019), https://store.hbr.org/product/global-sourcing-at-nike/619008.

9. Distelhorst et al., "Does lean improve labor standards? Management and social performance in the Nike supply chain".

10. Hsieh et al., "Global sourcing at Nike".

11. Niklas Lollo e Dara O'Rourke, "Productivity, profits, and pay: a field experiment analyzing the impacts of compensation systems in an apparel factory", Documento de trabalho do Institute for Research on Labor and Employment 104-18, dez. 2018, http://irle.berkeley.edu/files/2018/12/Productivity-Profits-and-Pay.pdf.

12. Daniel Vaughan-Whitehead, "How 'fair' are wage practices along the supply chain? A global assessment", in *Towards better work: understanding labour in apparel global value chains*, ed. Arianna Rossi, Amy Luinstra e John Pickles (Basingstoke, UK: Palgrave Macmillan, 2014), p. 68-102.

13. Dados adaptados de Niklas Lollo e Dara O'Rourke, "Productivity, profits, and pay: a field experiment analyzing the impacts of compensation systems in an apparel factory", Documento de trabalho do Institute for Research on Labor and Employment Working Paper 104-18, dez. 2018, http://irle.berkeley.edu/files/2018/12/Productivity-Profits-and-Pay.pdf.

14. Para evidências detalhadas da Costa Rica, por exemplo, ver Alonso Alfaro-Urena, Isabela Manelici e Jose P. Vasquez, "The effects of

joining multinational supply chains: new evidence from firm-to-firm linkages", UC Berkeley Working Paper, abr. 2019, https://manelici-vasquez.github.io/coauthored/Effects_of_Joining_MNC_Supply_Chains_body.pdf.

15. Alvaro Garcia-Marin e Nico Voigtlander, "Exporting and plant-level efficiency gains: it's in the measure", *Journal of Political Economy* 127, n. 4 (2019): p. 1777-1825.

16. Isaac Elking, John-Patrick Paraskevas, Curtis Grimm, Thomas Corsi e Adams Steven, "Financial Dependence, Lean Inventory Strategy, and Firm Performance", *Journal of Supply Chain Management* 53, n. 2 (2017): p. 22-38.

17. Florian Badorf, Stephan M. Wagner, Kai Hoberg e Felix Papier, "How Supplier Economies of Scale Drive Supplier Selection Decisions", *Journal of Supply Chain Management* 55, n. 3 (jul. 2019): p. 45-67.

18. Jiri Chod, Nikolaos Trichakis e Gerry Tsoukalas, "Supplier diversification under buyer risk", *Management Science* 65, n. 7 (2019): p. 3150-3173.

19. Krishna Palepu, Bharat Anand e Rachna Tahilyani, "Tata Nao — the people's car", Caso 710-420 (Boston: *Harvard Business School*, 28 mar. 2011), https://store.hbr.org/product/tata-nano-the-people-s-car/710420.

20. Nandini Sen Gupta e Sumit Chaturvedi, "Big auto warms up to nano for takeaways", *Economic Times*, 1° set. 2009, https://economictimes.indiatimes.com/big-auto-warms-up-to-nano-for-takeaways/articleshow/4957038.cms.

21. Susan K. Lacefield, "Dell Finds Gold in Parts Returns", *DC Velocity*, 23 nov. 2009, https://www.dcvelocity.com/articles/20091201_dell_finds_gold_in_returns/.

22. Kate Vitasek, Karl Manrodt, Jeanne Kling e William DiBenedetto, "How Dell and FedEx supply chain reinvented their relationship to achieve record-setting results", Estudo de Caso *Vested for Success,* Haslam College of Business, University of Tennessee, s/d, https://www.vestedway.com/wp-content/uploads/2018/07/Dell-FSC-long-teaching-case-June-26-2018-PDF.pdf.

23. David Frydlinger, Oliver Hart e Kate Vitasek, "A new approach to contracts", *Harvard Business Review*, set.-out. 2019.

24. Felix Oberholzer-Gee e Victor Calanog, "The speed of new ideas: trust, institutions and the diffusion of new products", Harvard Business School Working Knowledge, 22 maio 2007, https://hbswk.

hbs.edu/item/the-speed-of-new-ideas-trust-institutions-and-the-diffusion-of-new-products.

Capítulo 13: Grande pode ser lindo

1. Chad Syverson, "What determines productivity?", *Journal of Economic Literature*, 49, n. 2 (2011): p. 326-365.
2. Chang-Tai Hsieh e Peter J. Klenow, "Misallocation and manufacturing TFP in China and India", *Quarterly Journal of Economics* 124, n. 4 (2009): p. 1403-1448.
3. Lucia Foster, John Haltiwanger e Chad Syverson, "Reallocation, firm turnover, and efficiency: selection on productivity or profitability?", *American Economic Review*, 98, n. 1 (2008): p 394-425.
4. "Chart Book: The Legacy of the Great Recession", Center on Budget and Policy Priorities, 6 jun. 2019, https:// www.cbpp.org/research/economy/chart-book-the-legacy-of-the-great-recession.
5. "Bailout recipients", *ProPublica*, 31 jan. 2020, atualizado periodicamente, https://projects.propublica.org/bailout/list. Uma linha do tempo útil da crise financeira é fornecida por "Federal Reserve Bank of St. Louis' Financial Crisis Timeline", Federal Reserve Bank of St. Louis, https://fraser.stlouisfed.org/timeline/financial-crisis#54.
6. Congressional Oversight Panel, "March Oversight Report", 16 mar. 2001, https://www.gpo.gov/fdsys/pkg/CHRG-112shrg64832/pdf/CHRG-112shrg64832.pdf.
7. Dealbook, "Greenspan calls to break up banks 'too big to fail'", *New York Times*, 15 out. 2009, https://dealbook.nytimes.com/2009/10/15/greenspan-break-up-banks-too-big-to-fail/.
8. O tamanho do banco e do capital contribui com o risco sistêmico. Ver Luc Laeven, Lev Ratnovski e Hui Tong, "Bank Size, Capital, and Systemic Risk: Some International Evidence", *Journal of Banking & Finance* 69, n. 1 (ago. 2016): p. S25-S34.
9. Dong Beom Choi, Fernando M. Duarte, Thomas M. Eisenbach e James Vickery, "Ten years after the crisis, is the banking system safer?", Federal Reserve Bank of New York, 14 nov. 2018, https://libertystreeteconomics.newyorkfed.org/2018/11/ten-years-after-the-crisis-is-the-banking-system-safer.html.
10. Os dados são de 2006 e 2019. Vêm do WorldScope.

Notas

11. Estimativas tiradas de David C. Wheelock e Paul W. Wilson, "The Evolution of Scale Economies in US Banking", *Journal of Applied Econometrics* 33 (2018): 16-28, e de Elena Beccalli, Mario Anolli e Giuliana Borello, "Are European banks too big? Evidence on economies of scale", *Journal of Banking & Finance* 58 (2005): p. 232-246.

12. Computer Economics, "IT spending as a percentage of company revenue worldwide as of 2019, by industry sector", fev. 2019, https://www.statista.com/statistics/1017037/worldwide-spend-on-it-as-share-of-revenue-by-industry/.

13. David B. Yoffie e Renee Kim, "Cola Wars Continue: Coke and Pepsi in 2010", Caso 711-462 (Boston: Harvard Business School, 9 dez. 2010), https://store.hbr.org/product/cola-wars-continue-coke-and-pepsi-in-2010/711462.

14. O argumento geral é de John Sutton, *Sunk costs and market structure: price competition, advertising, and the evolution of concentration* (Cambridge, MA: MIT Press, 1991).

15. Walmart, "Our business", s/d, https://corporate.walmart.com/our-story/our-business.

16. Thomas J. Holmes, "The diffusion of Walmart and economies of density", *Econometrica* 79, n. 1 (jan. 2011): p. 253-302.

17. Stephan Meier e Felix Oberholzer-Gee, "Walmart: in search of renewed growth", Columbia CaseWorks CU20, Columbia Business School, outono 2020, https://www8.gsb.columbia.edu/caseworks/node/303/WalMart%253A%2BIn%2BSearch%2Bof%2BRenewed%2BGrowth.

18. Stephen P. Bradley, Pankaj Ghemawat e Sharon Foley, "Walmart Stores, Inc.", Caso 794-024 (Boston: Harvard Business School, 19 jan. 1994), https://hbsp.harvard.edu/product/794024-PDF-ENG.

19. Juan Alcácer, Abhishek Agrawal e Harshit Vaish, "Walmart around the world", Caso 714-431 (Boston: Harvard Business School, 3 jan. 2017), https://store.hbr.org/product/walmart-around-the-world/714431?sku=714431-PDF-ENG.

20. Ramon Casadesus-Masanell e Karen Elterman, "Walmart's omnichannel strategy: revolution or miscalculation?", Caso 720-370 (Boston: Harvard Business School, 28 ago. 2019), https://hbsp.harvard.edu/product/720370-PDF-ENG.

21. George Anderson, "Walmart has a too much grocery problem", *Retail Wire*, 15 nov. 2019, https://retailwire.com/discussion/walmart-has-

a-too-much-grocery-problem/; e Russell Redman, "Study: number of online grocery shoppers surges", *Supermarket News*, 14 maio 2019, https://www.supermarketnews.com/online-retail/study-number-online-grocery-shoppers-surges.

22. Adaptado de Steven Berry e Joel Waldfogel, "Product quality and market size", *Journal of Industrial Economics*, 58, n. 1 (mar. 2010): p. 1-31. O *copyright* da figura é 2010 John Wiley and Sons. Todos os direitos reservados. Reimpresso com permissão.

23. Berry e Waldfogel, "Product quality and market size".

24. Sutton, *Sunk costs and market structure: price competition, advertising, and the evolution of concentration*.

Capítulo 14: Aprendizado

1. Este capítulo se baseia em Felix Oberholzer-Gee, "Strategy reading: sustaining competitive advantage", *Core curriculum – strategy* (Boston: Harvard Business Publishing, *Core curriculum – strategy*, 30 maio 2016), https://hbsp.harvard.edu/catalog/collection/cc-strategy.

2. William J. Abernathy e Kenneth Wayne, "Limits of the learning curve", *Harvard Business Review*, set.-out. 1974, https://hbr.org/1974/09/limits-of-the-learning-curve.

3. Uma análise inicial é Kenneth J. Arrow, "The Economic Implications of Learning by Doing", *Review of Economic Studies* (jun. 1962): p. 155-173.

4. Adaptado de Steven D. Levitt, John A. List e Chad Syverson, "Understanding learning by doing", *Journal of Political Economy*, 121, n. 4 (ago. 2013): p. 643-681.

5. Felix Oberholzer-Gee, Tarun Khanna e Carin-Isabel Knoop, "Apollo hospitals – first-world health care at emerging-market prices", Caso 705-442 (Boston: Harvard Business School, 10 fev. 2005), https://store.hbr.org/product/apollo-hospitals-first-world-health-care-at-emerging-market-prices/706440; e Tarun Khanna, V. Kasturi Rangan e Merlina Manocaran, "Narayana Hrudayalaya Heart Hospital: Cardiac Care for the Poor", Caso 505-078 (Boston: Harvard Business School, 26 ago. 2011), https://store.hbr.org/product/apollo-hospitals-first-world-health-care-at-emerging-market-prices/706440.

Notas

6. Citado em Robert A. Burgelman, *Strategy is destiny: how strategy--making shapes a company's future* (Nova York: Free Press, 2002), 49.
7. Citado em Burgelman, *strategy is destiny: how strategy-making shapes a company's future*.
8. Marvin B. Lieberman, "The learning curve, diffusion, and competitive strategy", *Strategic Management Journal*, 8 (1987): p. 441-452.
9. Michael Spence, "The learning curve and competition", *Bell Journal of Economics*, XII (primavera 1981): p. 49-70.
10. Pankaj Ghemawat e A. Michael Spence, "Learning curve spillovers and market performance", *Quarterly Journal of Economics* 100 (1985): p. 839-852.
11. Adaptado de William J. Abernathy e Kenneth Wayne, "Limits of the learning curve", *Harvard Business Review*, set.-out. 1974, https://hbr.org/1974/09/limits-of-the-learning-curve.

Capítulo 15: Sem motivo para desprezar

1. Michael E. Porter, "What is strategy?", *Harvard Business Review*, nov.--dez. 1996, https://hbr.org/1996/11/what-is-strategy.
2. Buffett é citado em David Perell, "The Customer Acquisition Pricing Parade", David Perell (blog), s/d, https://www.perell.com/blog/customer-acquisition-pricing-parade.
3. Raffaella Sadun, Nicholas Bloom e John Van Reenen, "Why do we undervalue competent management?", *Harvard Business Review*, set.-out. 2017, https://hbr.org/2017/09/why-do-we-undervalue-competent-management.
4. Nicholas Bloom e John Van Reenen, "Measuring and explaining management practices across firms and countries", *Quarterly Journal of Economics*, 122, n. 4 (2007): p. 1351-1408.
5. Raffaella Sadun, comunicação pessoal, 19 fev. 2020.
6. Este gráfico reproduz dados da World Management Survey. Nick Bloom, Renata Lemos, Raffaella Sadun, Daniela Scur e John Van Reenen, "World Management Survey", Centre for Economic Performance, https://worldmanagementsurvey.org/.
7. Monitoramento e definição de alvo são importantes em muitos contextos. Para evidências em comportamento de pilotos de avião, ver Greer K. Gosnell, John A. List e Robert D. Metcalfe, "The impact of

management practices on employee productivity: a field experiment with airline captains", *Journal of Political Economy*, 128, n. 4 (2020): p. 1195-1233.

8. Nicholas Bloom, Christos Genakos, Ralf Martin e Raffaella Sadun, "Modern management: good for the environment or just hot air?", *Economic Journal* 120, n. 544 (maio 2010): p. 551-572; Nicholas Bloom, Christos Genakos, Raffaella Sadun e John Van Reenen, "Management Practices Across Firms and Countries", *Academy of Management Perspectives* 26, n. 1 (fev. 2012): p. 12-33; e Nicholas Bloom, Renata Lemos, Raffaella Sadun, Daniela Scur e John Van Reenen, "The New Empirical Economics of Management", *Journal of the European Economic Association*, 12, n. 4 (2014): p. 835-876.

9. Para a eficácia de práticas de trabalho de alta *performance*, ver Daniel Pittino, Francesca Visintin, Tamara Lenger e Dietmar Sternad, "Are high performance work practices really necessary in family SMEs?", *Journal of Family Business Strategy,* 7 (2016): p. 75-89.

10. Sadun et al., "Why do we undervalue competent management?".

11. Raffaella Sadun, conversa pessoal.

12. Oriana Bandiera, Stephen Hansen, Andrea Prat e Raffaella Sadun, "CEO Behavior and Firm Performance", *Journal of Political Economy*, 128, n. 4 (2020): p. 1325-1369.

13. Christoph Lécuyer, "Confronting the Japanese Challenge: The revival of manufacturing at Intel", *Business History Review*, 93 (verão 2019): p. 349-373.

14. Arnold Thackray e David C. Brock, "Craig R. Barrett: oral history interview", entrevista com Craig R. Barrett, Science History Institute, 14 dez. 2005, https://oh.sciencehistory.org/oral-histories/barrett-craig-r.

15. Lécuyer, "Confronting the Japanese challenge: the revival of manufacturing at Intel".

16. Porter, "What is strategy?".

17. Robert A. Burgelman, *Strategy is destiny: how strategy-making shapes a company's future* (Nova York: Free Press, 2002), 33.

18. Burgelman, *Strategy is destiny: how strategy-making shapes a company's future*, 49.

19. Chris J. McDonald, "The evolution of Intel's copy exactly technology transfer method", *Intel Technology Journal*, Q4 1998,

https://pdfs.semanticscholar.org/3195/172157973017fe8114e91d20b52eaf69d12c.pdf.

20. Ramon Casedesus-Masanell, David Yoffie e Sasha Mattu, "Intel Corporation: 1968-2003", Caso 703-427 (Boston: Harvard Business School, 8 fev. 2010), https://store.hbr.org/product/intel-corp-1968-2003/703427.

21. Para uma visão geral útil das gerações de microprocessadores Intel, ver "Intel Microprocessor Hall of Fame", https://home.cs.dartmouth.edu/~spl/Academic/Organization/docs/IntelChips/IntelChips.htm.

22. Um argumento próximo é que execução envolve escolhas estratégicas. Ver Roger L. Martin, "CEOs should stop thinking that execution is somebody else's job; it is theirs", *Harvard Business Review*, 21 nov. 2017, https://hbr.org/2017/11/ceos-should-leave-strategy-to-their-team-and-save-their-focus-for-execution.

23. Entrevista com Meieran por Lécuyer, "Confronting the Japanese challenge: the revival of manufacturing at Intel", 354.

24. McDonald, "The evolution of Intel's copy exactly technology transfer method".

Capítulo 16: Perguntando como

1. Kantar Millward Brown, "BrandZ Top 100 Most Valuable Global Brands 2018: Brand Valuation Methodology", https://www.brandz.com, 129.

2. Dados de Kantar, "BrandZ Top Global Brands" para 2013 e 2018, http://www.millwardbrown.com/brandz/rankings-and-reports/top-global-brands. Dados de lucratividade tirados de *Capital IQ*, 2013 e 2018.

3. Stanislav D. Dobrev e Glenn R. Carroll aplicam esse argumento ao tamanho das empresas, o que pode ser benéfico por vários motivos. "Size (and competition) among organizations: modeling scale-based selection among automobile producers in four major countries, 1885-1981", *Strategic Management Journal,* 24, n. 6 (jun. 2003): p. 541-558.

4. Young Jee Han, Joseph C. Nunes e Xavier Drèze, "Signaling Status with Luxury Goods: The Role of Brand Prominence", *Journal of Marketing* 74, n. 4 (jul. 2010): 15-30.

5. Han et al., "Signaling Status with Luxury Goods: The Role of Brand Prominence".
6. Imagem da Shutterstock, usada com permissão.
7. Han et al., "Signaling status with luxury goods: the role of brand prominence".
8. Os preços das bolsas falsas vêm do Purse Valley, http://www.bagvalley.ru/gucci-sylvie-leather-top-handle-bag-431665-cvl1g-1060-p-7152.htm.
9. Bart J. Bronnenberg, Jean-Pierre Dubé, Matthew Gentzkow e Jesse M. Shapiro, "Do pharmacists buy bayer? Sophisticated shoppers and the brand premium", documento de trabalho da University of Chicago, jun. 2013.
10. Bronnenberg et al., "Do pharmacists buy bayer? sophisticated shoppers and the brand premium".
11. Sun Qiang, "A survey of medicine prices, availability, affordability and price components in Shandong province, China", Center for Health Management and Policy, Shandong University, Jinan, s/d.
12. Tom Hancock e Wang Xueqiao, "China Drug Scandals Highlight Risks to Global Supply Chain", *Financial Times*, 6 ago. 2018, https://www.ft.com/content/38991820-8fc7-11e8-b639-7680cedcc421.
13. Beverage Industry Magazine, "Market share of ground coffee in the United States in 2020, by Leading Brands", https://www.statista.com/statistics/451969/market-share-of-ground-coffee-in-the-us-by-leading-brand/.
14. Bart J. Bronnenberg, Sanjay K. Dhar e Jean-Pierre H. Dubé, "Brand history, geography, and the persistence of brand shares", *Journal of Political Economy*, 117, n. 1 (fev. 2009): p. 87-115.
15. Rohit Deshpande, Tarun Khanna, Namrata Arora e Tanya Bijlani, "India's Amul: keeping up with the times", Caso 516-116 (Boston: *Harvard Business School*, 4 maio 2016), https://store.hbr.org/product/india-s-amul-keeping-up-with-the-times/516116.
16. MSW-ARS Research, "The Brand Strength Monitor, United States: Brand Preferences for Midsize Sedans from February through April 2018, by Recent Purchase Based on Loyalty", https://www.statista.com/statistics/869961/us-brand-preferences-for-midsize-sedans-based-on-loyalty/.

Capítulo 17: Ser ruim a serviço do bem

1. Stewart Butterfield, "We don't sell saddles here", *Medium*, 17 fev. 2014, https://medium.com/@stewart/we-dont-sell-saddles-here-4c59524d650d.
2. Butterfield, "We don't sell saddles here".
3. Youngme Moon, *Different: escaping the competitive herd* (Nova York: Crown Publishing, 2010), p. 107-127.
4. Frances Frei e Anne Morriss, *Uncommon service: how to win by putting customers at the core of your business* (Boston: Harvard Business Review Press, 2012).
5. Para leitores interessados, Frei e Morriss descrevem o exercício com algum detalhamento em *Uncommon service: how to win by putting customers at the core of your business*, p. 30-45.
6. Mapas de valor são similares ao que W. Chan Kim e Reneé Mauborgne chamam de "canvas estratégico" no livro *Blue ocean strategy: how to create uncontested market space and make competition irrelevant* (Boston: Harvard Business Review Press, 2005).
7. Fiona Czerniawska, comunicação pessoal, 3 abr. 2020.

Capítulo 18: Guiando investimentos

1. Dados da figura vêm da análise da Expedia.
2. Dados da figura vêm da análise da Expedia.
3. Ike Anand, entrevista com autor, 28 fev. 2020.
4. Dados da figura vêm da análise da Expedia.
5. Mais exemplos úteis estão em Frances Frei e Anne Morriss, *Uncommon service: how to win by putting customers at the core of your business* (Boston: Harvard Business Review Press, 2012), p. 30-45.
6. Michal Liday, comunicação pessoal, 26 mar. 2020.
7. Dados fornecidos pelo Tatra banka.
8. Adam Brandenburger, "Strategy needs creativity", *Harvard Business Review*, mar.-abr. 2019, https://hbr.org/2019/03/strategy-needs-creativity.
9. A figura é de Jan W. Rivkin, Dorothy Leonard e Gary Hamel, "Change at Whirlpool Corporation (C)", Caso 705-464 (Boston:

Harvard Business School, 6 mar. 2006), 1, https://store.hbr.org/product/change-at-whirlpool-corpa/7054622.

10. Rivkin, Leonard e Hamel, "Change at Whirlpool Corporation (C)".
11. Foto fornecida pelo Tatra banka, usada com permissão.
12. Anand, entrevista com o autor.

Capítulo 19: Ligando os pontos

1. Mindy Scheier, comunicação pessoal, 26 jun. 2019.
2. Cerca de 17,4% dos norte-americanos enfrentam sérios problemas de mobilidade e autocuidado. Centers for Disease Control and Prevention, "Disability impacts all of us", 9 set. 2019, https://www.cdc.gov/ncbddd/disabilityandhealth/infographic-disability-impacts-all.html.
3. Gary Sheinbaum, comunicação pessoal, 26 out. 2018.
4. Foto fornecida por Tommy Hilfiger, usada com permissão.
5. PVH, "Outcomes and Quotes from Focus Groups Conducted at the Viscardi Center", 28 jul. 2016.
6. Chavie Lieber, "The Adaptive Fashion Opportunity", *Business of Fashion*, 22 out. 2019, https://www.businessoffashion.com/articles/professional/the-adaptive-fashion-opportunity.
7. Jeannine D'Onofrio, comunicação pessoal, 25 abr. 2019.
8. PVH, "Adaptive phase 1: getting the language and tone right", 19 out. 2017.
9. A figura é obra de Firefish, Insight & Brand Consultancy, "Adaptive Clothing E-commerce", http://www.firefish.us.com/.
10. Gary Sheinbaum, comunicação pessoal, 26 out. 2018.
11. Sarah Horton, comunicação pessoal, 25 abr. 2019.
12. Lieber, "The adaptive fashion opportunity".
13. PVH, "PVH adaptive: discussion of business plan update and outlook", 2 nov. 2017.
14. Michael Porter, *Competitive Advantage: Creating and Sustaining Superior Performance* (Nova York: Free Press, 1985), 17.
15. Jordan Siegel e James Chang, "Samsung Electronics", Caso 705-508 (Boston: Harvard Business School, 27 fev. 2009), https://store.hbr.org/product/samsung-electronics/705508.

Notas

16. Pankaj Ghemawat e Jose Luis Nueno Iniesta, "ZARA: fast fashion", Caso 703497 (Boston: Harvard Business School, 21 dez. 2006), https://store.hbr.org/product/zara-fast-fashion/703497.

17. Frances Frei e Anne Morriss, *Uncommon service: how to win by putting customers at the core of your business* (Boston: Harvard Business Review Press, 2012), p. 65-66.

18. Jason Dedrick e Kenneth L. Kraemer, "Globalization of the personal computer industry: trends and implications", Center for Research on Information Technology and Organizations, UC Irvine, 2002, https://escholarship.org/uc/item/6wq2f4hx#main.

Capítulo 20: Valor para a sociedade

1. Dimon é citado em Rick Wartzman e Kelly Tang, "The business Roundtable's model of capitalism does pay off", *Wall Street Journal*, 27 out. 2019, https://www.wsj.com/articles/the-business-roundtables-model-of-capitalism-does-pay-off-11572228120.

2. Walker é citado em "Business Roundtable redefines the purpose of a corporation to promote 'an economy that serves all Americans'", Business Roundtable, *release* de imprensa, 19 ago. 2019, https://www.businessroundtable.org/business-roundtable-redefines-the-purpose-of-a-corporation-to-promote-an-economy-that-serves-all-americans.

3. Griffith é citado em "Business Roundtable redefines the purpose of a corporation to promote 'an economy that serves all Americans'".

4. James Mackintosh, "In stakeholder capitalism, shareholders are still king", *Wall Street Journal*, 19 jan. 2020, https://www.wsj.com/articles/in-stakeholder-capitalism-shareholders-are-still-king-11579462427.

5. Wartzman e Tang, "The business Roundtable's model of capitalism does pay off".

6. Aneesh Raghunandan e Shiva Rajgopal, "Is there real virtue behind the business Roundtable's signaling?", *Wall Street Journal*, 2 dez. 2019, https://www.wsj.com/articles/is-there-real-virtue-behind-the-business-roundtables-signaling-11575330172.

7. Nichola Groom, "Big oil outspends billionaires in Washington State carbon tax fight", *Reuters*, 31 out. 2018, https://www.reuters.com/

article/us-usa-election-carbon/big-oil-outspends-billionaires-in-washington-state-carbon-tax-fight-idUSKCN1N51H7.

8. Devashish Mitra, "Endogenous lobby formation and endogenous protection: a long-run model of trade policy determination", *American Economic Review* 89, n. 5 (1999): p. 1116-1134.

9. "2020 Edelman Trust Barometer", *Edelman*, 19 jan. 2020, https://www.edelman.com/trustbarometer.

10. Para uma explicação técnica, ver Stuart W. Harborne Jr., "Value Gaps and Profitability", *Strategy Science* 1, n. 1 (March 2016): p. 56-70.

Índice remissivo

A

Acessibilidade 213
Acionistas 221
Acordos de trabalho flexíveis 128
Administração estratégica 5
Airbnb 192
Alavancas 209
  para aumentar a satisfação dos
    colaboradores 110
  para aumentar e compartilhar valor 120
Alcance
  geográfico 211
  global 187
Alibaba Group 14, 52
Alinhamento
  de atividades 220
  externo 145
Alta *performance* da empresa 52
Altas expectativas 113
Amazon 9, 14, 41, 48, 61, 90, 135
Ambição executiva 188
Ambientes de serviço, 115
Aminimigos 67
Análises de tendências 81
Apelo universal 111
Aplicativos 48, 61, 76, 124, 196
Apple 11, 14, 27, 29, 30, 69, 70, 71, 92
Aprendizado 17, 149, 158
  de máquina (*machine learning*) 17, 160
Aprendizagem 110

Armazenamento seguro de informações
  55
Assuntos corporativos 52
Atacado 144
Atendimento
  ao cliente 111
  imparcial 11
Atividade(s)
  econômica 226
  on-line 79
Atração mútua 104
Atratividade 12, 88
Atributos específicos 206
Aumento salarial 111
Automação 138
Autônomos 90
Avaliações 164
Avanço(s)
  de produtividade 141
  rápido 94
Aversão à perda 78
Aviso prévio 114

B

Bancos 23, 84, 150
Bem-estar 118
Benefícios 122
Bens de consumo embalados 179
Best Buy 7, 8, 12, 13, 23
Blockchain 74

BMW 181
Boeing 21
Bosch 144
Branding 177
Busca de informações 97

C

Cadeias de suprimento 135
Call center 111, 112
Campanhas de *marketing* 54
Candidato a emprego 122
Capacidade
de produção 159
just in time 139
Capital 20, 150
Capitalismo 19
de acionistas (*shareholders*) 222, 226
de *stakeholders* 19, 223
Captação de recursos 74
Captura de valor 28, 141, 217
Carreiras empresariais 183
Cartões de crédito 46
Centro
de convenções 92
de distribuição 8
Chips de memória 167
Ciclo(s) 112
de negócios 26
vicioso 54
Classificação de *performance* 26
Clientes 28, 38, 42, 53, 71, 99, 191, 195
de renda *premium* 196, 197
do mercado de massa 197
Colaborador(es) 8, 109, 119, 122, 127,
131, 201, 221, 223
Colapso 140
Colecionadores 56
Coleta de dados 113
Comércio 152
eletrônico 90, 91, 135, 155
Commodities 16, 118
Comoditização 16
Companhias aéreas 31
Compartilhamento
de trabalho 126
de valor 28, 72
Compensação(ões) 185, 188
financeira 132

Competição
em serviços de carros compartilhados 89
entre plataformas 101
Competitividade de um mercado 90
Complementaridades 81
Comportamento dos fornecedores 137
Compra(s) 38
on-line 8, 52, 55, 79
Compradores 135, 141
on-line 55
Computação 48
pessoal 94
Computadores 76
Comunidade(s) 101, 104
on-line 3, 129
Conceito de estratégia 3
Concessões 189
Concorrência 7, 31, 70, 98, 156, 204, 225
local 88
no comércio eletrônico 91
Concorrentes 213
Condições de trabalho 33, 109, 112
Conectando os pontos 209
Conexão 106, 201, 219, 220
Confiabilidade 166
Conflitos de interesse 40
Conhecimento gerencial 137
Conselhos 130
Consultoria 182, 188
global 187
Consumidor(es) 37, 39, 56, 178
Consumo 41
Contabilidade 174
Contextos comerciais 13
Continuum de indivíduos 54
Conversas 128, 219, 221
Coordenação de investimentos 220
Corporações 223, 224
Crédito 223
Crescimento 13
Criação
de capacidades 113
de encantamento no cliente 99
de valor 10, 21, 27, 39, 124, 184, 221
Criatividade 11
Critérios para selecionar parceiros-
fornecedores 142
Críticas *on-line* 42

Índice remissivo

Curva de valor ideal 188
Custo(s) 131, 145, 158, 161, 216
  da empresa 29
  de capital 21
  fixo 153, 154, 156
  intangíveis 64
  variáveis 157

D

Dados 206
  dos clientes 79
Decepções 185
Decisão(ões) 184
  de compra 38, 72
  estratégicas 168
Declínio dos preços 64
Definição de padrões de *performance* 179
Desafios 4
Desconto 68
Deseconomias de escala 151
Design 29, 84, 132, 177
Desperdício 138, 139, 181
Diferenças 33
  entre as empresas 162
  entre salários 119
  na criação de valor 33
Difusão de práticas de gestão 164
Dinâmica de preço com produtos
    complementares 66
Dinheiro 84, 111
Direcionador(es) de valor 18, 186, 194,
    199, 200, 213
Disposição a pagar (WTP) 6, 10, 14, 27,
    28, 37, 46, 53, 60, 72, 78, 82, 85,
    109, 116, 141, 155, 169, 173, 181,
    191, 209, 213, 223
Disposição a vender (WTS) 6, 10, 27, 28,
    109, 115, 123-125, 136, 141, 149-
    158, 169, 173, 181, 191, 209, 216
Disrupção tecnológica 22
Distribuição 154
Dominância global 88

E

E-books 61
E-commerce 9, 86
Economia(s) 11, 86

  de densidade 154
  de escala 16, 151-155
  desenvolvidas 111
  informal 134
  mundial 26
Ecossistema 92
Efeitos de aprendizado 16
Efeitos de rede 15, 83, 94, 99, 102, 109
  cruzado 103
  de plataforma 86
  diretos 84
  do mesmo lado 103
  indireto 85, 93
Efeitos de seleção 110
Efeitos financeiros 217
Eficácia operacional 149, 162, 168, 169
Eletrodomésticos 12, 56
Elogios 58
Empregados 90
Emprego 27
Empresa(s) 28, 69, 79, 105, 136, 151, 165
  B2B (*business to business*) 51
  de *streaming* 67
  de tecnologia 69
  focada em *stakeholders versus* empresa
      rival 225
  globais 140
  líder 25, 111
  locais 141
  multinacionais 140
  rivais 160
Empresários 32, 90
Encantamento
  do cliente 32, 40, 50, 219
  para o cliente 100
  para o consumidor 37
Energia
  renovável 64
  solar 42
Engajamento de indivíduos 134
Engenheiros de *software* 124
Entusiasmo 51, 218
Envolvimento
  dos trabalhadores 138
  gerencial 165
Equilíbrio 103
Equipe(s) 116, 129, 159, 214
  de profissionais 63

Erro estratégico 97
Escala 17, 99, 101, 149, 150
  como barreira de entrada 154
  e lucratividade 176
  mínima eficiente 151, 157
Escritório 44, 76
Especificidade 193
Estabelecimentos 83
Estilo 199
  de vida 45
Estoque 154
Estratégia(s)
  baseada em valor 5, 10, 19, 33
  da marca 181
  de inovação 3
  de *marketing* 3
  de preços 72
  de propriedade intelectual 3
  de talentos 3
  digital 3
  global 3
  para azarões 99
  social 3
  versus eficácia operacional 163
Estrategista 96, 157, 209
Evolução da proposta de valor 194
Exclusividade 91
Executivos 50, 188
Expansão internacional 155
Expectativas 134
  de benefícios 133
Experiência 121, 123
  do cliente 219
  pessoal 64

F

Fábrica 137, 140, 167
Facebook 86, 87
Falência 93
Faturamento 143, 144
FedEx 21
Feedback
  da empresa 132
  positivo 83
Felicidade 116
Fidelidade 180
Flexibilidade 124, 125, 126
  de preços 68

Follow-up 132
Força(s)
  competitivas 31
  de trabalho 122
Forma inovadora 224
Formuladores de políticas 150
Fornecedores 13, 16, 28, 97, 107, 135,
        137, 143, 221, 223
  do mercado 135
Fracasso 92
Freelancers 129, 131, 132
Funcionalidade 70
Funcionário 27
Fundos 40

G

Ganhos
  de produtividade 122
  rápidos 57
Geografia dos efeitos de rede 87
Gerenciamento 17, 187
  de estoque 94
Gerentes 26, 47, 82
Gestão 113
Google 123, 174
Gosto do consumidor 3
Grupo(s)
  de clientes 86, 102
  de direcionadores de valor 193
  na plataforma 100
Gucci 178

H

Hardware 70
Harvard Business School (HBS) 5, 51, 188
Hipotecas 150
Hobby 59, 129
Horário flexível sob demanda 126
Horas de trabalho 117, 125, 139

I

IBM 220
Identidade 176
Identificação
  de novas oportunidades 41
  dos direcionadores de valor 220
Imaginação 96

Índice remissivo

Impacto 214
Implementação 17, 18, 171
  da estratégia 173, 199
Implicações estratégicas 65
Impostos 64, 225
Incentivos 83, 164
  externos e internos 144
Incerteza 178
Incompatibilidades 124
Inconsistências 218
Indenizações 135
Indicadores-chave de *performance* (KPI)
  18, 203
Indivíduos 43
Influência política 225
Infraestrutura 154
Iniciativas 123, 173
Inovação 4, 98, 161, 200
Insights 5, 19, 79, 139, 176
Instalação 64
Instituições financeiras 17, 62
Integralidade 142
  contratual 146
Inteligência competitiva 53
Interdependência 49
Investidores 40
Investimentos 40, 57, 113, 191, 193

J

Jobs e paixões 124, 125
Jornada(s)
  de trabalho 128
  do cliente 55, 64, 198
  para clientes 215
Jornalismo 80
Julgamento executivo 78

L

Lacunas
  de flexibilidade no local de trabalho,
    127
  na produtividade 149
Lente de valor 225
Licenças 64
Liderança da organização 87
Líderes corporativos 226
Limites corporativos 134

Linguagem 48
Linha de produção 138
Liquidez 150
Lobby 225
Loja(s) 8
  de departamentos 110
  física de departamentos 52
  on-line 212
Lucratividade 11, 22, 24, 33, 46, 98, 105,
    139, 154, 174, 175
  dos bancos 62
Lucro 19, 27, 66-69
  antes de impostos 9
  bruto 71

M

Machine learning 17, 160
Mão de obra 15, 117
Mapas de valor 185-206
Marca(s) 180, 213
  globais 173
  registrada 45
Mar de oportunidades 20
Marketing 3, 6, 41, 57, 120, 153, 198
Marketplace 10, 86, 135
Mastercard 21
Mecanismos 176, 180, 182
Medidas de lucratividade, 24
Melhoria(s)
  da proposta de valor da empresa de
    consultoria global 189
  de processo 113
Mentalidade das organizações 218
Mente aberta 145
Mercado(s) 41, 54, 82-89, 119, 179, 209
  adaptativo 212
  C2C (*customer to customer*) 51
  de massa 196
  de trabalho 117
  doméstico 155
  on-line 100, 131
Mercadorias 155
Mercedes-Benz 177
Michelin 14
Microsoft 21, 24, 95
Mídia(s) 133
  sociais 87
Milagres 4

Millennials 54
Minutos-padrão permitidos 139
Missão 210
Modelos de negócios 44, 45, 74
Modos de criação de valor 28
Montadoras modernas 159
Movimentos estratégicos inteligentes 162
Mudança(s)
  real 113, 114
  tecnológicas 77
Mudando o valor 64
Multinacionais 141
Mundo dos negócios 5

N

Necessidades dos clientes 38, 210
Negócio(s) 6, 22, 33, 63, 73, 101, 151
  adjacentes 173
  de eletrônico 7
  sustentável 88
New York Times 85
Nike 140
Novas tecnologias 74
Novo modelo de negócios 78
Novos setores 14
Novos usuários 104

O

Objetivos comerciais 123
Ofertas de moedas 74
Opções operacionais 115
Operações comerciais 20
Oportunidade(s) 13, 20, 48, 116, 121, 205
  de colaboração 68
  de criar valor 38
  de negócios 57, 183
  de trabalho 28
Organização(ões) 43, 44, 47, 112
  de alta *performance* 12
  líderes 21

P

Padrões 177
  de remuneração 119
Pagamento de contas 47
Paixões pessoais 125, 128
Parceiros-fornecedores 142

Partes interessadas (*stakeholders*) 222
Participação de mercado 95, 98, 153
Pensamento 11
  convencional 53
  estratégico 7, 212
Pequenas e médias empresas 51
Percepção 55, 216
Performance 199
  da empresa 193
  excepcional 1, 13, 180, 209
  financeira 7, 20, 167, 181
  média 11
Períodos de trabalho 130
Pesquisa 131
Pioneirismo 88
Pipeline de inovação 4
Planejamento estratégico 4
Planos de carreira 3
Plataforma(s) 85, 102
  de *e-commerce* 90
  digitais 126, 134
  on-line 97, 130
Poder 121
Pontos de virada 82
Pool(s)
  de bônus 114
  de lucros 68, 69, 71
Posição competitiva 11, 30, 169
Posicionamento reverso 185
Potencial
  de ganhos de *performance* 26
  de valor 146
Práticas
  comerciais 132
  de gestão 169
  modernas de gestão 165
Preço 6, 22, 29, 72, 90, 213
  da exclusividade 91
  dos produtos complementares 60
  dos sistemas fotovoltaicos 65
  inflacionados 39
  praticados *on-line* e *off-line* 9
  premium 32, 94, 105, 118, 178, 214
Prestadores de serviços 132
Probabilidade de ganhar 131
Processos 138, 161, 216
Produção cumulativa 158
  interna 63

Índice remissivo

Produtividade 12-16, 93, 115, 116, 147-150, 158, 165, 166
Produto(s) 4, 34, 37, 73, 76
  artesanais 100
  complementar 9, 14, 60-62, 71-85
  de qualidade 179
  eletrônicos 41
  emergentes 62
  mais atraentes 109
  premium 120
Profissionais 130
  de escritório 127
Programas
  de educação executiva 189
  inovadores 110
Progresso 114
  tecnológico 78
Projetos 173
  de inovação planejados 200
  em andamento 114
Promessas 185
Propósito 194
Proposta de valor 191, 201
Proprietários 156
Propulsores de valor 14
Publicidade 40, 45, 87

Q

Qualidade 27
  da gestão 16, 164, 170
  de fabricação 199
  do trabalho 111, 133
  excepcional do produto 33
Quase clientes 52, 53, 55
Questão cultural 169

R

Realidade virtual 61
Reconhecendo as necessidades dos clientes e intermediários 42
Reconhecimento
  de padrões 81
  do valor 219
Recursos 176
  humanos 120
  limitados 4
  visuais inteligentes 18

Rede(s)
  de lojas 11
  sociais 86
Redistribuição 109
Redução de custos 150
Régua de valor 6, 27, 29, 30, 224
Relação comprador-fornecedor 146
Relacionamentos 103, 104, 115
Remuneração 28, 109, 116, 118, 126, 139
  mínima 6
Rendimento 166
Renew Blue 7, 10
Renovação estratégica 169
Resiliência dos negócios 4
Responsabilidade 114, 201
Resultados 166
  financeiros 24
Retorno(s)
  financeiros 226
  sobre capital investido (Roic) 7, 20-25
Reunião(ões) 113
  de estratégia 190
Rotatividade 112, 115
  de pessoal 111
Roteiro (*road map*) 201-203
Roupas adaptáveis 213
Royalties 67

S

Salário 125
Satisfação
  do cliente 32
  dos colaboradores 110
Saúde 23
Segmentos de clientes 195
Seguro de vida 54
Seleção 123
  do consumidor 45
Sensibilidade 32
Serviço(s) 34, 62, 83, 183
  de mensagens instantâneas 52
  excepcionais 188
  profissionais 127
  públicos 23, 98
Setor 12
  bancário 152
  de seguros 23
Shopping centers 29, 30

Showrooms 7, 8, 11
  simulado 210
Simplicidade 11, 57
Sistemas
  fotovoltaicos 66
  operacionais 94, 95
Situação competitiva 100
Smartphones 85, 141
Sociedade 222
Softwares 23, 70, 76, 93
Spotify 67
Stakeholders 224
Startup 21, 51, 91, 183
Status 38
  social 177
Storytelling 20
Streaming 67
Subinvestimento 195
Substitutos 74, 75
Sucesso 12, 32, 49
  comercial 57
  corporativo 162
  estratégico 175
  financeiro 144, 174

T

Talentos 3, 107, 111, 119, 183, 206
Técnicas 163
Tecnologia 11, 78, 95, 97, 110, 168
  digital 124
Tendência(s) 218
  temporal 80, 81
Tesla 61
TikTok 86
Tommy Adaptive 210, 211, 212
Tommy Hilfiger 18, 209, 212
Trabalhadores globais 139
Trabalho 113
Transações *on-line* 9
Transbordamentos 217
Transferência de responsabilidade 114
  de tecnologia 168
Treinamento 117
Twitter 21, 105

U

Uber 14, 124
Universidades 104
Usuários 105

V

Valor 6, 7, 18-20, 27
  aos acionistas 222
  da empresa 187
  da marca 174
  de mercado 118, 120
  excepcional 11
  fixo 136
  para a sociedade 222
  para o cliente 29
  para os colaboradores 109
  para os consumidores 13, 35
  para talentos e fornecedores 15, 107
Vantagem
  competitiva 25, 39, 100
  da marca 213
  dupla 209, 217
Varejistas 7, 83
  big-box 7
Vendas 42, 69, 154
  on-line 9
Versatilidade 199
Vida profissional 116
Videogame 12, 37
Vigilância 96
Volkswagen 135
Volume cumulativo de produção 158

W

Walmart 154, 155
WhatsApp 87
WTP (disposição a pagar) 6, 10, 14, 27,
  28, 37, 46, 53, 60, 72, 78, 82, 85,
  109, 116, 141, 155, 169, 173, 181,
  191, 209, 213, 223
WTS (disposição a vender) 6, 10, 27,
  28, 109, 115, 123-125, 136, 141,
  149-150, 158, 169, 173, 181, 191,
  209, 216